尖閣有事

中国「戦狼外交」の行方

近藤大介
Kondo Daisuke

中央公論新社

尖閣有事　中国「戦狼外交」の行方——目次

第2章　日中対立から「尖閣有事」へ

第3章　人民解放軍の混乱と経済の悪化

太平洋
伊豆諸島
東京
日本
フィリピン
マニラ
沖縄本島
南西諸島
尖閣諸島
セカンド・トーマス礁
日本海
東シナ海
台湾
南シナ海
金門島
韓国
ソウル
北朝鮮
黄海
香港
長江
海南島
ベトナム
黄河
ハノイ
北京
タイ
ビエンチャン
ラオス
中華人民共和国
ロシア
モンゴル
0
1000km
ミャンマー

装幀　日下充典
カバー写真　読売新聞社

尖閣有事　中国「戦狼外交」の行方

序章

「尖閣有事」を迎える6つの条件

2023年３月11日、異例の「３期目」を迎え、「総体国家安全観」を前面に据えた習近平主席（２列中央）＝北京の人民大会堂（写真提供・共同通信社）

中華民族の偉大なる復興

２０２４年の日本は、能登半島地震の悲劇で明けた。「尖閣有事」も大地震と同じように、遠からずやって来るのではないか。しかも、ある日突然やって来る。かつ実際に起こってみないと、その恐さを実感できないが、起こってからではもう遅い——。

こんな思いを抱くようになったのは、２０２３年３月に開かれた全国人民代表大会（国会に相当）で、習近平政権が異例の３期目を迎えてからである。もしくは、前年２０２２年10月に行われた第20回中国共産党大会で、習近平総書記が異例の総書記３期目に就いてからだ。

以後、習近平主席は、「総体国家安全観」（総合的な国家の安全を最重要視する方針）をひときわ強調して、より一層「ほしいがままの政治」を行うようになった。[*1] そのスローガンは、２０１２年11月の総書記就任時から変わらぬ「中華民族の偉大なる復興という中国の夢の実現」（略して「中国の夢」）である。[*2]「中華民族の偉大なる復興」とは、ごく単純化して言えば、「１８４０年のアヘン戦争と１８９４年の日清戦争の前の状態に戻す」ということだ。中国式に言えば、九州、沖縄、台湾、フィリピン、ボルネオ（カリマンタン）島を結ぶ第一列島線の確保である。

アヘン戦争に関しては、敗北を喫して南京条約（１８４２年）とその後の諸条約によってイギリスに取られた香港を、１９９７年に返還させた。さらに２年後の１９９９年には、マカオをポルトガルから返還させた。そして２０２０年６月30日には香港国家安全維持法を施行し、「香港人による香港統治」から「愛国者による香港統治」へと変えた。さらに２０２４年３月23日には、スパイ行為などを取り締まる国家安全条例を施行した。

習近平政権にとって、次なる「使命」は「日清戦争の前の状態に戻す」ことである。すなわち、日清戦争後の下関条約（1895年）によって日本に割譲《かつじょう》された台湾を取り戻すことだ。1921年7月に産声を上げた中国共産党は、現在まで一度も台湾を統治したことがない。

尖閣諸島に関しては、「中華人民共和国台湾省宜蘭《ぎらん》県の島嶼《とうしょ》」というのが、中国側の公式見解である。すなわち、古代から中国の固有の領土だったのを、下関条約によって「台湾の一部として日本に取られた」という主張だ。そのため習近平政権が掲げる「台湾統一」には、「尖閣奪取」も含まれるのである。

2022年2月に、ロシアがウクライナ侵攻を開始して以来、日本を含む世界では、「ウクライナ有事の次は台湾有事」ということが、まことしやかに囁《ささや》かれるようになった。世界の強権国家の二大国の片方（ロシア）が戦争を起こしたのだから、もう片方（中国）も遠からず起こすだろうという見立てだ。

また、第4章で詳述するが、「2027年台湾有事」を警告する日米の識者も少なくない。この年は、地域の軍事力で中国がアメリカを凌駕《りょうが》し、人民解放軍創建100周年と、習近平総書記が「4期目の総書記」を狙う第21回中国共産党大会が重なるので「危険な年」になるというわけだ。[*3]

私はウクライナ戦争勃発後に何度も台湾を訪問しているが、当の台湾でも危機意識は高まっている。2024年1月から、台湾青年の徴兵制の任期が4ヵ月から1年に延び、国防費もGDP

の2・5%まで増やした＊4（日本は2024年が1・6%）。

2024年5月20日、中国に対して8年間、強硬姿勢を貫いた蔡英文《さいえいぶん》総統に代わって、蔡政権のナンバー2だった頼清徳《らいせいとく》副総統が総統に就任した。習近平政権が頼政権の誕生に怒り心頭であることも、「台湾有事論」に拍車をかけている。

だが本当に、台湾有事は起こるのだろうか？　換言すれば、習近平主席は「第二のウラジーミル・プーチン大統領」になるつもりでいるのだろうか？

台湾統一戦争は長期戦になる

私は1989年の天安門事件から、これまで35年にわたって中国をウォッチしてきた。特に、2007年3月に習近平氏が上海市党委書記（市トップ）に就いたあたりから、この新たなリーダーの挙動を注視し始めた。そして2012年11月に、第18回中国共産党大会で総書記に上り詰めた時は、北京の人民大会堂の2階記者席から目撃した。その後、11年以上にわたり、公にされた習近平総書記の一挙手一投足をフォローしてきた。

そのような立場から、習近平主席の「心の奥底」のようなものが、時に垣間見えてくることがある。無表情ではあるが、決して複雑な性格の指導者ではない。そのため、「ヤリタイコト」や「イイタイコト」が予測できることもある。

私の見立てでは、習近平主席は、2023年までに42回も首脳会談を行った「盟友」のプーチン大統領が、ウクライナ戦争をおっぱじめたことに対して、恐懼《きょうく》しているのではないか。かつ、

「自分は絶対にプーチン大統領のようにはなりたくない」と肝に銘じているのではないか。

習主席にとって、丸2年以上、ひと時も心休まることなく戦争を遂行することなど、悪夢である。ましてや、陸地戦でもロシア軍はあれほど苦戦しているというのに、海空戦となる台湾統一戦争は、さらにハードルが上がる。

すなわち、習近平国家主席は、中央軍事委員会主席として、日々「強軍・強国」を唱えているものの、本気で台湾と全面戦争を起こそうとは考えていない。「孫子の兵法」にもあるように、最上策は「戦わずして勝つ」ことであり、あくまでそちらの方向を模索していくだろう。

詳しくは後述するが、台湾海峡で、もしも近未来に戦争が起こるとしたら、それは日本の「昭和前期型」ではないだろうか。

やや強引な見立てかもしれないが、21世紀前半の現在を20世紀前半と重ね合わせて考えると、2022年のウクライナ戦争は、いわば1939年にナチスドイツが起こしたポーランド侵攻のようなものだ。プーチン大統領は、いわば「現代版アドルフ・ヒトラー総統」である。

それに対し、基本的に「戦争したくない」習近平主席は、中国やアメリカとの開戦を望んでいなかった昭和前期の首相や天皇のようなものだ。だが昭和前期の日本は、周知のように「天皇の威信」を前面に掲げつつ、軍部が暴走していった。

同様に、近未来の中国でも、習近平主席が望んでいなくても、人民解放軍や海警局が勝手に暴走していくリスクはある。気づいたらもう「前線部隊」を止められなくなっていて、仕方なく開戦というパターンだ。

しかしながら、「習近平主席が人民解放軍や海警局を完全に掌握している」という前提に立つ限り、台湾本島への「開戦」を決断するとは、私には思えない。重ねて言うが、習主席の性格から見て、中華民国国軍（台湾軍）との長期戦を決死の覚悟で戦い抜く気はないと見るからだ。後述するように、台湾統一戦争は必ず長期戦になる。

では、2022年にウクライナ戦争が起こったヨーロッパ、2023年にガザ紛争が起こった中東と異なり、私たちが住む東アジアは、この先も平和を享受できるのだろうか。中国がこれほど軍拡を行っていて、アメリカ軍のパワーが相対的に落ちていることを鑑《かんが》みれば、それほど甘いものでもなかろう。やはりある程度の「有事」は、覚悟しておくべきである。

そうなると、「台湾有事より尖閣有事」が現実のものとなっていくリスクがある。何と言っても、中国から見れば、2300万人以上が住む要塞のような台湾本島よりも、無人島の集まりである尖閣諸島の方が、奪いやすいに決まっている。

そのような無人島を奪ったとしても、習近平主席の「レガシー」（政治的遺産）にはならないと思われるかもしれない。それについて私は、「十分立派なレガシーになる」と反論したい。

黄岩島をたちまち実効支配

尖閣有事に関して、私には忘れられない「体験」が二つある。「教訓」と言い換えてもよい。いずれも、私が日系企業の北京駐在員をしていた2012年に起こった出来事だ。

一つは、いわゆる「黄岩島《ホアンイエンダオ》事件」である。「黄岩島」とは中国の呼び名で、英語名はスカボロー礁《しょう》、フィリピン名はカルブロ。南シナ海北東部の中沙諸島、フィリピンのルソン島の西方約230キロの排他的経済水域（EEZ）内に3メートルほど頭を突き出した岩礁だ。中国は長く領有権を主張していたが、2012年4月までは、フィリピンが実効支配していた。

中国側の主張によれば、同年4月10日、12隻の中国漁船が、黄岩島付近で「正当な漁業活動」を行っていたところ、フィリピンのハミルトン級巡視船「デル・ピラール号」が突然出現。銃を突きつけて漁船に乗船し、船内を検問した。[*5]

翌11日、フィリピン外務省が会見し、検問時の写真を公開すると、中国のネットやSNS上で、「反フィリピン」の大きなうねりが起こった。中国側は直ちに、「中国海監75号」「同84号」「中国漁政303」を現場に派遣。両国の公船が、黄岩島付近で睨《にら》み合いとなった。

折しも4月16日、米ワシントンを訪問中の石原慎太郎東京都知事が、「尖閣諸島を東京都が買い取る」とぶち上げた。この発言も中国に強烈なインパクトを与え、「わが国の領土・領海を守れ！」という声が高まった。

中国は当初、黄岩島事件で容易に動けなかった。それは、4月16日から27日まで、アメリカ軍とフィリピン軍の共同演習「バリカタン12」が行われていたからだ。アメリカ軍4500人とフィリピン軍2300人が参加した本格的な演習だ。さらに日本を始め、オーストラリア、マレーシア、シンガポール、ベトナム、インドネシア、韓国、ASEAN事務局が、初めてオブザーバー参加した。[*6]

この演習終了直後の4月30日、ワシントンで、アメリカとフィリピンの「2＋2」（外相と防衛相同士による安全保障協議委員会）が開かれた。その場でフィリピンは、黄岩島事件に関して、アメリカ軍の支援を強く求めた。だが、当時のバラク・オバマ政権は、「他国の紛争には介入しない」として拒絶したのだった。*7

アメリカ軍は関与しない――そのことを見切った中国は、5月に入るや大攻勢をかけた。公船33隻を繰り出して、黄岩島をフィリピンから奪い取ってしまったのである。

フィリピン側の主張によれば、中国は「台風が来るから双方が手を引こう」と持ちかけた。それで、フィリピンが同意して引き上げたところを、中国側は逆に「自国の漁船を保護する」として来襲。たちまち実効支配されてしまったという。*8

ともあれ中国側は、「フィリピンに長く不当支配されていたわが国の領土・領海を、ついに回復した」と、国内で大きく喧伝《けんでん》。この「朗報」に、14億中国人は興奮に包まれたのだった。

こうした一部始終を北京で目撃した私は、少年時代の記憶にある1972年の沖縄本土復帰を思い起こした。同時に、こうも思った。わずか標高3メートルの岩礁を実効支配するだけで、これほど盛り上がるのだったら、もしも近未来に中国が、尖閣諸島を実効支配したなら、どれほどの国威発揚になるだろうか――。

反日デモで憂さ晴らし

これが一つ目の「体験」である。もう一つは、やはり2012年9月11日に、野田佳彦民主党政権が、尖閣諸島を国有化。それに対して、中国全土100ヵ所以上で、未曽有の反日デモが起こった時のことだ。

首都・北京では、日本料理店の窓ガラスが割られ、日本車がひっくり返された。日本人観光客はホテルから追い出され、北京首都国際空港で寝泊まりを余儀なくされる日本人が続出した。

私はと言えば、日本人だとバレてタクシーから降ろされたり、レストランで入店を拒否されたりした。日本から進出したセブン-イレブンの入口にも、「日本人入店お断り」の張り紙が貼られていた。

市内北東部の亮馬橋《りょうま》にある日本大使館前では、連日、何千人もの中国人がデモを行い、卵やペットボトルなどを日本大使館に向けて投げつけた。私は、彼らの気持ちを探りたいと思って、ある土曜日の午前中、中国人に混じってデモに「参加」してみた。

地下鉄10号線の亮馬橋駅で降り、B出口から地上に出ると、約500メートル先の日本大使館を目指して、若者たちが三々五々、闊歩《かっぽ》していた。その中で、私の脇を通り過ぎた3人の若者がいたので、話しかけてみた。

「河南省から北京へ出てきて、内装工事の左官をやっているが、このところの不況で、仕事がサッパリない。それで『工人体育場』(国立競技場)で『中超《チョンチャオ》』(プロサッカーのスーパーリーグ)でも観て、憂《う》さ晴らしをしようと思った。

そうしたら地下鉄駅を上がると、何やら盛り上がっているではないか。思えば『中超』を観るには25元(約500円)の入場料がかかるが、『鬼子《グイズ》』(=日本人の蔑称)の大使館前で叫ぶのはタダだ。おまけに英雄扱いされるから、こっちの方がスカッとすると思って、いま向かっている」

確かに、駅前の十字路を西へ行くと、「北京国安隊」の本拠地がある「工人体育場」。東へ行くと日本大使館だ。何者かは不明だが、東側に若者たちを誘導している「係員」たちもいた。若い失業者たちは、ストレス解消に憂さ晴らしをしたい。それはサッカー観戦でもよいし、反日デモでもよいのだ。ということは今後、若者の失業率が高まれば再び「反日」に向かうのではないか。もしくは時の政権が国民の不満をそらすため、尖閣諸島奪取を目論むのではないか——。

2012年の中国の若年層（15歳〜24歳）の失業率は、8・1％だった。[*9] それに対し、2023年6月の若年層（16歳〜24歳）の失業率は、21・3％に達した。[*10] あまりの高失業率に、1158万人の大学生・大学院生が卒業した7月以降は、国家統計局が一時、発表を拒否してしまった。さらに2024年7月には、1179万人もの大学生・大学院生が卒業する。[*11]

2023年3月に始まった3期目の習近平政権下の中国は、「卒業即失業」（畢業即失業）と言われる就職の「超超超超氷河期」なのだ。ちなみに、2012年には盛り上がっていた「中超」も、2024年は低迷を極めている。

いまそこにある危機

以上、2012年の二つの「体験談」を述べた。思えば、当時は「親日」の胡錦濤《こきんとう》政権だった。翌2013年3月に、「冷日」（日本に冷たい）とも呼ぶべき習近平政権にシフトした。習近平主席は、「睦隣友好」「一帯一路」「人類運命共同体」などと唱え、ほとんどの近隣諸国を訪問していながら、過去11年あまりで一度も国賓《こくひん》として日本を訪問していない。

そしてもはや、日本に対する「戦狼《せんろう》外交」（狼のように戦う外交）を隠しもしない。そんな中、私の脳裏に、10年以上前の「二つの体験」が、「教訓」となってむくむくと頭を擡《もた》げてきたのだ。洋の東西を問わず、特に長期政権の指導者というのはレガシーを求めるものだ。「自分の時代にはこれをやった」と、後世に遺《のこ》したいのである。

2022年2月に火ぶたを切ったウクライナ戦争は、ロシアの進攻から丸2年が経っても戦火が収まらない。このことは台湾統一を狙う中国に、方針の変更を迫る可能性がある。

すなわち、これまた前述のように、ロシアほどの軍事大国をもってしても、陸で接したウクライナを、容易に攻め落とせない。ましてや台湾統一戦争は、陸上戦よりはるかにシビアな海空戦を迫られる。

そこにアメリカ軍やNATO（北大西洋条約機構）などが台湾に加勢したら、短期戦で統一できる可能性はさらに低くなる。そして、いったん開戦して統一に失敗すれば、それはすなわち習近平政権の崩壊を意味する。

そうなると、現実問題として、台湾統一は習近平政権のレガシーにはなりえない可能性が高い。では何がレガシーになるか？　縷々《るる》考えを巡らせると、尖閣奪取こそ最適なのである。特に、アメリカ軍が日本と全面的に「共闘」することはないと中国側が判断した場合に、尖閣有事の確率は上がる。

重ねて言うが、中国からすれば、日清戦争で日本に奪われたのが台湾で、「台湾の一部」が尖閣諸島である。台湾本島の代わりに尖閣諸島を「奪還」することは、まさに習政権のスローガンである「中国の夢の実現」に他ならないのだ。

折しも、膨張を続ける中国人民解放軍は、２０２７年8月1日に建軍１００周年を迎え、それまでに「戦果」を求めている。「尖閣有事」は、ひしひしと「いまそこにある危機」になりつつあると言える。

具体的に、「尖閣有事」となるリスクが高まるのは、次の６つの条件が重なった時と思われる。

①日本が弱体化し、現実的に奪取が可能になる
②日本が「中国の下に付く」ことを良しとせず、日中関係がさらに冷え切る
③中国国内で軍が台頭し、経済がさらに悪化する
④台湾の統一が当面困難であると結論づける
⑤「前哨戦」とも言えるフィリピンとの南シナ海での紛争で「戦果」を得る
⑥アメリカが日本を全面的に助けることはないと判断する

以下、順に見ていこう。

第1章
「尖閣有事」のXデー

2023年12月、尖閣諸島の大正島付近で航行する
中国海警（手前）と海上保安庁の巡視船（写真提供・読売新聞社）

海上保安庁は「尖閣保安庁」に

本章では、「尖閣有事」が起こってくるリスクと必然性について述べたい。序章で述べたように、2012年11月以降、習近平総書記（国家主席）が掲げている「中国の夢」（チャイニーズ・ドリーム）というスローガンの中には、「尖閣奪取」が大きな一部を占めている。

実際、昨今の尖閣諸島を取り巻く環境は、厳しさを増す一方だ。

尖閣諸島の最前線で「防衛」の役割を担っているのは、海上保安庁である。海上保安庁は日々の中国海警局の「公船襲来状況」を、数日後にホームページの「尖閣諸島周辺海域における中国海警局に所属する船舶等及び中国漁船の活動状況について」というコーナーで公開している。

その中で、「中国海警局に所属する船舶等による尖閣諸島周辺の接続水域内入域及び領海侵入隻数（日毎）」を見ると、2023年には1年365日中、実に352日にわたって日本の接続水域に入ってきた（2022年は336日）。うち日本の領海侵入も42日、延べ129隻に及んだ。[*1]

東シナ海の現場では、日々「待ったなし」の中国との神経戦が繰り広げられているのだ。

しかも中国海警局は、日本の海上保安庁とは似て非なる組織である。

2013年3月14日、習近平主席は自らの政権を発足させるにあたり、強い肝煎《きもい》りで、国家海洋局の中国海監、公安部の辺防海警、農業部の中国漁政、海関（税関）総署の海上編私警察の4部門を統合し、国土資源部が管理する国家海洋局を設置した。そして福建省時代の部下だった劉賜貴《りゅうしき》氏を局長に据えた。

同年7月22日には、国家海洋局から独立させる形で、国家海警局を発足させた。劉賜貴国家海洋局長が国家海警局長を兼務した。[*2]

習近平政権が2期目を迎えた２０１８年6月22日、中国海警局を国務院（中央官庁）の管轄から外し、中国人民武装警察部隊（機動隊に相当）傘下の海警総隊とした。「武警《ウージン》」と呼ばれる中国人民武装警察部隊は、２０１８年1月1日から人民解放軍を統括する中央軍事委員会の傘下となったので、中国海警局も「準軍隊」と言える。実際、２０２１年2月1日に施行された海警法の第46条から51条では、中国海警局に「軍隊並み」の武器装備とその使用を認めている。[*3]

日本の海上保安庁は、このような「準軍隊組織」と、日々対峙しているのである。

海上保安庁の「大型巡視船の配備状況」（２０２４年4月1日現在）によれば、北海道から沖縄まで34ヵ所の海上保安部署で、計75隻の大型巡視船を配備している。全国の多くの海上保安部署では、1隻または2隻の配備だが、石垣島だけ14隻と突出している。2番目に多い10隻の鹿児島も含めて、九州だけで37隻。海上保安庁の「尖閣シフト」は顕著になっているのだ。[*4]

こうした対応について、海上保安庁の白書『海上保安レポート２０２４』では、以下のように警告している。

〈尖閣諸島周辺の接続水域においては、ほぼ毎日、中国海警局に所属する船舶による活動が確認されており、令和5年（２０２３年）の年間確認日数は３５２日で、過去最多を更新しました。
また、接続水域における連続確認日数にあっては１３４日であり、過去3番目に長い日数となりました。

さらに、令和5年は尖閣諸島周辺の我が国領海において、中国海警局に所属する船舶による日本漁船等へ近づこうとする事案も繰り返し発生しており、これに伴う領海侵入時間は同年4月に過去最長の80時間36分ととなりました[*5]〉

いまや海上保安庁は、さながら「尖閣保安庁」となっているのだ。

自衛隊も「尖閣シフト」

海上保安庁は、迫りくる「中国の脅威」をどう捉えているのか。そして今後とも、「尖閣防衛」を滞《とどこお》りなく遂行していけるのか。２０２０年1月から２０２２年6月まで海上保安庁長官を務め、「尖閣の守護神」と呼ばれた奥島高弘氏に話を聞いた[*6]。

近藤「尖閣諸島を最前線で守っている海上保安庁の状況と気概を聞かせて下さい」

奥島「海上保安庁では、非軍事の法執行機関として、『絶対に負けられない』という信念を持って業務にあたっています。それは、北は小樽《おたる》の第一管区から南は那覇《なは》の第十一管区まで、1万４６８１人（令和5年度定員）保安官の総意です。例えば、中国の船艇が何隻来ても、基本的にそれを上回る隻数で対応にあたることを原則にしています。

近藤「領海警備対策官を務めておられた２０１２年の尖閣国有化の頃といまとでは、すなわち胡錦濤政権と習近平政権とでは、中国側の動向に大きな変化が出ていますよね」

奥島「その通りです。当時の中国側の公船は、あまり連携なく行動しているように見えましたし、個々の船を見ても、こちらへ突っかかってくるような挑発的なことをしてくる船があるかと思えば、あまり活動しない船もあるなど、コントロールが利いているようには見えませんでした。また、私はもともと航海士ですから、対峙すれば、相手の力量も分かりますが、操船術に感心するものはありませんでした。例えば、海が時化《しけ》てくると、彼らはすぐに現場を離脱して帰ってしまう。荒天航海の技術がなかったんですね。

それが2013年に習近平政権になって、中国は尖閣諸島を実効支配すべく、具体的に4つの準備を進めていきました。第一に、船艇の大幅増強、大型化、武装化です。2022年末には、海保の大型巡視船71隻に対して、中国海警局所属の大型巡視船は157隻（公開情報をもとに推定）と、2倍以上になりました。第二に2013年の組織統合で、第三に2018年の組織改編、第四に2021年の海警法の施行です」

近藤「海警法は習近平政権が自画自賛していて、2024年2月1日に盛大に施行3周年を祝いました。その時の発表によれば、3年で紛糾案件を4493件和らげ、4435件の救助を行い、1803件を摘発し、3928人を捕らえ、計66・6億元（約1330億円）分もの物品を没収したそうです」

奥島「しかし海警法第21条の外国の軍艦・公船に対する強制的措置や、続く第22条の武器の使用規定は、国際法違反が極めて濃厚な条文です」

近藤「他にも第20条は、島嶼《とうしょ》の建造物に対する強制排除条項で、これは尖閣諸島に海上保安庁や自衛隊が建造物を築いたり、人工島を築いたりすることを予防しようという意図が見えます。

奥島「自分たちは南シナ海の岩礁などに、勝手にいくつもの人工島を造っているのに、よく言えたものです。

おかしな話ですが、日々対峙しているわれわれ海保が、中国海警を鍛《きた》えてしまったところもあります。彼らは、海上保安庁という『格上』の相手に胸を借りているうちに、実力をつけていったのです。荒天航海の技術も身につけました。もちろん、彼らの船の性能が向上したということもありますが、船を運用する能力が上がり、帰らなくなりました」

近藤「失礼ですが、相手の船艇数が2倍以上になり、パワーアップされた現在でも、尖閣諸島防衛は大丈夫ですか？」

奥島「いまところ、十分に対応できています。船艇数が2倍と言っても、彼らは尖閣海域だけでなく、広大な南シナ海の紛争も抱えています。ただ、中国側は毎年増強を図っていますから、海保もこれに負けないよう増強していかないといけません」

近藤「中国海警は76ミリ機関砲を使っているが、海上保安庁は40ミリ機関砲を使っているので、実戦になれば中国側にかなわない。この俗説はどう思われますか？」

奥島「使っている最大の機関砲については事実ですが、それで海保が負けるとはまったく思っていません。具体的な戦術などについては申し上げられませんが、勝敗は口径の大きさだけで決まるものではない、ということだけは言っておきます*7」

近藤「中国側の脅威が増していく中、現場で心がけているのはどんなことですか？」

奥島「常に相手勢力を上回る勢力で対応し、付け入るスキを与えない。与《くみ》し易《やす》い相手だと思わせないことです。中国は弱い相手には強気に出ます。二つ目は相手の挑発に乗って事態をエスカレートさせないこと。武力攻撃の口実を与えないということです。
　そのためわれわれは、『冷静かつ毅然として対応する』ことをモットーにしています。無茶苦茶なことはやりませんが、相手に舐《な》められないような行動を取っていくということです。『日本が領海を放棄した』と言質《げんち》を取られないよう、中国側への警告を最後まで行うことも徹底しています。

近藤「尖閣諸島防衛の要諦は何でしょう？」

奥島「長年警備に携わってきた経験から申し上げると、領海警備の王道は『守り切る』ことにあると思っています。『勝つこと』ではなく『凌《しの》ぐこと』『防ぐこと』が大事なんです。『勝つこと』を目指すと、『力対力』になってしまい、衝突に直結してしまうんですね。だから現場は常に、『凌ぐこと』を考えながら行動しています。
　これから当分の間、毎年約２００億円の予算増額が続くので、早急に整備を進めていきます。すぐに軍隊が出動できない国ほど、非軍事の執行機関（海保）の能力を高めるべきです。それでも海上保安庁で手に負えなくなれば、そこからは政治マターになり、自衛隊の出動ということになります」

　奥島前長官が述べているように、海上保安庁の背後には自衛隊が控えている。自衛隊も「尖閣シフト」を明確にしている。沖縄を含む九州地方の主な配備の進展は、次ページの別表の通りだ。[*8]

2016年	空自第9航空団新編（那覇）
	陸自与那国沿岸監視隊新編（与那国）
2017年	空自南西航空方面隊新編（那覇）
	空自南西航空警戒管制団新編（那覇）
2018年	陸自水陸機動団新編（相浦）
2019年	陸自奄美警備隊、地対艦誘導弾部隊及び地対空誘導弾部隊新編（奄美、瀬戸内）
	陸自宮古警備隊新編（宮古島）
2020年	陸自第7高射特科群移駐（宮古島）
	陸自第302地対艦ミサイル中隊新編（宮古島）
2021年	陸自電子戦部隊新編（健軍）
2022年	陸自電子戦部隊新編（相浦）
	陸自地対空誘導弾部隊新編（竹松）
	陸自地対艦誘導弾部隊新編（健軍）
	陸自電子戦部隊新編（奄美）
	陸自電子戦部隊新編（那覇、知念）
	空自第53警戒隊の一部を配備
2023年	陸自電子戦部隊新編（川内）
	陸自八重山警備隊、地対艦誘導弾部隊、地対空誘導弾部隊新編（石垣）
（新編予定）	陸自水陸機動団第3水陸機動連隊（竹松）
	陸自地対艦誘導弾部隊（勝連）
	陸自電子戦部隊（与那国）

（令和5年版『防衛白書』より）

「これまでにない最大の戦略的挑戦」

このように自衛隊も、驚くべき物量とスピード感でもって「尖閣シフト」を強めているのである。中国軍について、『防衛白書』（令和5年版）は以下のような見解を示している。

〈中国軍指導部がわが国固有の領土である尖閣諸島に対する「闘争」の実施、「東シナ海防空識別区」の設定や、海・空軍による「常態的な巡航」などを軍の活動の成果として誇示し、今後とも軍の作戦遂行能力の向上に努める旨を強調していることや、近年実際に中国軍が東シナ海や太平洋、日本海といったわが国周辺などでの活動を急速に拡大・活発化させてきたことを踏まえれば、これまでの活動の定例化を企図しているのみならず、質・量ともにさらなる活動の拡大・活発化を推進する可能性が高い〉[*9]『防衛白書』では「これまでにない最大の戦略的な挑戦」とも表現しているが、少しも誇張とは思われない。

実際、岸田政権は2022年12月16日に「防衛三文書」（国家安全保障戦略、国家防衛戦略、防衛力整備計画）を閣議決定。5年で43兆円もの防衛費を拠出して、反撃能力を持てるように方針転換した。[*10]

2024年1月18日には、約2540億円を拠出し、2025年度から3年かけて最大400発のトマホークミサイル（射程1600キロ）を導入する契約を、アメリカと交わした。[*11] 3月26日には、「グローバル戦闘航空プログラム」（イギリス、イタリアとの次期戦闘機の共同開発及びパートナー国以外への移転）を推進するため、防衛装備移転三原則を改正した。[*12] 防衛装備移転三原則は「防衛三文書」に沿うよう、その3ヵ月前にも改正している。

そして、4月10日にワシントンで行われた日米首脳会談後に発表された共同声明では、自衛隊に統合作戦司令部を新設することを謳った。[*13] アメリカ側も、在日米軍司令部に指揮統制権を一部付与する方向で進めており、「尖閣有事」などへの即応態勢を日米で築こうという意思が明確だ。

「戦狼外交」に引き継がれた場違いな報復行為

今世紀の約四半世紀を振り返れば、尖閣諸島は3回、大きな「危機」に見舞われた。

1回目は2010年9月7日、尖閣周辺の領海内で操業していた中国漁船「閩晋漁5179」

が、海上保安庁の巡視船「みずき」に体当たりし、詹《せん》其《き》雄《ゆう》船長を公務執行妨害で逮捕した一件だ。後に私が関係者から聞いたところによれば、詹船長は当時、泥酔状態だったことが「無謀な体当たり」に出た原因だった。

ともあれ、中国政府は船長の勾留《こうりゅう》に激しく反発し、丹《に》羽《わ》宇一郎駐中日本大使を5回にわたって呼び出し、抗議した。船長はその後、罪状を否認し、勾留は長引いた。

中国は、日本の対中依存度が極めて高いレアアースの日本への通関手続きを止めた。さらに、中国河北省石家荘市で旧日本軍の遺棄化学兵器の処理の仕事をしていた準大手ゼネコン「フジタ」の社員4人を拘束した。[*14]

ここで明らかになったことは、中国は尖閣問題に対する報復措置として、日本への経済貿易分野での制裁、及び中国国内での邦人拘束という「場違いな行為」を平然とやって来るという事実である。そしてこうした手法は、習近平政権の「戦狼外交」に引き継がれることになる。2016年以降、韓国、カナダ、オーストラリアなどが次々とターゲットになった。

私は2010年当時、北京に住んでいたが、胡錦濤政権は「和《わ》諧《かい》世界」（ハーモニアス・ワールド）を外交スローガンに掲げた「親日政権」だった。特に、2009年9月に日本で政権交代が起こって鳩山由紀夫民主党政権になってからは、鳩山政権の「友愛外交」と軌を一にしていた。

同年12月10日から13日まで143人もの日本の国会議員団を北京に招待し、胡錦濤主席が一人ひとりと記念写真を撮るという前代未聞のパフォーマンスを行った。[*15] 翌2010年には5月30日から6月1日まで温家宝首相が訪日し、代々木公園で一般市民と太極拳やラジオ体操に興じたり、四谷のグラウンドで草野球の練習に参加したりした。[16]
そうした友好的な雰囲気の中で、尖閣諸島を巡る問題で日中関係が「一夜にして」暗転したのである。どんなに日中関係が順風満帆でも、それは「砂上の楼閣」に過ぎないという教訓を得た。

尖閣問題では中国と香港が共闘

2回目の危機は、2012年8月から9月にかけてである。同年7月7日、野田佳彦首相は民間人が所有していた尖閣諸島（魚釣島、南小島、北小島）を国有化していく方針を明らかにした。[17]
これに中国メディアが、「75年後の『七七事変』の再来」と猛反発した。私は首相官邸幹部に呼ばれて、中国側の状況を説明したが、後の祭りだった。[18]
8月15日の終戦記念日、14人の香港の活動家らを乗せた船「啓豊2号」が、尖閣諸島の魚釣島近海に接近し、7人が島に上陸した。その時、私はこの一件をつぶさに調べたが、メンバーの中には、人民解放軍の諜報員と思しき人物が含まれていた。[19]
ともあれ、この時に得た教訓は、尖閣諸島の問題を巡っては、「一国二制度」のはずの中国大陸と香港とが「共闘」するということだった。香港は「世界一の親日都市」として知られるが、領土問題は別というわけだ。[20]
さらに、同年9月25日には、台湾の漁船約40隻と台湾海岸巡防署の巡視船8隻が、尖閣諸島の領海に侵入。この活動には、台湾の食品大手「旺旺集団」が500万台湾ドル（約2400万円）を寄付していた。

つまり尖閣諸島を巡っては、「自国の領土」と主張している台湾（中華民国）も「参戦」してくるということだ。私は2006年に、当時の馬英九国民党主席・台北市長（2008〜16年に台湾総統）に話を聞いたことがあるが、尖閣諸島に関してはこう答えた。

「釣魚台（尖閣諸島）は紛れもなく、中華民国の固有の領土だ。私はこの問題でハーバード大学から博士号を取得しているので、台湾で一番の専門家とも言える。中華民国が強く主張していないのは、領土を放棄したのではなくて、いまは時機でないと判断し、自重しているだけのことだ[*21]」

2012年9月11日、野田政権が尖閣諸島を国有化するや、中国政府は「日本による『9・11事件』」と呼び、野田首相は2001年にアメリカ本土を襲撃したオサマ・ビン・ラディン氏と同等の扱いとなった。かつ中国全土100ヵ所以上で、すさまじい反日運動が展開された。

この時の教訓は、「中国政府は『反日』を『中南海』（北京の最高幹部の職住地）の権力闘争に利用する」ということだった。すなわち、同年11月の第18回中国共産党大会で、胡錦濤総書記が引退することが決まっていた。この重要な党大会を巡って、江沢民グループが「胡錦濤政権が『親日政権』だったから日本にこのような暴挙を許した」として、自派に有利な習近平新体制を発足させることに成功したのだった[*22]。

5日間で100隻の船舶が「襲来」

3回目の危機は、それから4年経った2016年8月である。大量の中国船による「尖閣近海襲来事件」だ。この時の緊迫した様子を再現してみよう。

8月5日午後1時半頃、中国の漁船と海警の公船が、尖閣諸島周辺の日本の領海に侵入した。この情報は、現場に張りついている第11管区海上保安本部の21隻の船艇と11機の航空機から、那覇の海上保安部を通して東京の海上保安庁本庁へ、逐一送られた。そして海上保安庁本庁から、霞ヶ関の外務省7階にあるアジア大洋州局へと通知された。

就任して1ヵ月余りしか経っていない金杉憲治局長（現駐中国日本大使）の指示で、午後3時過ぎに四方敬之《しかたのりゆき》参事官が、カウンターパートの薛剣《せつけん》中国大使館公使参事官に電話で抗議した。

だが、中国船は引き返すどころか、この日だけで漁船7隻と海警の公船3隻の計10隻もが、尖閣諸島周辺の領海に侵入してきたことが判明した。そこで16時半頃、四方参事官が再び、薛公使参事官に抗議の電話を入れた。

だが、中国外交部で日本処長（課長）を経験した薛公使参事官は、日本語で反撃してきた。

「釣魚島（尖閣諸島）は中国の領土であり、周辺海域は中国の領海であるから、日本側こそ直ちに立ち退きなさい！」*23

公使参事官では埒《らち》が明かないと見た外務省は、やはり新任の杉山晋輔次官が、初めて程永華《ていえいか》中国大使を外務省へ召致。直ちに日本の領海及び接続水域から立ち退くよう抗議したのだった。

程大使は、頬を硬直させながら、「釣魚島（尖閣諸島）は中国の領土であり、日本側こそ直ちに立ち退くべきだ」と逆切れした。そこで外務省は、中国外交部の本省にも周知させるため、北京の日本大使館の伊藤康一次席公使からも、中国外交部の欧陽玉靖《おうようぎょくせい》辺境海洋事務司長（局長）

に抗議の電話を入れた。

翌6日土曜日の朝、安倍晋三首相は広島を訪問中で、平和記念公園では、原爆投下から71年目の記念式典が厳かに行われていた。そんな中、外務省では、早朝から幹部たちが次々に本省に入って行き、半ばパニックに陥っていた。海上保安庁が、想像を絶する報告をしてきたのだ。

〈本日0805頃、わが国尖閣諸島周辺の接続水域に、武器を搭載している船舶3隻を含む中国海警船舶6隻、及び中国漁船約230隻を確認しました――〉

「230隻だと⁉ 中国はわが国と一戦構える気なのか？」

外務省は、一気に緊張に包まれた。

すぐに金杉局長が中国大使館の郭燕《かくえん》公使に抗議、北京の日本大使館の横井裕《ゆたか》大使が中国外交部の孔鉉佑《こうげんゆう》部長助理（後の駐日大使）に抗議、伊藤公使が欧陽司長に抗議……。手を替え品を替え、中国に「抗議攻勢」をかけ続けた。

結局、8月9日までの5日間で、日本の領海に侵入した中国海警の公船は延べ28隻、退去警告を与えた中国漁船は72隻と、合わせてちょうど100隻に上った。そして外務省はこの間、中国側に計30回も抗議した。領海への侵入隻数も抗議の回数も、過去最高を記録。まさに尖閣沖で、日中は「一触即発」となったのだった。

中国海警を前面に立てた「サラミ戦術」

中国は一体なぜ、突如として「日本襲来」という暴挙に出たのか。私はすぐに北京へ行き、横井大使らに聞いた。

その結果、分かってきたのは、以下のことだった。

２０１５年10月から、アメリカ軍が南シナ海で「航行の自由作戦」を開始した。[*24] これは、中国側が「自国の領海」と称している海域で、故意にアメリカ軍の軍艦を通航させる行為だ。国際法上、軍艦の「無害通航」は認められているが、中国側に対するあからさまな挑発である。

中国は２０１５年の年末から翌16年の年始にかけて、習近平主席が主導して「軍改《ジュンガイ》」と呼ぶ２００万人民解放軍の大改革を断行した。[*25] その目的は、「強い軍隊」を作ることで、「軍隊というのは戦争を準備するものだ」という「習近平強軍思想」を浸透させた。[*26]

２０１６年７月12日、オランダのハーグにある常設仲裁裁判所が、南シナ海の領有権に関して、中国の主張には国際法的根拠がないとの裁定を下した。これはフィリピンのベニグノ・アキノ政権が、２０１３年１月に提訴したものだった。[*27]

かつて中国外交トップ（外交担当国務委員）を務めた戴秉国《たいへいこく》氏は、２０１６年７月５日に米ワシントンで行った講演で、「仲裁法定は非合法、無効であり、中国は不参加かつ仲裁結果は受け入れず、結果は紙くずに過ぎない」と牽制した。[*28] 裁定結果が発表された直後の７月13日には、国務院新聞弁公室が『中国は交渉を通して中国とフィリピンの南シナ海の争議を解決していくことを堅持する』と題した白書を発表した。[*29]

こうした中国側の強硬な態度に、軍事力ではるかに劣る東南アジアの国々は、静まってしまった。当のフィリピンでさえ、２０１６年６月30日に発足したロドリゴ・ドゥテルテ政権は、「親中路線」に舵《かじ》を切った。

そんな中で気炎を吐いていたのが、日本の安倍晋三政権だった。安倍首相は、モンゴルの首都ウランバートルで7月15日、16日に開かれたASEM（アジア欧州会合）でも、南シナ海問題で率先して中国を非難した。[*30]

中国は同年9月4日、5日に、習近平主席の威信を賭けた杭州《こうしゅう》G20（主要国・地域）サミットを控えていた。その時までに日本を黙らせないといけないと考え、対日強硬策に出たと思われる。同時に、日本のバックに控えるアメリカを黙らせるという意図もあった。

この時の教訓と言えるのは、中国は短時間のうちに、大量の海警公船と漁船（民兵？）を尖閣諸島周辺に動員してくるということだ。かつ、日本外務省にできるのは「抗議攻勢」をかけるくらいだということだった。

以後、2024年5月時点まで、中国側が尖閣諸島周辺に「大攻勢」をかけてきたことはない。だがそれは、騒動が沈静化したということではまったくない。むしろその逆で、本章の冒頭で述べたように、中国は中国海警という「準軍隊組織」を前面に立てて、まるでサラミを一枚一枚切るような「サラミ戦術」で、尖閣諸島に迫ってきているのだ。

中国の「違法ブイ」に日本政府は及び腰

2023年にも、中国側に新しい動きがあった。『読売新聞』（9月18日付）がスクープした海洋調査ブイの設置である。同紙は「尖閣諸島近くのEEZ内、中国が新たに海洋調査ブイ…潮流データを海警船が活用か」と題した記事で、こう記した。

〈尖閣諸島（沖縄県）近くの日本の排他的経済水域（ＥＥＺ）内で、中国が海洋調査ブイを新たに設置したとして、日本政府が中国側に抗議したことがわかった。同諸島の接続水域（領海の外側約22キロ）では昨年、中国海警船の航行日数が過去最多の３３６日に上っており、実効支配を目指す中国側の動きが加速している。ブイで波高や潮流などのデータを集め、海警船の運用に活用している可能性がある。

政府関係者によると、海上保安庁の巡視船が7月11日、日中のＥＥＺの境界にある日中中間線から日本側に約５００メートル入った海域で黄色いブイを確認した。現場は同諸島・魚釣島から北西に約80キロの海域で、ブイには「中国海洋観測浮標ＱＦ２１２」と書かれていた。海底に重りを下ろして固定しているとみられる。（中略）現場では7月上旬から、直径10メートル程度のブイとみられる物体が確認できるようになった。

第11管区海上保安本部（那覇市）で領海警備担当次長を務めた遠山純司氏は、中国はブイで収集したデータを人工衛星で送信しているとし、「海の荒れ具合などを調べ、海警船を派遣するために役立てている」と見る。[*31]（以下略）〉

この記事に関して、読売新聞記者が9月19日午後の官房長官定例会見で、松野博一官房長官に事実関係を確認している。松野長官はこう回答した。

「本年7月、海上保安庁が、東シナ海の地理的中間線の東側の、わが国排他的経済水域に、ブイの存在を確認したことから、付近を航行する船舶の安全を確保するため、7月15日に航行警報を発出いたしました。わが国排他的経済水域において、わが国の同意なく構築物を設置することは、国連海洋法条約上の関連規定に反します。

こうした規定を踏まえ、ブイの存在を確認後速やかに、外交ルートを通じて、中国側に対して抗議し、ブイの即時撤去を求めました。引き続き、関係省庁が緊密に連携しながら、付近を航行する船舶の安全の確保、警戒監視に万全を期すとともに、わが国の領土・領海・領空を断固として守り抜くとの考えのもと、毅然かつ冷静に対処していく考えであります[*32]」

この松野官房長官の答弁には、矛盾があった。「国際法に違反するから警報を発出し、外交ルートを通じて即時撤去を求めた」と述べ、「毅然かつ冷静に対処していく」と結んでいる。「毅然かつ冷静な対処」をするのだったら、当然ながら海上保安庁が中国側の「違法ブイ」を、即時撤去すべきである。その上で抗議するというなら理解できるが、「警報発出」と「抗議」だけするというのは、どういうことだろうか。

この問題は、それから約2ヵ月後の11月21日になって、ようやく国会で取り上げられた。衆議院予算委員会で立憲民主党の泉健太代表が、ブイの撤去を求めたのだ。

それに対し岸田首相は、「（11月17日の）日中首脳会談で、撤去について私から具体的に指摘し、各レベルで協議を続けていくことを確認しました」と答弁した。まるで他人事のような答弁だ。

さらに翌22日に、日本維新の会の三木圭恵《けえ》議員が「中国が撤去しないのであれば、日本が回収し、調べた方がよいのではないですか」と質《ただ》すと、岸田首相はこう答弁した。

「ブイの撤去も含め、可能かつ有効な対応を関係省庁で連携して検討して参ります」

初めて「撤去」という言葉を口にしたものの、やはり「検討して参ります」である。[*33]
この問題は、2024年3月13日の衆院外務委員会でも、松原仁元拉致担当大臣が上川外相に質した。だが上川外相は「有効な対応を適切に実施していく」「（撤去の）具体的な時期を明示することはできない」などと、7回にわたって同様の答弁を繰り返したのだった。[*34] 松原議員は、「自己の政治信念に従って」2023年6月に立憲民主党を離党した熱血漢として知られるが、改めて話を聞くと、「ブイを撤去しないと国益は守れないのに、岸田政権は事実上、放置する判断をしているとしか思えない」と呆れた。
なぜ日本政府はブイを撤去しないのか？　岸田政権の幹部に聞くと、こう答えた。
「尖閣諸島の海域は当然、日本の海域だが、中国側も同様の主張をしているため、国連海洋法条約上、確定ができていない。その場合、公路障害物となって、設置した側が回収しないといけない。そのため厳密に国際法に照らすと、日本政府が行えるのは中国に回収を要求することまでだ。さらに言えば、仮に強権を発動して回収するにしても、民間の切氷船を派遣しなければならない。その際、どの官庁が発注するのか。回収する予算はどこが賄《まかな》うのか。民間が回収する際の身の安全は誰がどうやって保障するのか。中国側の不測の事態にどう対処するのか……。ブイの回収作業は、口で言うほど簡単ではない」[*35]
これが現在の日本の「尖閣防衛」の実態である。後述するように、フィリピンも中国から同様の行為を受けたが、2023年9月にマルコス大統領が強権を発動してブイを撤去した。
国際法ということで思い起こすエピソードがある。明治維新後の近代日本は、岩倉具視《ともみ》外務卿

（外相）を中心とする「岩倉使節団」が欧米を歴訪し、プロイセンをまねた国作りを行った。1873（明治6）年3月15日、岩倉使節団と面会したプロイセンのオットー・フォン・ビスマルク宰相は、こう忠告した。

「現在、世界各国は親睦礼儀をもって交流しているが、それは表面上のことである。実際は弱肉強食が横行している。（中略）日本は万国公法を気にするより、富国強兵を行い、独立を全《まっと》うすることを考えるべきだ。大国は不利になれば公法に代わって武力を行使するからだ[*36]」

残念なことに、明治日本に授けられたビスマルク宰相の箴言《しんげん》を、現在において実践しているのは、日本ではなく中国の方である。

「1ミリたりとも領土は譲らない」

日本がブイ問題に右往左往している頃、海を挟んだ向こう岸に君臨する習近平主席は何をしていたか。着々と「尖閣シフト」を敷いていたのだ。

2023年11月29日、習近平主席は上海にある武警海警総隊東海海区指揮部を視察した。そこで東海海区指揮部の活動について報告を受け、オンラインを通じて、海警艦艇編隊の任務執行状況を確認した。

東海地区指揮部は尖閣諸島海域を管轄している。そのため、習主席がオンラインで視察した中には、中国海警が日本のＥＥＺに設置したブイも含まれていた可能性がある。習主席は、東海地区指揮部の「建設と任務の完成状況」に対して肯定した上で、次のように述べた。

「効果的な法執行の権限を維持し、わが国の領土と主権、海洋権益を決然と死守するのだ。海上での法執行の健全な協力配備システムを構築し、法によって海上の違法な犯罪活動に厳格な打撃を与え、わが国の海洋経済の健全な発展を維持し保護するのだ[*37]」
このように習近平主席は、「尖閣奪取の前線部隊」を視察し、叱咤激励しているのだ。文意からして、ブイの撤去どころか、さらなる「挑発」を命じた可能性すらある。その12日前に岸田首相が日中首脳会談で行った「要求」とは、真逆の行動に出ているのだ。
実際、共同通信は2023年12月30日、「習氏『1ミリも領土は譲らない』尖閣諸島の闘争強化を指示」と題した記事を配信した。
〈中国の習近平国家主席が11月下旬、軍指揮下の海警局に対し、沖縄県・尖閣諸島について「1ミリたりとも領土は譲らない。釣魚島（尖閣の中国名）の主権を守る闘争を不断に強化しなければならない」と述べ、領有権主張の活動増強を指示したことが30日、分かった。これを受け海警局が、2024年は毎日必ず尖閣周辺に艦船を派遣し、必要時には日本の漁船に立ち入り検査する計画を策定したことも判明した。（中略）
中国が日本漁船の立ち入り検査計画を策定したことが明らかになるのは初めて。実際に検査を行おうとすれば、海上保安庁の船舶との摩擦拡大は必至で、偶発的な衝突が起きる懸念がさらに高まりそうだ[*38]（以下略）〉
この記事に、2024年の年明けに、いち早く反応したのが、ラーム・エマニュエル駐日アメリカ大使だった。1月2日、自身のX（旧ツイッター）で、皮肉たっぷりにつぶやいた。

〈元日から中国の最高指導部は、365日連続で尖閣諸島周辺に艦船を派遣すると発表した。新年の誓いとしてはなかなかのものだ。

一方で中国国内に目を向けると、若年層の失業率は記録的に高く、不動産評価額は過去最低、そして産業は過去に例のないほど縮小している。（中略）新年の抱負などはとても無理な状況だ。この尖閣に関する決意については、年末のパーティで忠実な共産党員から乾杯の声が響いたことであろう[*39]〉

この「つぶやき」に対して、中国共産党中央委員会機関紙『人民日報』傘下の国際紙『環球時報』（1月5日）は、「アメリカの『駐日反中大使』は決して東京の役に立つ資産ではない」と題した社説を掲載。エマニュエル大使のことを長文で激烈に批判した。だが、大使が主張していた内容についての「否定」はなかった[*40]。

「軍事力増強は地域の状況を緊張させる」

2023年にはもう一つ、日本として看過できない中国の動きがあった。7月の玉城《たまき》デニー沖縄県知事の訪中と、それに絡んだ中国の遠謀である。それは、中国は尖閣諸島奪取の先に（尖閣諸島以外の）沖縄奪取も狙っているのではと、日本の一部の人々を疑心暗鬼にさせるものだった。習近平政権が発足した2013年以降、中国の急進的勢力は、沖縄を「琉球《りゅうきゅう》国」として独立させようという動きがあるからだ[*41]。

7月3日から7日まで、玉城デニー知事が、4年ぶり3度目の訪中を果たした。河野洋平元衆議院議長率いる日本国際貿易促進協会（国貿促）の訪中団一員としてだったが、河野団長の存在がすっかり霞《かす》んでしまうほど、玉城知事の一挙手一投足に注目が集まった。

「デニー」は中国語で「丹尼《ダンニー》」と表記する。「玉城丹尼」は中国メディアでも話題の中心だった。

玉城知事は訪中前に、『環球時報』の取材を受けた。7月3日付同紙に掲載されたインタビューは長文だが、冒頭のリードは次の通りだ。

〈ロシアとウクライナの衝突の後、日本政府はいわゆる「台湾有事はすなわち日本有事」とのでっちあげを加速してきた。ところが、玉城丹尼は固く述べた。その論理によって沖縄を戦場にしてしまうことは、決して許さないと。

玉城丹尼は、3月にアメリカを訪問。軍事衝突は、中国とアメリカ両国の国家利益を損害するため、日米は情勢を緩和するよう努力しなければならないと考えている。今回の訪問で中国との悠久の往来史の旧交を温め、今後さらに深い（中国と沖縄の）交流の機会が作られることを願う〉[*42]

つまり中国側は、玉城知事を優遇することで、日本政府と沖縄県の分断を謀ろうとしていると も受けとめられる。実際、玉城知事はインタビューでこう力説している。

「日本政府は昨年12月、いわゆる新たな『安保3文書』を決めた。『厳しい』安全保障環境に対応するため、防衛能力を強化し、自衛隊の南西諸島の配備を増強するとした。

しかしながら、たとえ第二次世界大戦が終わって78年を経たいまになっても、日本の約7割の米軍基地は沖縄に集中している。沖縄の人々は一貫して、日本政府は実際の行動で県内の米軍基地を減らしてほしいと要求している。沖縄県の立場からすれば、軍事力の増強によって威嚇能力を強化しようと企図することは、地域の状況をより緊張させると考えている。予測できない事態を引き起こす可能性があり、非常に懸念される」

中国≒琉球≠日本

玉城知事は、7月4日に北京市通州区張家湾鎮立禅庵村にある「琉球国墓地」に案内された。中国側はこの日のために、荒れ果てていた墓地跡の周囲の改装工事まで行う気の遣いようだった。『環球時報』の記者は、前述のインタビュー記事が載《の》った新聞を本人に手渡し、その新聞を掲げた写真をネット上で速報したのだった。掲載した写真は、参拝風景を始め計8枚にわたる力の入れようだ。さらにこんな説明もあった。

〈玉城丹尼は述べた。「もしも私の訪問を契機として、中国で琉球の遺跡を探る風潮が起こるなら、とても感激だ。人々が喜んで探り、中国に遺された琉球遺跡について理解する。それは中国と琉球との歴史、文化など多くの分野での交流を促進するものだ[*43]」〉

他にも、玉城知事が参拝時に、「私が参拝時に使った線香は中国から伝わったものだ。それは日本本土で使う線香とは異なる」と言ったことなどが、中国紙で切々と綴《つづ》られた。

中国はこのように、玉城知事を「主役」に押し立てながら、「中国≒琉球（沖縄）≠日本」ということを見せつけようとしていた。

「琉球国墓地」に関しては、この日の参拝にも立ち会った任徳永《にんとくえい》北京史地民俗学会理事が、『新京報』（北京で一番人気の新聞）で、長い解説を述べた。

〈琉球国墓地は、清朝時代にこの地で病死した琉球人たちを埋葬した場所だ。琉球国の貢使《こうし》、官僚、陳情使、通訳官など14人で、全国の琉球国墓地の中で葬られた人の地位が一番高い。

明朝時代の洪武5（1372）年、明の太祖・朱元璋《しゅげんしょう》は、琉球国に使節を派遣した。当時、（沖縄の）島には、山北・中山・南山という3つの小国しかなかった。明朝の皇帝は、使節を通じて、3国の国王をそれぞれ冊封《さくほう》した。その時から、彼らは明朝の属国となったのだ。

清朝の康熙《こうき》2（1663）年、琉球王国は、清朝の冊封を受け入れた。そこから清朝の暦《こよみ》を使い始め、清朝に朝貢《ちょうこう》した。

清朝の同治11（1872）年、明治維新を経た日本は国力を増し、琉球王国の使節が東京を訪問して天皇に謁見した際、突然一方的に宣言した。琉球王国の国王を藩主として冊封し、日本と琉球の藩属関係を結ぶとしたのだ。

光緒5（1879）年、日本政府は琉球国王を東京に強制連行し、琉球王国を併合。沖縄県と改名したのだ。これが日本史で美名のもとに述べている「琉球処分」だ。

琉球王国が日本に強制併合された後、中国を旅していた琉球詩人の林世功《りんせこう》は、復国の希望が絶たれたとして悲憤慷慨《ひふんこうがい》し、翌光緒6（1880）年11月20日、清朝の総理衙門前で自殺。それで後の人がこの地、張家湾の立禅庵琉球国墓地に埋葬したのだ。

ここが墓地になったのは、外国使節の中継所になっていたからだ。光緒14（1888）年に北京で死去した琉球王国の陳情通訳官で、復国運動のメンバーだった王大業《おうだいぎょう》が、この墓地に葬られた琉球王国の最後の官僚だ*44〉

このように、玉城知事の参拝と「日本に血塗られた琉球の歴史」を重ね合わせて論じているのだ。そこに通底するのは、「琉球は中国の朝貢国であり日本国には属さない」と強調することだ。

翌5日、訪中団は人民大会堂で、李強首相と会見した。李首相は、河野洋平団長率いる日本国際貿易促進協会（国貿促）の面々に、中国への積極的投資を求めたが、ここでも「影の主役」は、河野団長の隣席に座った玉城知事だった。

「李首相との会見においては、私が提案しました沖縄県と福建省の交流促進について、支持するという意向が明確に示されました」[*45]（玉城知事）

習近平が台湾・尖閣諸島侵攻時の主力部隊に檄

翌6日、玉城知事は一行と別行動で、北京から約2000キロメートル南下した福建省の省都・福州に移動した。福建省は、習近平主席が1985年から2002年まで17年間も勤務した「第二の故郷」とも言うべき地である。

折しも6月4日には『人民日報』が、習近平主席の「尖閣・沖縄発言」を一面トップで掲載し、日本で大いに物議を醸していた。習主席は、「鶴の一声」で北京郊外に作らせた中国国家版本館の中央総館を視察した際、学芸員とこんなやりとりをした。

〈習近平総書記はふいに足を止めて（史料を）観察し、関係する状況を学芸員に訊ねた。

「これは重要な政治的効用を発揮する古書、明朝時代の藍格抄本《らんかくしょうほん》『使琉球録』の版本です。そこには、釣魚島（尖閣諸島）及びその付属島嶼が中国の版図に属していたことを示す早期の版本著述なのです。書中ではこう記されています。『十日……平嘉山を過ぎて、釣魚嶼を過ぎて、黄毛嶼を過ぎて、赤嶼を過ぎて……十一日夕、古米山（現在の沖縄県久米島）を見る。それは琉球に属するものだ……』」。明代の抄本『使琉球録』の展示の前で、学芸員は詳細に説明した。

「私が福州で仕事していた時、福州に琉球館や琉球墓があることを知った。琉球との往来の歴史は深源で、当時は閩人《びんじん》三十六姓[*46]が琉球に渡ったのだ」。習総書記は強調した。「典籍、版本の収集整理活動を強化し、中華文明の伝承と発展をうまく行うのだ[*47]」〉

このように習近平主席は、尖閣諸島（釣魚島）が中国に属していることと、（中国の属国としての）琉球が日本から独立していることを、関連づけて強調したのだ。私はCCTV（中国中央広播電視総台）のニュースでこの時の映像も見たが、習主席は険しい表情をして述べていた。

玉城知事は福州で、習近平主席が指摘した「琉球館」を訪れた。正式名称は「柔遠駅《じゅうえんえき》」。「遠方から来た使節を（朝廷が）柔《やわ》らげる駅舎」という意味である。明朝と清朝の時代に、琉球から海を渡って来た使節を宿泊させたり接待したりした場所だ。那覇から福州までは、直線距離にして約800キロメートルの船旅だった。

玉城知事は福州で、やはりかの地で没した琉球人を埋葬した琉球墓苑を参拝した。他にも中国のテレビでは、玉城知事が地元学生たちとにこやかに座談会を行っている様子が映された。

周祖翼《しゅうそよく》福建省党委書記（省トップ）との会見もセットされた。周書記は習近平主席の浙江・上海人脈につながる側近だ。玉城知事はこう述べた。

「福建省を初めて訪れたが、福建の情熱と友誼《ゆうぎ》を肌で感じており、大変強い印象を受けている。

沖縄と福建の友好往来は悠久だ[*48]」

玉城知事や中国側が強調していた「琉球（沖縄）と福建の友好往来」を、実は習近平主席も「体感」している。前述のように習主席は、1985年から2002年まで17年間も福建省で勤務していたからだ。1981年5月20日に那覇市と福州市が姉妹提携し、1991年5月に姉妹都市提携10周年と那覇市市政70周年を記念して来訪したのが、当時の習近平福州市党委書記（市トップ）だった。

この時、受け入れ側の中心人物の一人だったのが、後に沖縄県知事となる稲嶺《いなみね》恵一沖縄県経営者協会会長だった。卒寿を迎え矍鑠《かくしゃく》とした稲嶺元知事に話を聞いた[*49]。

「習近平書記は、まるで熊みたいな男だと思いましたよ（笑）。大柄で寡黙で、私たちとも必要最低限の会話しか交わさない。代表団の他の人たちは多弁で、会食時も陽気に飲み食いしたけれども、習書記だけは違った。

当時、姉妹提携10周年の記念事業として、那覇に『福州園』を作ることになり、資材も作業員も福州から運び込んだんです。習書記は包容力があって、周囲の優秀な部下たちが、習書記の意向を忖度《そんたく》して、てきぱき動いていました。

2001年2月の姉妹提携20周年の時には、沖縄県知事として習近平福建省長を迎えました。翌2002年8月には、沖縄県と福建省の友好締結5周年で私たちが訪問。習省長と再会し、福州の琉球墓苑を整備してくれたことに感謝の意を伝えました。しかし習省長は、やはり必要最低限の会話しかせず、前年に沖縄を訪問したことすら口にしませんでした」

稲嶺元知事が言及した「福州園」にも足を運んでみた。[*50] 8500平方メートルの雄大な中国式庭園で、入口に習近平氏の写真が掲げてあった。「2001年2月27日、福建省の省長として来園」とある。

200円の入場料を払い、庭園を1時間ほどかけて一周したが、私は自分が大庭園の所有者であるかのような錯覚に陥ってきた。何せ入場者が他にほとんど見当たらないのだ。帰りがけに入口の職員に「中国人観光客は来ないんですか?」と尋ねてみたが、「少ないですね」と言われた。何とも寂しい「習近平の庭園」だった。

ともあれ、習近平主席は沖縄の歴史を熟知している。尖閣諸島も含めて琉球は長年、中国に朝貢しており、「中国側の存在」という意識を持っているように思われる。

実際、玉城知事が福建省を訪問した6日から7日にかけての中国でのトップニュースは、「中沖友好」ではなかった。6日に習近平主席が、「台湾・尖閣諸島侵攻時の主力部隊」となる東部戦区を視察し、檄《げき》を飛ばしたというものだったのだ。

「戦争と作戦の準備計画を深化させ、戦区の連合協力戦の強力な指揮系統を作り上げるのだ。実戦的な軍事訓練をしっかり身につけ、戦争に勝利する能力を急ぎ引き上げるのだ。政治的に高度な思考を堅持して、軍事問題を処理するのだ。闘争に向かい、闘争をうまく行うのだ。国家の主権と安全、発展する権利を決然と死守するのだ」[*51]

さらに、この日の二番手のニュースは、「全国各地で全民族抗戦爆発86周年を記念する活動が挙行された」というものだった。要は、「日本が中国を侵略した1937年7月7日の盧溝橋《ろこうきょう》事件（日中戦争勃発）から86周年」という意味だ。『人民日報』（7月8日付）は、こう報じている。

〈全民族抗戦爆発86周年を記念して、（北京の盧溝橋にある）中国人民抗日戦争記念館は、瀋陽《しんよう》「9・18」歴史博物館（1931年9月18日に満州事変のきっかけとなった柳条湖事件が起こったことを示す博物館）、侵華日軍南京大虐殺遇難同胞紀念館（南京大虐殺記念館）、重慶紅岩革命歴史博物館（抗日戦争勝利後の中国共産党代表団駐屯地）、八路軍太行紀念館（山西省長治市にある日本との8年戦争の紅軍の闘争を展示した記念館）、新四軍紀念館（江蘇省塩城市にある同様の記念館）など、全国40ヵ所以上の革命の記念館と合同で、抗日の記念活動を挙行したのだ[52]〉

２０２４年1月1日には、やはり習主席の肝煎りで、中国愛国主義教育法が施行された。以後、抗日戦争に勝利した9月3日、抗日戦争などで斃《たお》れた烈士を祀《まつ》る9月30日、南京大虐殺の12月13日に、毎年全国の県級以上（日本の市町村にあたる）で記念行事を行うことが義務づけられた。[53]

中国甲午戦争博物館

他にも習主席にとって、「対日政策の原点」とも言える場所がある。山東省威海《いかい》の外島・劉公《りゅうこう》島《とう》に建つ中国甲午《こうご》戦争博物館だ。[54] 日本風に言うなら、日清戦争博物館。習主席は、中国からすれば「屈辱的な展示」に溢《あふ》れたこの巨大な博物館を、2期目の政権を始動させた２０１８年6月12日午後、時間をかけて参観した。[55]
そこで強い思いを抱いて、次のように指導した。
「警鐘を鳴らし続け、歴史の教訓を肝に銘じるのだ。軍事上の零落《れいらく》がいったん形成されたら、国家の安全に与える影響は致命的だ。私はよく中国近代の史料を見るが、落ちぶれて叩かれる悲惨な情景を一目見ると、肺腑《はいふ》が痛撃される。

中国の近現代史を学習することは、近代中国が経験した屈辱の歴史を理解することだ。落ちぶれれば叩かれ、いじめられるという教訓を、深刻に汲《く》み取るのだ。歴史の使命感と責任感を精励してよく治め、奮発して国家の富強をはかっていくのだ。そうしてわが国家を、より豊かに強大にしていくのだ」

習主席の思いを追体験するように、私もこの博物館を、一日かけて参観した。ただ訪れたのは、習主席よりも約2年早い２０１６年8月だった。

威海港から客船に揺られて20分余り、劉公島に降り立つと、一周わずか15キロメートルの小島に、外国人はおそらく私ただ一人だった。鬱蒼《うっそう》とした島の南側全体を、中国政府は１９８５年３月以降、中国甲午戦争博物館にしている。

劉公島は清朝末期、「海上の屏風」と称され、北洋艦隊の本部が置かれた。黄海から渤海に入る地点に位置し、渤海の奥に位置する首都・北京を防衛する海上の要衝だった。

北洋艦隊は１８８８（光緒14）年の暮れに、李鴻章《りこうしょう》直隷総督《ちょくれい》兼北洋通商大臣（１８２３〜１９０１年）が劉公島に創設した。１８７４年に明治日本の海軍が台湾に入ったことに驚愕し、近代海軍の設立を決めたのだ。主要軍艦25隻、補助軍艦50隻、輸送船30隻、海兵は４０００人余りで、毎年４００万両の銀を予算に計上した。

海岸沿いに建つ陳列館の入口には近代中国の著名な思想家梁啓超《りょうけいちょう》（１８７３〜１９２９年）の

「わが国の千年の大きな夢を喚起せよ、それは甲午（日清）戦争（の敗北）から実行するのだ」（喚起吾国千年之大夢、実自甲午一役始也）という言葉が掲げられていた。

梁啓超は、清朝を打倒して西洋的立憲国家を作ろうとしたり、日清戦争後に14年も横浜中華街で亡命生活を送ったり、第一次世界大戦後に中国の顧問としてパリ講和会議に参加したりと、波乱万丈の生涯を送った。思想的にも複雑な人物だが、習近平政権下では、習主席が崇拝する建国の父・毛沢東元主席が敬愛した思想家ということで、英雄視されている。

この梁啓超の言葉の下には、「甲午戦争における敗戦は、アジアの伝統的な戦略や形を変えただけでなく、世界の近現代史にも浅からぬ影響を及ぼした」と書かれていた。

習近平政権のスローガンである「中国の夢」、正確には「中華民族の偉大なる復興という中国の夢の実現」は、おそらくここから来ているのではないか。

明快に掲げる「中華帝国の復権」

展示は、日清戦争に至るまでの経緯から始まっていた。「日本は文明の仮面をかぶりながら、野蛮な本性を露わにした」。日本が明治維新の後、国を挙げて富国強兵、殖産興業に乗り出した様子が示され、「日本陸軍は12万３０４７人を数え、海軍は7万トン余りの軍艦を保有するに至った」とある。清国も１８６６年、福建省に福建船政局后学堂を設立し、近代海軍を作り始めた。

そんな中、１８８６年８月に長崎事件が起こる。北洋艦隊の丁汝昌《ていじょしょう》提督が艦底の修理のため、「定遠」など軍艦4隻を率いて長崎港に寄港した際、中国人水兵たちと長崎の警察が乱闘となり、双方に死傷者を出した事件だ。日本では、中国人水兵たちが長崎市内で乱暴狼藉《ろうぜき》を尽くしたというのが定説だが、この博物館では日本側に全面的な非があったと説明していた。

ともあれ丁提督は、このまま日本が軍備拡張していけば大変なことになると、危機感を抱いて帰国した。だが丁提督の危機感が、西太后《せいたいごう》が実権を握る北京の宮廷に届くことはなかった。

日清戦争には、陸戦と海戦がある。陸戦は1894年春に、朝鮮半島南部で東学党《とうがくとう》の乱が起こり、朝鮮国王はこれを鎮めるために、宗主国の清に援軍を要請した。

それに対して、日本も在留邦人を保護するという口実で、軍隊を派遣。朝鮮半島で日清両陸軍がぶつかった。結果は、日本軍の連戦連勝。日本陸軍は鴨緑江《おうりょくこう》を越えて、遼東《りょうとう》半島と山東半島まで進軍した。

一方、海戦は、清国が1894年7月、朝鮮に援軍を送るべく、イギリス商船に偽装した軍艦に兵士を乗せて、威海を発った。だが、この艦船が仁川南部の豊島沖で日本軍に発見されて戦闘となり、日本軍が完勝。続いて黄海沖で、雌雄《しゆう》を決する黄海沖海戦が行われ、再び日本軍が勝利した。最後は劉公島に立てこもった北洋艦隊を、日本軍が7度にわたる砲撃で降伏させた。

博物館には、「私は決して報国の大義を棄てるのではなく、いまはただ死をもって提督の職が尽きるだけだ」と書き遺し、投降時に自害した丁汝昌提督の遺言が掲げられていた。その脇には、「劉公島の投降によって、北洋艦隊3097人、陸軍2040人、計5137人が日本軍の捕虜となった」と書かれている。さらに、「甲午戦争の大きな痛手は、国の恥であり民の屈辱である」と大書されていた。

最後の展示室は、「終戦後の下関条約の締結とその後」がテーマだった。日本側代表の伊藤博文首相が、左手の人差し指を立てて中国側を叱責《しっせき》し、中国側代表の李鴻章総督が押し黙って遠方を見つめている蠟《ろう》人形が展示されていた。こうして1895年4月17日に、下関条約が締結され、6月2日に台湾が日本に割譲された。

私は、条約が締結された下関の伊藤首相行きつけのふぐ料理店「春帆楼《しゅんぱんろう》」に足を運んだことがある。清朝の幹部たちにしてみれば、敵方が祝宴を上げる料亭に呼びつけられたわけで、さぞかし忸怩《じくじ》たる思いだったろう。東京の国立公文書館で、この条約文書の実物を見たこともあるが、李鴻章総督がサインとともに押下した巨大な清国の黄色いハンコが印象的だった。

結局、日本に敗れたことが遠因となって、1911年に辛亥《しんがい》革命が勃発して清朝は滅亡した。

博物館の出口のロビーに、二つの大きな看板が出ていた。一つ目には、「歴史会重演嗎?」(歴史は繰り返されるのか)という6文字。二つ目は、習近平主席の次の言葉だった。

「歴史を重視し、歴史を研究し、歴史を教訓とすることで、人類は昨日のことを多く理解し、こんにちのことを多く把握し、明日の知恵を切り拓き創造することができるようになる。中国人民はいままさに、中華民族の偉大なる復興という中国の夢を実現すべく奮闘中であり、歴史から知恵を汲み取っていかねばならない」

このように習近平主席は明快に、日清戦争以前のような「中華帝国の復権」を掲げていた。

出口のロビーには、展示物の「続編」のように、中国がウクライナから買い付けた初の空母「遼寧《りょうねい》」の巨大な模型が飾ってあった。その下側には、「国の傷を忘れることなく中華を夢見る」と書かれた横断幕が垂れていた。中国人民解放軍はその後、２隻目の空母「山東」を２０１９年12月に就役させ、３隻目の空母「福建」を２０２２年６月に進水させた。[*56]

このように、習近平主席が掲げるスローガン「中国の夢」とは、まさに日清戦争の前の状態に戻すことなのだ。

そのためには、日清戦争によって日本に割譲させられた台湾を取り戻すことが必要である。そして尖閣諸島は「台湾の一部」としているため、当然ながら日本から尖閣諸島を奪いに来る。それは来るか、来ないかではなくて、いつ来るかという問題だろう。

日清戦争前と酷似した状況

一つ、予言的な比較を示したい。それは、日清戦争の直前と２０２４年の日中両国の状態が、酷似しているということだ。それは、前者と後者の日本と中国を入れ替えるとである。

具体的には、以下の通りだ。

〈日清戦争前の日本〉

・富国強兵、殖産興業をスローガンに、軍事力と経済力を増強し、アジア最大の新興大国として破竹の勢いで台頭していた。特に、１８８２（明治15）年に山県有朋《やまがたありとも》首相が「軍艦48隻」を提唱し、１８９０（明治23）年の帝国議会発足時に「主権線」（国境線）の守護と「利益線」（緩衝地帯である朝鮮半島など）の防衛を力説した。[*57]

・イギリス他との不平等条約を改正し、欧米列強による「既存の秩序」を変更しようと躍起になっていた。[*58]
・1881（明治14）年に就任した松方正義大蔵卿（財務相）による緊縮財政政策（松方デフレ）の影響などで、物価の下落と深刻な不況が訪れていた。[*59]
・明治天皇と伊藤博文首相は開戦に消極的だったが、軍の暴走を止められなかった。[*60]

〈現在の中国〉
・強国強軍をスローガンに、軍事力と経済力を増強し、アジア最大の新興大国として破竹の勢いで台頭している。特に、2012年の習近平総書記時代になって空母を3隻進水させ、主権・領土保全と発展の利益を強調している。
・アメリカを中心とした第二次世界大戦後の「既存の秩序」を変更しようと躍起になっている。
・2020年から3年に及んだ習近平政権の「ゼロコロナ政策」などにより、物価の下落と深刻な不況が訪れている。
・習近平主席や李強首相らは開戦に消極的だが、人民解放軍や海警局が暴走を始めている。

〈日清戦争前の中国（清国）〉
・日本の軍拡と挑発が恐ろしくて、軍事費を増やして軍艦を欧州に発注したり、欧米列強に調停や威嚇を依頼していた。[*61]

・実権を握っていた西太后を中心とした北京の朝廷も、国民も、平和ボケしていた。*62
・李鴻章総督や丁汝昌提督ら軍幹部がいくら危機を訴えても、朝廷は専守防衛を命じるのみで対処が遅れた。*63

〈現在の日本〉
・中国の軍拡と挑発が恐ろしくて、防衛費を増やして反撃能力を身につけたり、アメリカや同志国などに共同防衛を求めている。
・「台湾有事は日本有事」と言っていた安倍晋三元首相が死去し、政府も国民も平和ボケしている。
・自衛隊や海上保安庁が危機を訴えても、政府は日本国憲法に基づいた平和路線を求め、対処が遅れている。中国側が設置したブイさえ撤去できない。

アメリカは「他国の紛争に参戦しない」

それでは、尖閣危機が起きた場合、自衛隊は人民解放軍に勝てるのか？　私には残念ながら、必ずしも楽観的には感じられない。それは、制度と意志（覚悟）の問題である。

制度とは、突き詰めて言えば、日本国憲法の縛りだ。1947年に施行した日本国憲法は、当時日本を占領していたアメリカ（GHQ）の意向によって、「第9条」という世界の憲法のどこにもない特殊条項が加わった。自国の「軍隊」すら持てないという異常事態が、現在まで77年も続いている。

その間、憲法第9条は、日本に平和的発展という恩恵をもたらした。ただしそれには二つの前提があった。一つは世界最強国のアメリカが日本を鉄壁に守ってくれること、もう一つは他国が日本を攻撃してくるリスクが低かったということだ。

ところがいまや、この二つの前提は急速に崩れつつある。バラク・オバマ政権以降、アメリカは「他国の紛争に直接参戦しない」方針を強めている。そして「戦狼外交」をエスカレートさせる中国は、これまで見てきたように、もはやいつ尖閣諸島に襲来してきてもおかしくない。

そうした中、明らかに憲法第9条が、尖閣諸島防衛の足かせとなっているのだ。憲法第9条がある限り、日本は基本的な方針として、「ネガティブリスト方式」（禁止事項以外の行動は認められる方式）でなく、「ポジティブリスト方式」（許可された行動のみ許される方式）によって行動しなければならない。

その結果、いまの自衛隊は、たとえてみれば一度も手術経験のない病院のようなものだ。「日々の実習は積んでいます」とは言うだろうが、来たる「大手術」を成功させられるのか。

それは自衛隊自身の責任ではない。自衛隊を「通常の軍隊」と認めてこなかった制度（日本国憲法第9条）の問題である。77年を経て問題が生じてきているのだから、速やかに制度を変えるべきだろう。ちなみに自民党は1955年の結党以来、一貫して憲法改正を綱領に掲げてきた。

意志（覚悟）の問題というのは、日本政府と国民が、尖閣諸島を防衛するために中国と一戦交えても構わないというコンセンサス（共通認識）を持つということだ。もし政府と国民がそうしたコンセンサスを持ったなら、自ずから「憲法第9条を改正しよう」ということになるはずだ。
ちなみに、日韓がともに領有権を主張している竹島（韓国名：独島《ドクト》）に関しては、実効支配している韓国側は、そうしたコンセンサスを強く持っている。逆に日本は持っていない。そのため韓国は、竹島に警察や市民を常駐させるなど、実効支配のレベルをどんどん上げている。

昨今、日本はベトナムとの関係強化に努めており、少なからぬベトナム政府の幹部たちが来日している。２０２３年の年末に東京で開かれた日本ＡＳＥＡＮ友好協力50周年特別首脳会議の際、面会したその一人に、私はこう忠告された。

「日本はなぜ尖閣諸島の実効支配を強めていかないのか？　いまのように放置していては、中国側に『どうぞ持っていって下さい』と意思表示しているようなものだ。

わが国も南シナ海の領有権を巡って、激しく中国と衝突している。中国が、実効支配している岩礁などに人工島を築いて実効支配を強めているのを知った後、わが国も同じ手段を取ることにした。それで中国が攻めて来たら、１９７９年以来の中国との戦争も辞さない覚悟を持ってやっているのだ。

そうしたら習近平主席は、わが国と一戦交えるどころか、先方から希望して（２０２３年12月12日から13日に）ハノイを訪問。『中越運命共同体』を唱えて、グエン・フー・チョン（阮富仲）ベトナム共産党書記長とがっちり握手した。この10年でベトナムへの公式訪問は3回目だった。中国との関係は、領土問題は強硬に、その他は柔軟にというのが、ベトナムの一貫した方針だ[*64]」

ベトナムが進めている人工島建設については、ＮＨＫ（２０２３年11月26日）が「南シナ海　ベトナムも20の岩礁などで埋め立て 米研究機関の分析」というタイトルで、こう報じている。
〈南シナ海で中国が実効支配する岩礁などで埋め立てを進める中、ベトナムも領有権を主張する20の岩礁などで埋め立てを行い港の整備などを進めていることがアメリカの研究機関の分析で分かりました。特に2022年後半から埋め立てが急ピッチに進められていて、専門家は「中国の活動が拡大する中、ベトナムが存在感を高めようとしている」と分析しています〉[*65]

このベトナム高官は、こう結んだ。
「今後遠からず、中国はフィリピンが実効支配しているセカンド・トーマス礁を力で奪い取るだろう。かつ同盟国のアメリカは、フィリピンのために戦わない。そこで日本は初めて、明日は我が身だと目を覚ますのかもしれない」

識者4人の見解

幸いなことに、いまのところは日本側が尖閣諸島を実効支配している。もしも日本政府として、もしくは日本国民の過半数が、憲法第9条の改正は時期尚早と考えているとすれば、他に打てる手段はないものだろうか。

2023年12月まで3年3ヵ月にわたって駐中国日本大使を務めていた垂《たるみ》秀夫前駐中国大使に意見を伺った。[*66] 垂氏は駐中国大使時代、「モノを言う日本大使」として中国側に恐れられた。

近藤「駐中国大使時代に、尖閣諸島に対する危機意識というのは、どのくらい持ち合わせていましたか？」
垂「それは常に持っていました。一時は私の携帯電話の待ち受け画面を魚釣島にしていたほどです。私は尖閣諸島を視察したこともありますし、現地の人たちと語り合ったこともあります。
　私が常に心にアラートを鳴らし続けていたのは、中国の尖閣襲来を警戒してということもありますが、こちらに少しでも隙《すき》ができると、中国側は自分たちに有利なように様々な『現状変更』を試みようとするからです。実際、私の大使時代にも中国の公船が尖閣諸島周辺に来る回数が増えました」
近藤「韓国が竹島でやっているように、島内に駐在所を作って、海上保安庁職員もしくは自衛官が防衛するという手段はどう思いますか？　もしくはフィリピンがやっているように中古船を座礁させたり、船溜まりを作って定期的に巡航する手段はどうでしょう？」
垂「それは簡単なことではないと思います。２０１２年９月に野田佳彦（民主党）政権が尖閣『国有化』に踏み切った際、私は北京の日本大使館で政務担当公使を務めていましたが、周知のようにものすごいリアクションが起きました。
　もしいま日本側が島に駐在所を置いたり、船溜まりを作ったりしたら、中国側が急襲してそれらを占領し、使用してしまうかもしれません。そうなれば日本はどうしますか？
　勝負をかけるのはいいけれども、それは時期とタイミングを考えないといけません。その意味で、いまは『戦略的臥薪嘗胆《がしんしょうたん》』の時期です」
近藤「それでは韓国が竹島でやっているようには、いまは尖閣諸島でやるべきではないというわけですね」

垂「そうです。竹島の場合、国力的には日本の方が韓国よりも勝《まさ》るのに、日本が近づけば韓国は銃撃してきます。それは日本が終戦後の一番弱い時期（1952年）に、韓国が一方的に『李承《イスン》晩《マン》ライン』を引いてしまったからです。[*67]

尖閣諸島は30年後も50年後も、同じ場所に存在します。日本側はいつどのように戦うのか、戦略的な知恵を出さないといけない。いまは静かに海上保安庁の船舶を増やし、警備を強化し、船員を養成しておく時期だと考えます」

同じ質問を、前出の奥島前海上保安庁長官にもぶつけてみた。

「駐在所や船溜まりの設置ということになると、これはもう海上保安庁の権限の枠を超えた政治マターです。その上で私見を述べれば、すべてパッケージで考え、有効性の見通しを立てねばなりません。

もちろん中国側の対抗をどう食い止めていくかということもあるし、駐在所への水や食料の補給をどうするかという問題もある。フィリピンは（1999年にセカンド・トーマス礁で）故意に軍艦を座礁させて補給しているけれども、周知のように中国と激しく衝突しています。

尖閣諸島で中国が何か仕掛けてくる時は、必ず予兆があるはずですが、いまのところありません。そのため現在の日本としては、『中国がやって来たらやり返す』という正当防衛の論理に立つべきです」

奥島前長官も、駐在所や船溜まりの設置には消極的な考えを示した。ただ拱手傍観《きょうしゅぼうかん》しているわけではないという。

「いま海上保安庁が積極的に取り組んでいることの一つが、国際的な結束を中国に見せつけることです。USCG（アメリカ沿岸警備隊）との合同訓練を増やしていますし、海上保安庁の『教え子』とも言える東南アジア各国のCG（コーストガード＝海上警察）との連携も強化しています。非軍事の法執行機関であるCGが、中国対多数国の合従《がっしょう》の形を目指しているのです」

前出の稲嶺元沖縄県知事の見解も、奥島前長官に近い。

「中国は尖閣諸島を、西沙（パラセル）諸島と同様に見ています。西沙諸島は（第一次インドシナ戦争後にフランスが去った）1956年に中国が東側を占領し、（ベトナム戦争末期の）1974年に西側を占領しました。中国はいずれもベトナムの力が弱くなった時期に奪ったのです。中国は尖閣諸島を西沙諸島と同様に見ているため、日本が弱くなれば奪いにくるし、強ければ来ない。そのため日本は常に注意を怠《おこた》ってはなりません。

しかし日本がいま駐在所や船溜まりを設置すれば、中国と即刻、戦争になるでしょう。それは日本にとって得策ではない。

それよりもアメリカをうまく引き込んで、日米共同で防衛する形にするのがベストです。アメリカを説得するのは容易ではないでしょうが、もし成功すれば中国は手出しできなくなります」

だが、岸田政権のある高官は、「駐在所を設置して警備にあたるべき」という意見だ。[*68]

「私はこれまで数多くの日米協議や交渉に立ち会ってきましたが、現在のバイデン政権は尖閣諸島を本気で守ろうとしているようには思えません。それはそもそも日本が『本気』でないからです。日本があえてリスクを取って尖閣諸島に駐在所を設置して初めて、アメリカも本気になるのです。もっとも日本が『本気度』を示す第一歩は、憲法第9条の改正でしょうが。

惜しまれるのは、『安倍―トランプ』の蜜月時代に『尖閣諸島の（施政権でなく）主権は日本にある』とアメリカに言わせ、日米共同防衛の形に持っていく――これを行わなかったことです」

尖閣諸島問題で、日本に新たな「専守防衛」の形が求められている。

第2章

日中対立から「尖閣有事」へ

2022年11月17日、約3年ぶりの日中首脳会談前に
言葉を交わす岸田文雄首相と習近平国家主席
＝バンコク（写真提供・共同通信社）

外相会見で完全に無視された日本メディア

年に一度の中国の国会にあたる全国人民代表大会の3日目（2024年3月7日）、中国内外の900人以上の記者たちを集めて、王毅外相（党中央政治局委員兼党中央外事工作委員会弁公室主任）が「中国の外交政策と対外関係についての内外記者会見」を行った[*1]。全国人民代表大会の会期中に外相が会見を行うことは恒例となっており、王毅外相にとっては10回目。前年3月には秦《しん》剛《ごう》外相が「デビュー会見」を開いた（秦剛外相はその3ヵ月後の6月25日に失踪し、2024年2月27日に全国人民代表大会の代表を辞任したと発表された）。

王毅外相は1時間32分にわたって、計21人の記者たちから次々と質問を受けた。アメリカ、中東（パレスチナ）、ヨーロッパ、台湾、中央アジア、ウクライナ、東南アジア、アフリカ、朝鮮半島、グローバルサウス……世界中の問題について中国外交の立場を小気味よく解説していった。

私はCCTV（中国中央広播電視総台）のインターネット生中継で見ていたが、王毅外相が次の言葉を述べて席を立った時、愕然《がくぜん》とした。

「われわれはより一層多くの外国の友人たちと活力満々、熱気騰々《とうとう》と中国のことを語り合い、中国と各国とが手を携えて『人類運命共同体』（習近平主席が説く外交スローガン）について議論するのを歓迎する」

2024年の全国人民代表大会は、それまで約30年にわたって続いてきた最終日の首相会見が「廃止」されたことが、大きな話題となっていた。首相会見は年に一度だけなので、「習近平政権の閉鎖性を示している」と、西側メディアは報じた。[*2]
確かに首相会見の中止は驚きだったが、例年通り開いた外相会見にも驚いた。何と100人近く中国に特派員を派遣している「最大勢力」の日本メディアを、完全に無視したのである。日本メディアが指名されなかったことは、少なくとも今世紀に入ってからは記憶にない。[*3]
中国の公式会見というのは用意周到で、指名するメディアから質問内容まで、あらかじめ共産党中央委員会を通している。そのため、「たまたま指名し忘れた」ということはあり得ず、そこには必ず「深い理由」がある。
一番考えられるのは、中国側が当面、日中関係を改善していく意思がないということだ。実際、ここのところの中国は、そういった「対日冷淡外交」が目についた。以下、詳細に見ていこう。
まずは、日中国交正常化50周年にあたる2022年9月29日の話から始めたい。「晴れがましい日」に起こった一連の出来事は、昨今の日中関係を象徴しているように思えるからだ。
北京ではこの日、第20回中国共産党大会を翌10月16日に控えて、中国共産党中央宣伝部が主催して、「新時代外交工作（活動）新聞発布会」を開いた。9年半にわたる「習近平外交の成果」を強調するのが目的だった。
中国外交部（外務省）を代表して出席した馬朝旭《ばちょうきょく》副部長（副大臣）は、こう誇った。
「習近平総書記は、『人類運命共同体』を構築していくカギは、行動にあると指摘している。この10年来、習総書記は42回外遊し、5大陸69ヵ国を歴訪した」[*4]
だが、世界69ヵ国もまんべんなく歴訪していながら、近隣で国賓《こくひん》として公式訪問していない数少ない国が日本だった。日本には、2019年6月27日から29日まで、大阪G20（主要国・地域）サミットで訪問したが、それは国際会議がたまたま日本で開かれたためだ。

2022年9月29日は、日中国交正常化50周年の記念日だっただけに、「馬朝旭会見」をCCTVのインターネット放送で見ていた私には、何とも皮肉めいて映った。

実際、日中50年を10年ごとの節目で振り返ってみると、「50周年記念日」が、いかに「例外的」だったかが浮き彫りになる。

1972年9月29日、田中角栄首相、大平正芳外相、二階堂進官房長官の3首脳が揃って訪中。周恩来《しゅうおんらい》首相を中心とする中国側と、5日間に及ぶ激しい外交交渉の末に国交正常化を果たした。*5

当時小学生だった私は、父親から「今日は戦後の日本にとって記念すべき日なので、しっかり見ておけ」と言われ、テレビの前に座らされたのを記憶している。「日本はあれだけ戦争で中国に迷惑をかけたのに、中国は賠償金を受け取らなかった。周恩来首相は偉い」とも呟《つぶや》いていた。

この時、中国から日本に2頭のパンダ「康康《カンカン》」と「蘭蘭《ランラン》」が贈られ、日本で空前のパンダブームが巻き起こった。*6 私も親に連れられて、上野動物園まで観に行ったが、パンダよりも夥《おびただ》しい人の群れに驚いた記憶がある。

国交正常化10周年の1982年9月には、鈴木善幸首相が北京を訪問。鄧小平《とうしょうへい》党中央軍事委員会主席、胡耀邦《こようほう》総書記、趙紫陽《ちょうしよう》首相らが、人民大会堂で盛大に記念式典を開いた。記念スピーチで鈴木首相は、「一たび堰《せき》を切った日中両国民の交流は、正に水の低きにつくが如《ごと》く、勢いを増し、その前途は誠に洋々たるものがあります」と、感慨深げに述べた。*7

実際、この年に自治省（現内閣府）が行った世論調査では、「中国に親しみを感じる」24・1％、「どちらかというと親しみを感じる」48・6％と、実に7割以上の日本人が「親中派」だった。[*8] 1979年から対中ODA（政府開発援助）が始まり、NHKの番組が火付け役となって「シルクロードブーム」に沸いた。中国も日本製品や日本映画ブームなどが起こり、「親日の時代」だった。[*9]

1992年の20周年には、翌10月に平成の天皇皇后（現上皇上皇后）が訪中を果たし、江沢民《こうたくみん》総書記、楊尚昆《ようしょうこん》主席らが盛大に出迎えた。天皇は注目されたスピーチで、「我が国が中国国民に対し多大の苦難を与えた不幸な一時期がありました。これは私の深く悲しみとするところであります」と発言した。[*10]

この言葉は、広く中国人に受け入れられた。同時に、1989年の天安門事件以降、世界にくすぶっていた中国不信は、日本が先頭を切った「露払い」によって、完全に払拭された。

2002年の30周年の時は、2年連続で靖国神社を参拝した小泉純一郎首相こそ訪中しなかった。だが代わりに、橋本龍太郎氏、村山富市氏ら歴代首相をはじめ1万3000人もの訪中団が北京へ行き、人民大会堂で江沢民主席や胡錦濤《こきんとう》副主席らが参加して、盛大な記念式典が開かれた。[*11]

その前年に中国がWTO（世界貿易機関）に加盟し、2008年の夏季北京五輪開催を決めたことで、「政冷経熱」と言われる日本企業の中国進出ブームも起こった。トヨタが天津で自動車生産を始めたのも30周年の年だ。[*12]

2012年の40周年の年は、私は北京で駐在員をしていた。北京コンテンツ研究会（北京に進出している日系文化産業の親睦団体）の会長を務めていたことから、少なからぬ40周年記念文化事業に関わった。

前年3月11日に発生した東日本大震災以降、「日中の絆《きずな》」が強まっていたが、2012年9月11日に、前述のように野田佳彦民主党政権が尖閣諸島を国有化したことから、日中関係が急変。中国全土100ヵ所以上で激しい「反日デモ」が起こった。その結果、9月27日に人民大会堂で胡錦濤主席が参加して行われる予定だった記念式典は中止となった。[*13] だが、この一件がなければ、やはり盛大なイベントが予定されていたのだ。

このような10年毎の盛大な積み重ねの上に、2022年9月29日の50周年があった。その頃の習近平主席は、2020年1月にミャンマーを訪れて以来、新型コロナウイルスを理由に、2年8ヵ月も外遊を控えていた。北京の西側諸国の外交官たちは、皮肉交じりに「引きこもり主席」と揶揄《やゆ》したが、習主席は2022年9月14日から16日まで、近隣のカザフスタンとウズベキスタンを訪問することで、外遊を再開させた。[*14]

それでも9月末に、隣国の日本を訪問しなかった。また岸田文雄首相も訪中しなかった。代わりに50周年記念式典は、東京のホテルニューオータニと北京の釣魚台《ちょうぎょだい》国賓館で、それぞれ「形式的に」催《もよお》された。

北京で開かれた記念式典で挨拶に立った垂《たるみ》秀夫駐中国日本大使は、異例とも言える厳しい内容のスピーチを行った。

「50年前の本日、日中両国の指導者は、ここ北京の地で日中共同声明に署名し、国交正常化を成

し遂げました。その後、50年が過ぎ、現在、日中関係は、歴史的に重要な曲がり角に差し掛かっています。（中略）

昨今、日中関係は負のスパイラルに陥《おちい》りがちであります。国民間の交流が一方的となったり、制限されたりして、相互理解が十分に進まず、ましてや相互信頼は全く醸成されていません。この点では、国交正常化以降、最も厳しい状況にあるとも言えましょう。（中略）

国交正常化から50年が経ちました。果たして日中関係は『天命』を知ることができたのでしょうか。（中略）今の日中関係は、いまだ『天命』を知るには至っていないと結論せざるを得ません[*15]」

習近平政権の「日本軽視」

実際、この時の北京での記念式典には、違和感を覚えることが複数あった。まず会場が、公式の外交イベントに使われる北京中心部の天安門広場西手の人民大会堂ではなく、「第二会場」とも言える西郊の釣魚台国賓館だったことだ。

次に、垂大使のスピーチは、「全国人民代表大会常務委員会副委員長　丁仲礼《ていちゅうれい》閣下」という言葉で始められていた[*16]。これは、北京で「50周年記念イベント」を主催した人物が、つまりは中国側参加者の最高位が、丁仲礼氏だったことを意味している。習近平主席や李克強首相ではなく、王毅国務委員兼外相でもなかったのだ。

この方、一体何者？　会場に詰めかけた日本人たちは、そう思ったという。

丁仲礼氏は、日本とは縁もゆかりもなく、中国科学院で長年、古生物学を研究してきた科学者である。しかも、中国を一党支配する共産党員でもなく、「お飾り弱小政党」民盟の党員だった。

２０１７年に党首に祭り上げられたことから、翌２０１８年に全国人民代表大会常務委員会の副委員長になった。「国会副議長に相当」と言えば聞こえはいいが、副委員長は計14人もいて、そのうち11番目だった。なにせ中国国内でさえ、まったく無名の人物なのだ。

ちなみに、この二日前の9月27日に東京の日本武道館で行われた安倍晋三元首相の国葬にも、中国からは当初、王岐山《おうきざん》国家副主席が来日するものと思われていた。王副主席は、5月10日に韓国の尹錫悦《ユンソンニョル》大統領の就任式に参列し、6月30日にはフィリピンのフェルディナンド・マルコスJr.大統領の就任式に参列。そして9月19日には、イギリスのエリザベス2世女王の国葬に参列していたからだ。

だがやって来たのは、万鋼《まんこう》という人物だった。肩書きは、中国人民政治協商会議副主席。政府への諮問《しもん》機関のナンバー2である。しかも、これまた計24人もいる副主席の5番目で、共産党員でもなく「お飾り弱小政党」致公《ちこう》党の党首だ。

この二つの式典における中国側の「格落ち」ぶりは、習近平政権の「日本軽視」を象徴していた。だがまだ、続きがある。

この50周年記念日に、岸田首相と習近平主席が、祝電を交換しあった。習主席から岸田首相への祝電は、前述のホテルニューオータニでの50周年記念式典で仰々しく披露されたが、その中にこんな一節があった。

〈新時代の要求にふさわしい中日関係を構築していく〉（構建契合新時代要求的中日関係）[*17]

この「新時代の要求にふさわしい中日関係」という言葉は、その一年ほど前の２０２１年８月28日に、中国社会科学院日本研究所発足40周年を記念して行われた「中国社会科学論壇（２０２１）」で、初めて正式に使われた。[*18]この時、日本側は、気候変動問題など新たな国際問題にも対応する日中協調時代を築くという意味だろうと解釈していた。

ところが、50周年で改めて突きつけられてみると、どうもそんな単純な話ではないようだ。以後も、中国側首脳が中日関係について言及する際には、決まり文句のように使われるようになったからだ。[*19]

そこで、ある中国人に訊ねたところ、「あくまでも個人的見解」と断りながら、こう答えた。

「習近平政権では、１９７２年以降の中日関係を、３期に分けて考えている。第１期は、１９７２年から２０１２年までの40年で、いわば『日本＞中国』の時代だ。日本は『兄貴分』として、対中ＯＤＡを供与し、経済や技術を中国に教えた。中国は『弟分』として、それらをありがたく受け取った。

第２期は、２０１２年から２０２２年までで、『日本≒中国』の時代だ。習近平総書記の最初の２期10年にあたる。中国は２０１０年に日本のＧＤＰを追い抜いて、アメリカに次ぐ世界第２位の経済大国に浮上した。それとともに、あらゆる分野で日本を追い越して『アジアナンバー１』になることを目指し、実際にそれを実現していった。

そして第３期が、２０２３年以降の『中国＞日本』の時代だ。中国では３期目の習近平政権がスタートし、いよいよアメリカに追いつけ、追い越せという段階に入る。それが『習近平新時代』というもので、今後は完全にわが国が『兄貴分』となった中日関係を構築していく。その意味で、『新時代の要求にふさわしい中日関係』と呼んでいるのだ」[20]

この話を聞いて、私にも思い当たるフシがあった。前述のように、2012年の日中国交正常化40周年の時には、私も北京で関わっていた。同年2月16日に、国貿展覧中心で「日中国民交流友好年」の開幕式（中国における「元気な日本」展示会）が開かれた。[21]その中で約900人の参加者を前に、「日中40年の歩み」を約15分の映像で流した。

その映像を見ていると、1972年の国交正常化からしばらくは、日中首脳が握手を交わす場面などで、日本側は威風《いふう》堂々としている。それに対し、中国側は平身低頭だ。

それが21世紀に入った頃から、握手シーンが「日中対等」になっていく。そして、2008年のアメリカ発の金融危機（リーマン・ショック）以降は、日本側がペコペコしていくのだ。

映像とは正直なものである。その時、2012年秋からの習近平総書記時代になると、日中関係は大変かもしれないと、一抹《いちまつ》の不安が脳裏をよぎったものだ。残念ながらその後、日中関係は悪化し、不安は的中してしまった。

3期目に入った習近平政権の対日外交とは、基本的に「上から目線外交」なのである。

岸田首相の名前を知らなかったか、忘れていたか

そのことを如実に感じたのが、岸田首相と習近平主席が初めて対面で行った日中首脳会談だっ

た。2022年11月17日、タイのバンコクで開催されたAPEC（アジア太平洋経済協力会議）に合わせて約45分間、会談は行われた。[*22] 岸田首相は、直前にインドネシアのバリ島で行われたG20（主要国・地域）サミットを含めて、11ヵ国の首脳と会談を行ったうちの最後の会談だった。習主席は、18ヵ国中13ヵ国目の首脳会談だ。

常に「皇帝然」とした習主席は、こうした第三国の国際会議の場で首脳会談を行う際、絶対に自分が宿泊するホテルに、相手国の首脳を来させる。唯一の例外は、アメリカの大統領と会談を行う時で、これは双方の事務方が話し合って決める。特にドナルド・トランプ大統領には気を遣っていて、自ら出向いていた。

この時も、当然のように岸田首相を自分の宿泊先に来させ、会場中央で仁王立ちのように立っていた。そこに岸田首相が現れ、両首脳が握手。その際、「あなた今日（バリ島からバンコクに）来たの、それとも昨日？」と、岸田首相に語りかけた。親しげとも取れるが、「上から目線」とも取れる（67ページ写真）。

それに対し、岸田首相は緊張した面持ちで、「はい、本日参りました」と日本語で答えた。まるで教師の質問に答える生徒のようだ。

両首脳が着席し、これも中国側が要求する首脳会談開催の条件だが、習主席の方から口火を切った。「今日はとても嬉しい」。

だがその後が続かない。習主席はモゾモゾと手元の紙をまさぐって、「岸田先生と会えて」と続けた。

この迂闊《うかつ》な動作から想像できることは、岸田首相の名前を知らなかったか、もしくは忘れていたかだ。後に中国人に確認すると、こう答えた。

「あの時の一連の首脳会談は、1国目の（3時間12分に及んだ）ジョー・バイデン米大統領との『大一番』がすべてだった。特に日本の首相は、アメリカの大統領と発言内容がほぼ同じなので、習主席も同様に答えればよい。それでリラックスして臨んだのだろう」[*23]

そうした雰囲気を感じ取ってか、翌11月18日の『北京日報』インターネット版には、「今回の中日首脳会談で10の内包された外交細則」と題した記事が載った。[*24] その中で、岸田首相が「紅いネクタイ」をつけて日中首脳会談に臨んだことや、緊張気味だったことなどが、皮肉っぽく記された。「紅色」は中国共産党の「党色」であり、岸田首相が習主席に気を遣ったというわけだ。

もっとも岸田首相の方も、この時の外遊は、「法務大臣は死刑のはんこを押す地味な役職」という発言で炎上した葉梨《はなし》康弘法務大臣の辞任問題に揺れて、半日遅れのスタートとなった。また、外遊日程終了後の記者会見でも、日本で一番大きく報道されたのは、「故人を会計責任者とした政治資金収支報告書を提出していた」寺田稔総務大臣を辞任させるかという問題だった。

ちなみにこの時、尖閣諸島問題の首脳会談のやりとりについて問われた岸田首相は、言葉を濁《にご》している。

「相手の反応は申し上げません。そういった議題を私の方から取り上げ、会議の中でそういった発言を行った、これは申し上げますが、それに対して先方がどう反応したか、これを私から申し上げるのは、こうした国際会議においてルールに反すると思っています」[*25]

岸田政権が不安定になれば、それだけ中国は舐《な》めてかかってくる。そのことを再認識させられた「初対面会談」だった。

「防衛3文書」に対する中国の激しい反発

それから約1ヵ月後の12月16日、岸田政権は、いわゆる「防衛3文書」を閣議決定した。[*26] 外交と安全保障の最上位の指針である「国家安全保障戦略」、防衛の目標と手段を示す「国家防衛戦略」、防衛費の総額や装備品の整備規模を定めた「防衛力整備計画」である。

反撃能力を初めて盛り込んだこと、5年で43兆円にも上る防衛予算を付けることなどが話題を呼んだ。安倍晋三元首相が、ちょうどその一年前から唱えていた「台湾有事は日本有事」に対応するものだと解説していた軍事専門家もいた。

私も「防衛3文書」を熟読したが、中国の動向について、「これまでにない最大の戦略的な挑戦」と明記するなど、明らかに「近未来の中国との衝突」を意識した体系であることを実感した。同時に、同盟国のアメリカとの入念な擦り合わせと協調態勢も感じた。

その一方で、一抹の不安も脳裏をよぎった。第一に、日本の「仮想敵国」である中国・北朝鮮・ロシアという「3方面の危機」に、同時に対抗していけるのか。第二に、「文書」ばかりが先走りしていく、もしくは現実の危機に適応しようとしているが、日本国民の意識が追いついていない。第三に、憲法改正問題をどうするのかが曖昧《あいまい》だった。

そこで、安倍政権時代に首相官邸で防衛問題を統括していた人物に、こうした疑問をぶつけてみた。すると、こう答えた。

「まず第一の点は、『3方面の同時危機』は想定していない。日本の『主敵』は、あくまでも中国だ。ただ、ここのところ中ロ合同軍事演習などが活発化してきているので、中国のバックにロシアが補助的に加わるということも警戒しないといけない。

第二の点は、確かに日本国民、日本政府だけでなく、自衛隊の内部でも、時に平和ボケしたような状況が見られる。それでも今後、中国軍が尖閣諸島を一時的に占領するなどの『有事』がひとたび発生すると、日本人の意識は一変するだろう。（2022年2月にロシアに侵攻されて）ウクライナ人の意識が、一夜にして変わったようなものだ。

第三の点は、『3文書』に明記したことが実現する2027年までに、日本国憲法が改正されるとは想定していない。そのため現行の憲法に抵触《ていしょく》しないギリギリの線で『3文書』を策定した」[*27]

一方、「日本が戦後77年目にして眠りから覚めた」として、中国の反発は激しかった。日本で午前中に閣議決定がなされた同日午後3時（北京時間）から開かれた外交部の定例会見で、早くも汪文斌《おうぶんひん》報道官が吠《ほ》えた。

「中国は終始、アジア太平洋と世界の平和と安定の維持、保護に努めており、各国が発展していくパートナーでありチャンスとなっている。それなのに日本が出してきた防衛政策の文書は、事実を無視している。日本が中日関係の承諾及び中日間の合意に離反すること、中国の国防建設と正常な軍事活動などを無碍《むげ》に抹消しようとすることに対し、中国は決然と反対する。すでに外交ルートを通じて、日本側に厳正な表明を行った[*28]」

「戦狼外交」真の首謀者

2023年が明けると、中国側は実際の行動で「反日」を示した。

1月10日夜、日本の中国大使館のホームページに、「本日より中国駐日本大使館と総領事館は日本国民に対する中国一般査証の発行を一時停止します。再開については、改めてお知らせします」という発表がアップされた。中国外交部の定例会見では、この日から3日連続で汪文斌報道官が吠えた。

「少数の国が、科学と事実を曲解し、恣意《しい》的に中国に対して、差別的な入国制限措置を取っている。これに中国は決然と反対し、今後、対抗措置を取っていく[*29]」

このように、中国は突然、日本人に対する入国禁止措置を発表したのである。中国側は「対抗措置」と主張するが、日本が1月8日から取った措置は、中国からの直行便での入国者に、72時間以内のPCR検査陰性証明と、日本の空港でのPCR検査を義務づけるというものだ[*30]。

中国は前年12月上旬、それまでのゼロコロナ政策を180度転換した。それによって「全民感染」とも言える新型コロナウイルスへの感染爆発が起こっており、日本の措置は当然と言えた。

結局、この措置は1月29日にあっさり解除されたが、中国側はあくまでも双方向の措置であることを強調した[*31]。

実際には、日本人が中国に入国できなくなったことで、中国がゼロコロナ政策を止めた後の目標にしていた「経済のV字回復」に黄信号が灯るとの懸念が、原因としてあったようだ。中国政府は、国内の経済界から突き上げを喰らったのである。[*32]

ところで、この入国問題騒動の時、私は中国外交について「奇妙な事実」を発見した。

習近平主席は2022年12月30日、「主席令129号」を発令し、外交部長（外相）を、王毅党中央政治局委員兼党中央外事工作委員会弁公室主任兼国務委員から、秦剛駐米大使に交代させた。[*33]

秦剛新外相は年末年始を返上して、関係各国の外相に挨拶の電話を入れた。

韓国の朴振《パクジン》外相には、1月9日の晩に電話した。その際、「中韓関係を後々まで安定させていこう」と述べている。[*34]

ところが翌10日の昼過ぎ、韓国人に対しても「中国への入国禁止措置」を発表したのだ。[*35] 韓国側は訳が分からなかった。

当の秦剛新外相は、この日からアフリカ歴訪に向かっていた。中国の外相は1991年以降、アフリカ歴訪で新年の外交を始める習慣があるからだ。

そのため、日本人や韓国人の入国禁止措置に、秦剛新外相が関わっていないのは明白だった。ということは、その上ということになるから、習近平主席と外交トップの王毅氏が、二人で決めてしまったと推察できる。

この二人こそ、「戦狼《せんろう》外交」（狼のように激しく戦う外交）の張本人と言えるだろう。それは「米英陰謀史観的外交」と置き換えてもよい。アメリカとイギリスは常に、中国共産党政権の転覆を虎視眈々《こしたんたん》と狙っているという被害妄想的な発想が根底にある外交だ。まさに前世紀の毛沢東時代を髣髴《ほうふつ》させるが、そこから序章で述べた「総体国家安全観」が生まれた。

王毅という外交官は、1995年に北京の中国外交部ロビーでお目にかかって以来、30年近く注視してきたが、例えばインドのスブラマニヤム・ジャイシャンカル外相のような確固たる外交哲学を持った外交官ではない。[*36]「時の上司に絶対忠誠を誓い、上司の意向を体現する外交」に全力を傾けるタイプである。

そうした姿勢が、「同い年で同じ北京人」の習近平主席に高く評価されたのだ。若い時分に長期にわたって地方に「下放」された経験も重なっている。「英語ができない、米欧を知らない、アメリカ中枢に知己がいない」という『三重苦外交官』だが、逆にそのことが習主席に『米英のスパイではない』と高く評価されている」とも聞く。

ともあれ、2023年3月13日に3期目の習近平政権が正式に発足すると、もはや「戦狼外交」に口を挟む幹部たちは、一斉に引退か閑職に追いやられた。[*37] 王毅党中央外事工作委員会弁公室主任は副首相には昇進せず、前年12月に就いたばかりの秦剛外相が、副首相格の国務委員に昇進し、外相兼任となった。[*38]

当局が恣意的に「スパイ」を摘発できるように

そんな新体制の「戦狼外交」が、いきなり日本に対して襲いかかってきた。いわゆる「アステラス事件」である。

これまでいくつもの、いわゆる中国側が主張するところの「スパイ事件」は起こってきたが、この時の中国側の反応は「例外的」だった。

この一件は、3月25日の土曜日、共同通信のスクープ記事から始まった。

〈北京市で今月、日本企業幹部の50代の日本人男性が当局に拘束されたことが25日、分かった。日本政府は早期の解放を求めている。日中関係筋が明らかにした〉[*39]

ここから、各社の北京特派員たちが一斉に動き出した。翌26日日曜日には、「日本企業幹部の50代の日本人男性」が、大手製薬メーカーのアステラス製薬の社員であることを各社が報じた。[*40]

翌27日月曜日には、中国外交部の定例記者会見が開かれ、5番目に質問に立ったテレビ朝日の特派員が、この問題を質した。すると毛寧《もうねい》報道官は毅然とした面持ちで、こう答えたのだった。

「私の理解では、中国側の関係部門は今月、法によって一名の日本の公民を拘束し、刑事強制措置により審査を進めている。この日本の公民は、諜報活動に従事し、『中華人民共和国刑法』『中華人民共和国反スパイ法』に違反した嫌疑がかけられている。中国側はすでに『ウィーン条約』及び『中日領事協定』の関係規定に照らして、中国の日本大使館に通報している。

私が強調したいのは、中国は法治国家であり、あらゆる中国に住む、もしくは中国を訪れた外国籍の人間は、中国の法律を遵守する義務があり、違法な犯罪者は必ず、法によって追及されるということだ。ここ数年来、日本の公民の類似案件が数多く発生しており、日本側は自国の公民の教育と覚醒を強化していくべきだ[*41]」

私が「例外的」と前述したのは、まさにこの反応だった。従来なら外交部報道官は、こうした「敏感な問題」については、「情報が入っていない」「後日しかるべき時に回答する」などと、逃げ口上に走るのが通例だった。認めるにしても、かなり後になってからだ。

それがこのケースでは、週末に報道されて、週明けの月曜日にあっさり認めたのだ。それどころか、日本側に「教育と覚醒の強化」を要求してきた。このことは、始動したばかりの3期目習近平政権が、この先「対日戦狼外交」に進むことを示唆しているとも受け取れた。

実際、中国は同年7月1日に「反スパイ法」を9年ぶりに改正施行した。スパイの適用範囲を広げ、スパイ摘発のための最新機器を駆使できるようにし、国民へのスパイ摘発教育を定めた。

第4条では「スパイ行為」の定義について記しているが、その第6項では「その他のスパイ行為を行うこと」と書かれている。これにより、中国当局がいわば恣意《しい》的に「スパイ」を摘発することが可能になった。[*42]

長期化するアステラス製薬幹部の拘留

4月1日と2日に、林芳正外相が訪中。王毅党中央外事工作委員会弁公室主任、李強新首相、それに秦剛国務委員兼外相と、立て続けに会談したが、林外相はどの幹部と会っても、アステラス製薬社員の即時解放を求めた。[*43] 日本政府関係者が明かす。

「王毅主任と秦剛国務委員兼外相は、外交部報道官が言った日本に対する厳しい内容を重複するだけだった。いわば日中が互いの主張を言い合った格好だ。

だが李強首相は、『関係部門に伝える』と、やや軟化した言い方をした。加えて、『自分は浙江省、江蘇省、上海市で勤めた経験から、中国経済の発展に対する日本企業の貢献は十分理解している。引き続き、さらに友好的な日本との経済関係を築いていきたい』とも述べた[*44]」
拘束されたアステラス製薬の幹部は、同社の現地トップとして中国滞在が長く、日系企業の親睦団体である中国日本商会の副会長を、２０１９年まで務めていた。そんな「顔役」が、なぜスパイ容疑で拘束されたのか？

このアステラス製薬の幹部は、中国の厚生労働省にあたる国家衛生健康委員会と太いパイプを築いていた。そのため、新型コロナウイルス関連の機密情報を握られたと中国側が判断したのではとの噂が流れた。他にも、臓器移植に関する情報漏洩を中国当局が恐れたという説も飛び交った。

結局、同年10月19日に毛寧報道官が、外交部の定例会見でこの日本人の逮捕を認めた[*45]。これにより、長期拘留の可能性が高まった。11月28日、離任を約一週間後に控えた垂大使は、この人物と直接、拘留先で面会した[*46]。自分の任期中に帰国させられなかったことを詫び、今後とも問題を風化させないことを約束したという[*47]。後任の金杉憲治大使も２０２４年１月30日と３月26日に面会した[*48]。

ところで、林外相が訪中し、中国側にアステラス製薬社員の即時解放を要求した２０２３年４月２日、日本でもう一つの動きがあった。浜《はま》田《だ》靖一《やすかず》防衛相の石垣島訪問である。尖閣諸島を防衛するための陸上自衛隊石垣駐屯地が、この日開設されたのだ。

開設記念行事に参加した浜田防衛相は、「君たちの任務は重要だ」と、５７０人の部隊を激励した[*49]。前述のように防衛省・自衛隊が尖閣有事への警戒感を強めている証左と言えた。

半導体規制に対する中国の報復措置

一方、経済安全保障分野でも、日本は対中警戒感を強めていった。

同年3月31日、西村康稔《やすとし》経済産業相が定例会見で、「私から今日5点あります」と前置きして、5番目にひっそりと発表したことが、大ごとになった。「新たに23の半導体製造装置につきまして、全地域向けの輸出を管理対象に追加する予定」と述べたのだ。[*50] 事実上の中国を対象にした半導体規制を宣言したのだった。

この背景には、同盟国アメリカの強い意向があった。2022年10月7日、アメリカ商務省は、強烈な対中半導体規制を発表した。詳しくは第6章で述べるが、中国に先端半導体を渡さない、作らせない、技術者を送らないという措置だ。

年が明けて2023年1月13日にワシントンで、岸田首相とバイデン大統領の日米首脳会談が行われた。前月に日本が「防衛3文書」を閣議決定したことで、首脳会談は和気藹々《あいあい》と進んだ。中国が台頭し、厄介《やっかい》な存在になるほど、日米両国の関係が強化され、深化していくというのが、このところの傾向だった。加えて、「トランプ&安倍」のコンビに続き、「バイデン&岸田」のコンビも、互いに似たタイプの政治家でウマが合った。[*51]

日米両首脳は、中国の脅威への対抗策として、二つの手を打つことを決めた。一つは、中国に対する先端半導体の規制強化で、もう一つはNATO（北大西洋条約機構）の事務所を東京に設置することだ。後者については、第6章で詳述する。

半導体に関して、かつて日本の強みはDRAM（半導体記憶装置）にあり、1980年代末には世界の9割の市場を抑えていた。ところが1993年に、アメリカに半導体出荷数で抜かれ、1998年には韓国が日本に代わって世界一のDRAM生産国となった。[*52]

日本はファウンドリー（半導体受託生産）の分野でも後れを取り、台湾のTSMC（台湾積体電路製造）のような傑出した先端半導体を作るファウンドリーは生まれなかった。あげくの果てに、日本政府が約5000億円も拠出して、熊本県にTSMCの「旧型工場」を建設してもらうというありさまだった。[*53]私も一度、現地視察したが、複雑な思いだった。

そんな中で、「日本の栄光」が唯一残っているのが、半導体製造装置の分野である。2021年時点で、熱処理装置の世界シェアは94・7％、ハッチ式洗浄装置は90・7％を占めていた。[*54]

そのため1月13日の日米首脳会談で、アメリカは日本に、半導体製造装置に関する事実上の対中規制を要請。これを受けて西村経産相が行ったのが、前述の3月31日の発表だった。

すると中国は、早くも同日午後の外交部定例会見で、毛寧報道官が反発した。

「全世界の半導体のインダストリアルチェーンとサプライチェーンの形成と発展は、市場規律と企業の選択による共同の役割の結果である。経済貿易と科学技術の問題を政治化、道具化、武器化することは、全世界のインダストリアルチェーンとサプライチェーンの安定を人為的に破壊する行為であり、百害あって一利なしだ[*55]」

前述の日本政府関係者が語る。

「4月1日、2日の林外相の訪中でも、中国側は半導体案件について、厳しく林外相に詰め寄った。それに対して林外相は、『特定の国を対象としたものではない』と言い繕《つくろ》った。もうこの頃には、中国が次にどんな対抗措置を取るのかを予測し、それについて早めに手を打とうとした」*[56]

その後、中国は意外な手段に出た。900社あまりの中国企業が加盟する中国半導体産業協会（CSIA）が、4月28日に日本語で「厳正な声明」を発表したのである。*[57]

中国の業界団体が日本語で声明を出すのは異例だ。通常は中国語で発表し、あえて海外にアピールしたい時には英語も付記するが、日本語はつけない。その一点だけ見ても、日本側に切実に訴えたいという中国の半導体業界の心情が伝わってきた。

内容は、「23品目の半導体製造装置規制をやめてほしい」というものだが、冒頭で「関係企業は本当に困っています」と情に訴えている。続いて、「日本の関係企業の利益が大きく損なわれ……国際市場における日本企業の競争力が低下します」と、日本側の損失を説く。さらに、「日本政府がこの良好な（日中の）協力関係を破壊する動きに固執する場合、当協会は……断固たる措置を取るよう中国政府に呼びかけざるを得ません」と、日本側を脅すことも忘れなかった。

だが結局、日本側は同年5月23日、「23品目の半導体製造装置規制」を公布し、2ヵ月後の7月23日に施行した。*[58]

これに対して中国は7月3日、商務部と税関総署が「第23号公告」を発令。8月1日からガリウムとゲルマニウムの輸出を規制するとした。*[59]

ガリウムは半導体や発光ダイオードの材料、5G（第5世代移動通信システム）基地局の部材などに使われている他、次世代のパワー半導体の材料としても注目されている物質だ。2022年の世界の生産量の98％が中国である。またゲルマニウムは、半導体の材料の他、赤外線カメラ、太陽電池、光ファイバーなどにも使われる。２０１６年時点での埋蔵量は中国が41％を占める。[*60]

これは完全な報復措置と言えた。

ＡＬＰＳ処理水を巡る戦い

他にも3期目に入った習近平政権が、日本に対して執拗に非難を続けた一件があった。それは、福島第一原発のＡＬＰＳ処理水の放出問題だった。ＡＬＰＳとは多核種除去設備のことで、トリチウムを除く62種類の放射性物質を除去した処理水を、ＡＬＰＳ処理水と呼ぶ。

この決定は、２０２１年4月13日、菅義偉《すがよしひで》政権のもとでなされ、菅首相は「海洋放出は2年程度の後に開始します」と宣言した。[*61]

実は中国はこの日から、海洋放出に猛烈に反発してきた。同日の外交部定例会見では、「戦狼外交官」と呼ばれた趙立堅《ちょうりつけん》報道官が、早くも怒りをあらわにしている。

「日本の福島の原発事故の核廃水処理問題は、国際海洋環境と食品の安全、人類の健康に関わることだ。国際的な権威ある機関や専門家は、福島原発のトリチウムを含む廃水を海洋に放出することは、周辺国の海洋環境と公衆の健康に影響を与えると明確に指摘している」[*62]

以後、中国は、「反日」で鳴らす韓国の文在寅《ムンジェイン》政権と歩調を合わせて、事あるたびに「放水反対」を唱えてきた。２０２２年5月に韓国が尹錫悦《ユンソンニョル》「親日」政権に移行してからは、単独で反対を主張した。

2023年7月4日、来日中だったIAEA（国際原子力機関）のラファエル・グロッシー事務局長が、岸田首相に処理水の安全性に関する「包括報告書」を提出。日本としてはIAEAの「お墨付き」を得た格好となった。[*63]

すると中国は、同月17日と18日に、北京で習近平主席が出席して全国生態環境保護大会を開催。「習近平新時代の中国の特色ある生態文明思想」なるものを掲げ、「海洋汚染は許さない」という姿勢を明確にした。[*64]

こうした動きは、2020年から中国国内で3年間続けた「ゼロコロナ政策」を髣髴させた。すなわち、習近平主席の命令には誰も逆らえないということだ。[*65]

8月24日午後1時3分、東京電力は予定通り、福島第一原子力発電所のALPS処理水の海洋放出を開始した。すると中国は、CCTVの昼のニュース『新聞30分』の中で、「いま入った臨時ニュースをお伝えします」として放送した。しかも福島の現場から女性記者が中継したり、福島の上空を飛ぶヘリコプターからの映像を流したりと異例の力の入れようだった。[*66]

中国外交部もすぐさま、報道官談話を発表した。

〈8月24日、日本政府は国際社会の強烈な疑念と反対を無視して、一方的に福島の原発事故の汚染水の海洋放出の始動を強行した。これに対し、中国は決然たる反対と強烈な譴責《けんせき》を示す。すでに日本に対して厳正な申し入れを行い、日本にこの誤った行為の停止を要求した。

日本の福島の核汚染水の処置は重大な核安全の問題であり、国を越えて世界に影響を与えるものなので、絶対に日本一国の私事ではない。人類が原発を平和利用して以降、人為的な核事故汚染水の海洋放出は前例がない。かつ公認された処置の基準もない。12年前に発生した福島の核事故は、すでに厳重な災難をもたらしたというのに、大量の放射性物質を海洋放出したのだ。日本は私利私欲に走ってはならず、現地の住民及び世界の人々に二次災害を与えてはならない〉[*67]

中国税関総署も「第103号公告」を出して、日本の水産物の輸入を即時禁止した。[*68]翌25日には国家市場監督管理総局が、日本の水産物の加工品まで輸入を禁止した。[*69]

9月6日、インドネシアで開かれたASEAN＋3（日中韓）首脳会合の前の控室で、岸田首相と李強首相が初対面の挨拶を交わした。同日、岸田首相はこう述べている。

「李強首相と立ち話を行いました。私からALPS処理水の基本的立場を丁寧に説明し、理解を求めました。具体的な先方の反応については控えます。

私の方から声をかけました。（李強氏は）一国の首相であり、見識のある方と思っています」[*70]

6分38秒に及ぶ岸田首相の発言ビデオを見る限り、李強首相から激しく抗議された様子はうかがえない。むしろ、この問題を早く収めて、日本との経済関係を発展させたい意図が推察される。

実際、李強首相はこの時の一連の会議で、福島の件は一度口にしただけだった。王毅外相を先導役とする「戦狼外交」とは一線を画した外交を見せたのだ。ここから日本側は、年内に日中韓サミットを実現させたいと本気になっていった。[*71]

だが習近平主席は、日本に対する強硬姿勢の手を緩めなかった。10月24日、第14期全国人民代表大会第6回常務委員会会議で二つの法律の改正が決議され、同日、習近平主席が「主席令第12号」「同第13号」として署名した。それは、海洋環境保護法と愛国主義教育法で、いずれも20

24年元日に施行された。

海洋環境保護法の第31条は、まるで日本を標的にしたかのような条文である。

〈中華人民共和国の管轄海域以外で、中華人民共和国が管轄する海域の環境を汚染したり、生態系を破壊した場合、もしくはその可能性がある場合、関係部門及び機関は必要な措置を取る権利を有する〉*72

一方、愛国主義教育法の第28条は第1章で述べたが、直接的に日本を「対象」とした条文だ。

〈中国人民抗日戦争勝利記念日（9月3日）、烈士記念日（9月30日）、南京大虐殺死難者国家公祭日（12月13日）、及びその他の重要な記念日には、県クラス以上の人民政府は、記念活動を組織だって展開する。献花、記念碑への追悼、烈士廟への参拝、公祭などの記念儀式を挙行する〉

三菱自動車が中国市場から撤退

こうした中国側の締めつけの動きを受けて、日本の「中国離れ」も進んでいった。

10月10日、言論NPOが、「第19回日中共同世論調査」の結果を発表した。それによると日本人の中で、「中国に対して良い印象を持っている／どちらかといえば良い印象を持っている」と回答した人は7・8％に過ぎず、「良くない印象を持っている／どちらかといえば良くない印象を持っている」と回答した人は92・2％に上った。

同様に、「現在の日中関係は良い／どちらかといえば良い」との回答は、わずか0・8％。逆に「悪い／どちらかといえば悪い」が68・4％に上った。また、「中国へ行きたい」が20・2％

だったのに対し、「行きたくない」が79・7%に上った。[73]

同時期の10月12日、北京の中国日本商会も、中国に進出している日系企業1410社のアンケート結果を公表した。[74] 中国日本商会は、現地の日系企業の唯一の親睦団体で、私も2009年から12年まで北京で駐在員をしていた時分に加わっていた。

その調査によると、「直近四半期と比べた売上の動向が5%以上上昇した」10%、「5%以下上昇した」15%、「5%以下低下した」20%、「5%以上低下した」35%。すなわち過半数の日系企業が、「中国ビジネスは儲からない」と回答したのだ。私の駐在員時代には考えられない結果だ。

また、「前期比で見た今四半期の中国国内の景況見通し」についても、「改善するだろう」2%、「やや改善するだろう」11%、「やや悪化するだろう」37%、「悪化するだろう」20%。このように中国経済の先行きについて、かなり悲観的な結果が出た。中国日本商会は2024年1月15日にも2回目のアンケート結果を公表したが、結果は大同小異だった。[75]

2023年10月24日には、三菱自動車が中国市場から撤退を発表し、日中ビジネス関係者の間で衝撃が走った。同社は「電動車への移行は予想以上に加速」と、「EVシフト」に追いつけなかったことを要因に挙げ、「243億円を特別損失として計上」して「中国に於《お》ける三菱ブランド車両の現地生産を終了する」とした。[76]

この時、中国日本商会の関係者は語った。

「(中国日本商会の)副会長を務めたアステラス製薬の幹部が捕まったのは、ちょうど3期目の習近平政権が始動した3月だった。その頃から、3年間のゼロコロナ政策を経て中国経済が『V字回復』に向かうなどという楽観論はなかった。逆に、あの会社が撤退する、あそこが規模を縮小するという話ばかり。当の中国企業さえ、自国に見切りをつけてベトナムなどに工場を移転させていったのだ。

三菱自動車の撤退に関しては、表向きは『EV戦争で負けての撤退』ということになっているが、われわれの評価は『うまく逃げたな』というものだ。何か理由をつけないと、逃げるに逃げられないからだ[*77]」

日中首脳会談で続いた日本の「不戦敗」

そんな中で、現地時間の同年11月17日、ちょうど一年ぶりとなる岸田首相と習主席の日中首脳会談が開かれた。

会談終了後、日本外務省は、「当初の40分の予定が65分に及び、内容も戦略的互恵関係の再構築ということで一致を見た」とブリーフィングし、会談の成果を強調した[*78]。

だが実際には、いくつもの「不満」が残る会談だった。

まず習近平という政治家が、他国との首脳会談において重視するのが、前述のように会談の「形式」（ロジスティックス）である。具体的には、首脳会談を行う場所、対面し握手する場面の設定、発言の順番、陪席者の人員……といったことだ。こうした傾向は、会談の「形式」よりも「内容」を重視する盟友のウラジーミル・プーチン大統領などとは対照的だ。

そうであるならば、岸田首相も「形式」で習近平主席に負けてはならない。なぜなら負ければ、習主席はますます日本を「軽視」するようになるからだ。その点を、岸田首相が十分に理解していないか、外務省幹部が首相にきちんとレクチャーしていないように見受けられる。

この時の会談で言えば、まず中国側は会談場所を、習主席が宿泊していたハイアット・リージェンシーホテルに指定してきた。これは致し方ない。日中首脳会談を開けなくても、習主席は何も困らないが、岸田首相は帰国後に国会で追及され、さらに支持率を下げるのが必至だからだ。

だが岸田首相を乗せた専用車は、交通規制に巻き込まれ、途中で車を降りてホテルに駆け込む羽目になった。しかもその見苦しいシーンを、ホテルの玄関前で待ち受ける報道陣に撮影されてしまった。この時点で、すでに「不戦敗」の感があった。

次に、日中双方が対面して着席した時のメンツである。中国側は、「習近平代理人」の異名を取る実質上のナンバー2とも言われる蔡奇《さいき》党中央弁公庁主任（党常務委員）を始め、王毅外交部長、鄭柵潔《ていさくけつ》国家発展改革委員会主任、藍仏安《らんふつあん》財政部長、王文濤《おうぶんとう》商務部長の4大臣を陪席させた。本格的な布陣と言えた。

ところが日本側は、外務省の官僚が4人（秋葉剛男国家安全保障局長も含めると官僚5人）で、大臣はゼロだったのだ。上川陽子外相と西村康稔経産相がサンフランシスコに来ていたのに、先に帰国させてしまった。これまた日本の「不戦敗」である。

支持率が低迷している日本の政権には冷淡

CCTVが中国国内で流した映像を見ると、習主席が説教調で語っている。その際、岸田首相は、何度も大きく肯《うなず》きながら、熱心にメモを取っていた。

この映像を見た中国人は、習主席が「上司」で岸田首相が「部下」のように捉えたことだろう。中国国内の会議などで習主席が「重要講話」を述べている時（習主席が何を話しても「重要講話」と呼ばれる）、周囲の部下たちはメモを取りながら聞かねばならないという不文律があるからだ。

会談の内容についても、最近の日中会談にありがちな「言いっぱなし会談」の色合いが濃かった。互いに自分たちの主張だけを述べ合って終わる会談だ。

すなわち日本側は、主に4つの要求を中国側に突きつけた。第一に、福島第一原発の処理水放出によって中国側が禁止した日本産水産物及び水産物加工品の禁輸措置の撤廃。第二に、アステラス製薬幹部を始めとする「スパイ容疑」で拘束している日本人の即時解放。第三に、中国側が7月に、尖閣諸島付近の日本のEEZ（排他的経済水域）に設置したブイの撤去。第四に日本人の中国へのビザなし渡航再開である。

ところが中国側は、いずれも従来通りの主張を述べた。わずかに第一の問題で、非公表という条件で実務者協議の開催を認めただけだ。そこには、「支持率が低迷している日本の政権には冷淡」という中国外交の伝統もあったろう。「大事なことは遠からず発足する次の政権と話し合った方がよい」と考えるわけだ。

こうした中国側の冷淡さを如実に表したのが、11月18日の『人民日報』だった。何と日中首脳会談のニュースは、二面の隅っこに追いやられていたのだ。記事の順番で言えば、一面から数えて8番目。メキシコ、ペルー、ブルネイ、フィジーの首脳との会談よりも後回しである。[*79] 前年11

月の日中首脳会談が一面トップの扱いだったことを鑑みれば、大きく後退したことになる。

11月22日に北京の日本大使公邸で開かれた「垂秀夫大使夫妻離任／日中平和友好条約締結45周年記念レセプション」は、しんみりした雰囲気の中で開かれた。離任の挨拶に立った垂大使は、こう述べた。

「大使の在任期間中においても、私の力不足もあり、日中関係は必ずしも理想的な状況ではありませんでした。日中間で相互不信が強まる中、私は常に（南宋の詩人）陸游《りくゆう》の詩を思い起こしました[*80]」

垂大使が引用したのは、「山重水複疑無路 柳暗花明又一村」（山が幾重にも重なり、川も曲がりくねり、もうこの先に道がないのかと思ったところ、暗く生い茂った柳の向こうに鮮やかな花が咲く村が見えた）という句だった。「花咲く村」はいまだ見えないが、確かに昨今の日中関係を象徴する句と言えた。

戦略的に「親中派」の政治家養成が必要

２０２４年になっても、日本と中国は互いに疑心暗鬼を強めている状況だ。特に4月8日から14日まで行われた岸田首相の訪米は、さながら「中国に対抗する旅」だった。そのハイライトとも言える11日の連邦議会演説で、岸田首相は中国を批判して、議員たちの喝采を浴びた。

「現在の中国の対外的な姿勢や軍事動向は、日本の平和と安全だけでなく、国際社会全体の平和と安定にとっても、これまでにない最大の戦略的な挑戦をもたらしています。中国からのこのような挑戦が続く中で、法の支配に基づく自由で開かれた国際秩序や、平和を守るというコミットメントは、引き続き決定的な課題であり続けます[*81]」

10日のバイデン大統領との日米首脳会談後に発表された共同声明でも、中国を非難すると同時に、尖閣諸島の防衛についても明記した。

〈バイデン大統領はまた、日米安全保障条約第5条が尖閣諸島に適用されることを改めて確認した。我々は、尖閣諸島に対する日本の長きにわたり、かつ、平穏な施政を損なおうとする行為を通じたものを含む、中国による東シナ海における力又は威圧によるあらゆる一方的な現状変更の試みにも強い反対の意を改めて表明した。我々は、日米の抑止力・対処力を強化するため、南西諸島を含む地域における同盟の戦力態勢の最適化が進展していることを歓迎し、この取組を更に推進することの重要性を確認する[*82]〉

さらに後述するように、フィリピンも巻き込んだ日米比の対中連携もアピールした。

こうした岸田首相の言動に、中国は激しく反発した。12日に中国外交部の劉勁松《りゅうけいそん》アジア局長が北京の日本大使館の横地晃首席公使を呼びつけ、厳正な申し入れ、厳重な懸念と強烈な不満を表明した[*83]。また同日の中国外交部の定例会見でも、毛寧報道官が吠えた。

「日本はかつて軍国主義の道を進み、侵略戦争を発動した。それによって厳重な反人類的犯罪を犯し、地域と世界に重い災難をもたらした。日本は侵略の歴史を心から反省し、アジアの隣国の安全への懸念を尊重せねばならない。周辺の安全を威嚇する感染行為を停止し、自身の軍事力増強の口実を探すことを止め、アジアの隣国と国際社会の信用をこれ以上失わないようにすべきだ[*84]」

さらに4月21日には、「中国人の元慰安婦18人が、初めて中国で日本政府を相手取って訴訟を起こした」と中国メディアが報じた。[*85] これまでは韓国で慰安婦問題が起こって以来、30年以上にわたって中国ではこの問題を「封印」してきたが、ついに「慰安婦カード」を切ってきたのだ。

今後の日中関係について私が懸念するのは、日本側に、二階俊博元幹事長、福田康夫元首相、河野洋平元衆院議長らに続く「パイプ役」がいなくなっていることだ。その点が、馬英九元総統や夏立言《かりつげん》国民党副主席ら太いパイプ役を持つ台湾との違いだ。「尖閣有事」を回避するためにも、ホットラインの役割を果たす「親中派」の政治家を、日本は戦略的に養成しておくことが必要ではないだろうか。

第3章

人民解放軍の混乱と経済の悪化

2023年３月11日、全国人民代表大会の閉幕式に出席するため、
人民大会堂に向かう人民解放軍の代表ら＝北京（写真提供・共同通信社）

「安全で偉大な社会主義強国」

かつて日本は、昭和前期の1937（昭和12）年に日中戦争を起こした。その発端となった盧《ろ》溝橋《こうきょう》事件については諸説あるが、その6年前の満州事変とワンセットであり、いずれも日本ではなく中国を戦場とした。

日中戦争の前の日本には、軍の混乱と経済の悪化があった。前者は、犬養毅首相らが暗殺された1932（昭和7）年の「5・15事件」や、一部将校によるクーデター未遂事件である1936（昭和11）年の「2・26事件」など。後者は、1929（昭和4）年に起こった世界恐慌の影響を受けた昭和恐慌などだ。

こうした国内の軍の混乱と経済の悪化を背景として、日本は中国侵略の道へと突き進んでいったのである。

現在の中国でも、同様に軍の混乱と経済の悪化が見られる。本章では、対日強硬策の温床となりかねないそうした実態について見ていきたい。

2022年10月16日から22日まで、北京の人民大会堂で第20回中国共産党全国代表大会が開かれ、習近平総書記が異例の「総書記3期目」を決めた。[*1] 共産党大会は5年に一度、秋に開かれ、アメリカで言うなら大統領選挙にあたるような中国政界の最重要イベントだ。

この大会で習総書記は、重要スピーチを行った。タイトルは、「中国の特色ある社会主義の偉大な旗幟《きし》を高く掲げ、全面的な社会主義現代化の国家建設のため団結奮闘していく――中国共産党第20回全国代表大会での報告」。[*2] 私はCCTVのインターネットテレビで生中継を見た。1時間44分に及んだスピーチは、今後の中国の行く末を多分に示唆した内容だった。

習総書記が強調した「頻出単語《ひんしゅつたんご》」を数え上げてみたところ、以下の通りだった。

「社会主義」78回、「安全」44回、「新時代」25回、「偉大」22回、「強国」15回、「闘争」15回、「市場経済」2回

ここから透けて見えるのは、「習近平新時代は安全で偉大な社会主義強国を目指して闘争していく」という決意表明だった。逆に「市場経済」は、2回とも「社会主義市場経済」と述べ、まるで「社会主義」の付属品のように「市場経済」を取ってつけたに過ぎなかった。

14億中国国民は、2020年1月から約3年に及ぶ「ゼロコロナ政策」（動態清零《ドンタイチンリン》）によって疲弊《ひへい》し、一刻も早い経済回復を望んでいた。それが「市場経済」はまるで軽視。そのため、共産党大会の結果に失望感を隠せず、その溜《た》まった鬱憤《うっぷん》が、11月27日から28日にかけて北京や上海、成都などで起こった「白紙運動」となったのだ。

中国の若者たちが、「習近平は退陣せよ！」「共産党は退陣せよ！」とデモを起こしたのである。このような「若者の突き上げ」は、1989年の天安門事件の時以来だった。[*3]

ところが偶然にも11月30日、江沢民元主席が死去。すると習近平政権は「一週間の服喪《ふくも》期間」を定め、国民の携帯電話を「白黒画面」にすることで、デモは「不敬」であるとして禁じた。[*4] そうして国民の熱を冷ました後、12月7日にようやく「ゼロコロナ政策」を解除したのだった。[*5] その結果、国民の大多数が、新型コロナウイルスに感染するハメとなり、「全民感染」と揶揄《やゆ》された。少なからぬ高齢者が死去したとも言われる。[*6]

だがそうした紆余曲折を経ても、習近平主席の強い意志は、いささかも揺らぐことはなかった。翌2023年3月5日から13日まで開かれた第14期全国人民代表大会第1回会議（国会に相当）でも、「総体国家安全観」を政策の一丁目一番地に持ってくることを示したのだ。

異例の「総書記3期目」に続き、やはり異例の「国家主席3期目」を決めた習近平主席は、3月13日、「第14期全国人民代表大会第1回会議での談話」を述べた。今後5年、国政を率いていく国家主席としての決意表明だ。

「現在から今世紀中葉までに、社会主義現代化強国を全面的に建設し、中華民族の偉大なる復興を全面的に推進していく。このことは全党全国人民の中心任務だ。強国建設と民族復興のバトンは、われわれ一代の身の上に歴史的に降りてきているのだ。（中略）

われわれは発展と安全とをうまく統合していく。安全は発展の基礎であり、安定は強盛の前提である。総体的な国家の安全観を貫徹し、国家の安全システムを健全化させ、国家の安全能力の維持、保護を増強させ、公共安全のコントロールレベルを引き上げ、社会のコントロールシステムを完備させ、新たな安全局面が新たな発展局面の保障となるようにするのだ。国防と軍隊の現代化建設を全面的に推進し、人民軍隊の建設が国家の主権、安全、発展の利益の鋼鉄の長城となるよう有効に維持、保護していく」[*7]

このスピーチを聞いた私は、3期目の習近平政権を「安全第一政権」と名づけた。「安全」とは広義では経済安全保障や環境保全なども含まれるが、中心を成すのは習近平体制の「安全」だ。

李克強前首相の最期

この時のもう一つの注目された動静は、ナンバー2の国務院総理（首相）が、2期10年務めた李克強《りこくきょう》氏から、習主席の浙江《せっこう》省時代の部下である李強《りきょう》氏にバトンタッチしたことだった。李克強首相は、全国人民代表大会初日の3月5日午前、10年目となる「政府活動報告」のスピーチを54分にわたって行い、引退した。

3月11日、人民大会堂では李克強首相に代わって、李強党常務委員（前年10月の第20回中国共産党大会で党内序列2位に抜擢された）が新首相に選出された。習近平主席が、隣席の李克強前首相に握手を求め、二人は壇上で握手した。

李克強氏は、習近平政権10年を支えてきたのだから、トップがその労をねぎらうのは当然と言えた。会場を埋めた2947人の全国人民代表大会代表者たちも、大きな拍手を送った。だが当の李克強前首相は、習近平主席と目線を合わせようともしなかった。終始、正面の客席に座る代表者たちの方を向いたままだったのだ。その様子は「自分は習近平ではなく国民を見ているのだ」と言いたげに思えた。[*8]

李克強前首相は、残念ながら同年10月26日、上海市内のホテルのプールで水泳中に心臓発作を起こし、68歳で帰らぬ人となった。[*9] 北京や故郷の安徽《あんき》省合肥などでは、哀悼《あいとう》の意を表する人々が相次いだ。

李前首相の意外な最期に、西側諸国では暗殺説も飛び交った。だが私は、自然死だったと見ている。李前首相は政界を引退した時点で、すでに「政治的な死」を迎えていたからだ。引退後は、「東洋文明と西洋文明の融和の可能性に関する論文を執筆していた」そうで、習近平主席が眉《まゆ》を顰《ひそ》めるような政治的活動を行った形跡はない。[*10]

市民よりも「中南海の主」を見ている人

一方、李克強首相に代わって就任した李強新首相は、名前は一字違いだが、一点大きく異なる点がある。それは習近平主席の信頼度だ。

李強首相は、1959年7月23日、浙江省温州市瑞安県（中国で「県」は市の下部行政区域）の農家に生まれた。[*11] 東シナ海に面した温州と言えば、日本人がイメージするのは「温州みかん」だが、中国では「商人の町」として知られる。1980年代に改革開放時代が本格的に幕を開けると、全国に先駆けて個人経営の商売を始め、羽ばたいていったのが「温州商人」たちだった。

温州人は「鳥の目」をしているというのが私の心象だ。隙《すき》あらば入っていこうと虎視《こし》眈々《たんたん》とチャンスを狙っている、鋭く落ち着きのない「商人の眼光」である。

李氏は1976年7月、17歳になる時、瑞安県馬嶼区の電気ケーブル配電所に就職した。続いて、瑞安県の部品工場で工員として働いた。

その合間を縫って勉学に励み、1978年に浙江農業大学寧波分校農業機械系（学部）農業機械化専業（学科）に入学を果たした。1982年に卒業後、農業機械の分野ではなく、地域の共産党委員会に就職。翌1983年4月に共産党に入党し、中国共産主義青年団（共青団）瑞安県莘塍《しんしょう》区の共青団の責任者となった。

1984年からは、省都・杭州にある浙江省の民政庁で働き始めた。農村救済処（課）副処長、処長、救災救済処長、民政庁副庁長と、一歩一歩昇進していった。

1996年、「金華ハム」で有名な浙江省金華市の党委常務委員になった。続いて、金華市東郊の永康市の党委書記になった。これが最初の一組織のトップである。1998年には、浙江省弁公庁の副主任に昇進した。2000年に浙江省工商局長に、2002年4月には温州市党委書記に昇進した。

43歳のこの時、運命的な出会いを果たす。同年10月に、隣の福建省を離れた習近平氏が、副省長として浙江省にやって来たのだ。福建省で17年間勤務してきた習副省長にとって、浙江省のことは右も左も分からなかった。そうかといって、欧米志向の強い省都・杭州《こうしゅう》のハイカラなエリートたちとは、肌が合わない。

そんな時に目に留まったのが、6歳年下の李強温州市党委書記だった。李強書記は、浙江省の農村地域出身で、風体がハイカラではなく、北京や上海の名門校の卒業生でもなく、アメリカへの留学経験もない。おまけに「上司の指示」に従って黙々と汗を流す人物だった。かつ、温州人らしく機転が利いた。まさに習氏が求める「理想の部下」だったのだ。

2002年11月に浙江省党委書記（省トップ）になった習近平氏は、2004年11月に、李強氏を秘書長（省委書記の筆頭秘書）に抜擢。以後、2007年3月に上海市党委書記となって浙江省を去る時まで、2年4ヵ月にわたって、李強秘書長を片時も傍から離さなかった。「二人はまるで兄弟のようだった」と、ある浙江省政府の関係者は証言した。[12]

習近平省委書記が浙江省を去った後も、李強氏は浙江省秘書長を続け、習近平政権が発足する2013年の1月に、浙江省長に就任した。その後、2016年6月、習主席によって隣の江蘇省党委書記に抜擢され、2017年10月、その隣の上海市党委書記に抜擢された。習主席にしてみれば、初めから2023年3月に李強氏を首相に就かせる腹づもりで、浙江省から江蘇省、上海市へと、経験と箔《はく》をつける「出世の階段」を登らせていったのである。

李強氏も、そんな習主席の期待に応えようと懸命だった。何せ上海市は、中国最大の経済都市であると同時に、当時まだ健在だった習主席の最大の政敵、江沢民元主席が暮らす「敵の本拠地」でもあったからだ。李書記を、ある上海の関係者は、「経済はいくらか分かるが、2500万市民よりも『中南海の主』（習主席）を見ている人」と評していた。[13]

そんな李強書記の執政が裏目に出たのが、2022年4月と5月に上海全域で行った「封《フェン》城《チェン》」（ロックダウン）だった。4月11日、封鎖したマンションを視察に訪れた李強書記は、住民たちに罵倒《ばとう》され、その衝撃的な映像がSNSで拡散した。私もその映像を見たが、上海市トップは、おどおどするばかりで、ほうほうの体で退散してしまった。[14]

6月にロックダウンはようやく解除されたが、上海市民は李強書記に「マイナス13・7」というニックネームをつけた。「マイナス13・7％」は、上海市の第2四半期の屈辱的な経済成長率だ。それでも李強書記は6月25日、共産党第11期上海市委員会第12回代表大会を開き、宣言した。「われわれは習近平総書記の重要指示と、党中央が決定した政策、配備を決然と貫徹した。『ゼロコロナ政策』の成果を社会に見せつけ、大上海の保衛戦における勝利を実現した」[*15]

かくして、「忠誠」が評価された李強上海市党委書記は、前述の第20回中国共産党大会において、習近平総書記に次ぐ党内序列ナンバー2に抜擢されたのだった。この時点で、2023年3月の首相就任を内定させた。副首相を経ず、中央政府の経験が一度もないまま首相に就任するのは、建国した1949年の周恩来首相を除いて、前代未聞だった。

前任者と変わらない李強新首相の「立ち位置」

そんな李強新首相が、2023年3月13日午前10時半（北京時間）、人民大会堂の金色大庁に姿を見せた。全国人民代表大会が閉幕したことを受けて、恒例の首相による年に一度の記者会見に臨んだのである。そこには、約500人もの内外の記者たちが待ち受けていた。[*16]

1時間23分に及んだ記者会見を、私はCCTVのインターネット生中継で見た。共産党の党色である真紅のネクタイを締めた李強新首相は、右手を振りながら、8人の部下たちを従えて現れ、壇上の中央に腰かけた。さぞかし緊張しているかと思いきや、意外にリラックスして見えた。

李新首相は自信に満ちた表情で、計10人の記者の質問に答えた。

「確固として改革開放を深化させていく。われわれは引き続き改革の飯を食い、開放の道を歩む」

「私は民営経済が比較的発展した地域で仕事をして、民営企業家と頻繁に交流してきたので、発展の過程で彼らが抱く期待や憂慮《ゆうりょ》については、比較的理解している」

「民営経済の発展環境はますますよくなっており、発展のスペースはますます大きくなっている。われわれは新たな起点に立って市場化、法治化、国際化のビジネス環境を構築していく。時代は広範な民営企業家たちが新たな創業の歴史を記すことを求めているのだ」

「就業問題の解決の第一条は、やはり経済の発展による。今年（夏の）大学卒業生は１１５８万人を予定している。就業の面から見れば、もちろん圧力だ。だが発展の観点から見ると、勃々《ぼつぼつ》たる活力が社会に注入されることになるのだ」

このように李強新首相は溌溂《はつらつ》と語った。その発言内容は、前任の李克強首相とほぼ変わらなかった。かつ話し方は、李克強前首相より上手だった。例えば紙を棒読みせずに、質問した記者の方を見つめながら話す。各質問の回答の最後には、必ず「謝謝《シェシェ》！」と記者に対する敬意を示す。

前任の李克強首相は、「エリート臭さ」が前面に出て、ややもすると「上から目線」だったが、李強首相は時に記者から不快な質問が飛んできても、記者と同じ目線に立ち、自らの経験などを添えて答えた。そのざっくばらんな態度は新鮮だった。

これは私の勝手な想像だが、習近平主席にしてみれば、同じ内容の報告でも、李克強首相から受けるとイライラし、李強首相から受けると安心するのではないか。まことに「物は言いよう」で、発言に誠意を感じるのである。李克強首相の前任の温家宝首相が、そういうタイプだった。

さらに言えば、習近平主席の信頼を得ているせいか、割と自由に発言していた。会見中に「習近平」という単語は、７回出てきた。私は20回以上出ると思っていたので、少ない印象だ。一説によれば、いわゆる「習近平グループ」の中で李強氏だけ、要職に就くことを固辞したが、習主席が強く推して抜擢したとも言われる。そのため他の幹部と違って、阿諛追従《あゆついしょう》が見えないのだ。

以後の「中南海」（最高幹部たちの職住地）の政局は、1992年に鄧小平氏が主導した「社会主義市場経済システム」の中で、社会主義を重視する習近平主席及び周囲の多数のイエスマンと、同じくイエスマンではあるけれども市場経済を重視する李強首相及び配下の国務院官僚という構図で進んでいった。つまり李強新首相の「立ち位置」も、前任者と変わることがなかったのだ。

秦剛外相が就任早々に失踪

こうして「習近平超一強時代」として、盤石の出帆をしたかに見えたが、わずか3ヵ月後に最初の綻《ほころ》びが見え始めた。それが秦剛新外相の「失踪」だった。

秦剛氏は、1966年3月19日、天津に生まれた。外交官などを養成する外交学院を卒業後、1988年に中国外交部（外務省）に入部し、主にイギリス及びヨーロッパを担当。イギリスの中国大使館に3度、三等書記官、二等書記官、参事官、公使として務め、2011年に新聞司長（報道局長）となった。[*17]

転機が訪れたのは、2014年に礼賓司長（儀典局長）に就任し、2017年まで務めた時だった。礼賓司は、国家主席ら首脳の式典や首脳会談などをセッティングする「ロジスティックス」と呼ばれる「裏方役」である。

だが、外交の「内容」と同等に「形式」を重視する習近平主席は、秦剛司長の完璧な仕事ぶりを高く評価した。[*18] そこで2021年7月、駐米大使に任命。さらに2022年12月30日、当時56

歳の若さで、外交部長（外相）に抜擢したのだった。[*19]

中国国務院（中央政府）では、大臣にあたる「部長」の任免は、5年に一度、秋に共産党大会が開かれた翌年3月の全国人民代表大会で行うことが多い。その大会が2023年3月に控えていたにもかかわらず、なぜ秦剛外交部長だけ2ヵ月半早めて「昇進」したのか。

それは3月12日、全国人民代表大会で秦剛外相が、外相兼務で国務委員に就任した時に分かった。[*20]国務委員は、部長（大臣）クラスの中で5人だけが就く「副首相クラス」のポストである。習近平主席は、覚えめでたい秦剛氏に、早期昇進の道を与えたのである。[*21]そうした秦剛氏の「飛ぶ鳥を落とす勢い」は、3月7日の1時間50分に及んだ初の記者会見をCCTVのインターネット生中継で見て、私もひしひしと感じた。[*22]

秦剛新外相は、4月2日には訪中した林芳正外相と会談するなど、活発な外交活動を展開した。6月25日は、日曜日にもかかわらず、スリランカのアリ・サブリー外相、ロシアのアンドレイ・ルデンコ外務次官（アジア太平洋地域担当）、ベトナムのブイ・タイン・ソン外相と、立て続けに会談した。[*23]

だがそれ以後、消息をプツリと絶ってしまったのである。平日午後3時から外交部で行われる定例会見で、たびたび秦剛外相についての質問が出たが、そのたびに報道官は、「その質問に対する情報はない」と答えた。[*24]

それでも、さすがに長期にわたる「外相不在」というわけにはいかない。失踪からちょうど1ヵ月後の7月25日に、前任の王毅外相が、再び外相ポストを兼職するとの発表がなされた。[*25]

秦剛外相はなぜ突然、失脚したのか？　詳細は歴史の検証を待たねばならないが、西側メディアが報じた諸説を整理すると、次の二つのいずれか、もしくは両方ということに収斂《しゅうれん》される。

一つは、「愛人」傅暁田《ふぎょうでん》氏の存在だ。彼女は１９８３年、重慶生まれで、北京語言大学英文科及び北京大学経済学部を卒業し、英ケンブリッジ大学で教育学修士を取得した。２００９年に香港鳳凰《ほうおう》衛視（フェニックステレビ）駐ロンドン記者となり、後に支局長となった。

２０１４年から２０２２年９月まで、鳳凰衛視の本部（香港）で、世界のＶＩＰへのインタビュー番組『風雲対話』のメインキャスターを務めた[*26]。安倍晋三首相もインタビューを受けている。私も一度、中国のあるパーティで彼女にお目にかかったことがある。短時間、立ち話をしただけだが、ジャーナリストとは思えない派手な衣装が印象的で、野心満々の上昇志向を感じた。

西側メディアが報じたのは、彼女が米英のスパイだったという説だ。彼女は２０２２年11月、既婚者である秦剛外相との間の男児を出産し、男児はアメリカ国籍を持った。これは中国としてよろしくないというわけだ。

もう一つ、西側メディアが報じたのは、秦剛外相自身がスパイだったという説だ。この説は、秦剛外相と同日に失踪した李玉超《りぎょくちょう》中国人民解放軍ロケット軍司令員（上将）に、やはり西側のスパイ説が飛び交ったことと関係している。

秦剛外相が「失踪」して半年近くが経った12月6日、アメリカの政治専門メディア『POLITICO』は、「中国の習はスターリン式の粛清に全力を尽くす」と題した記事で、衝撃的な内容を記した。

〈二人のそれらの人々（西側の諜報機関関係者）の主張によれば、秦剛は7月の終わりに、中国

のトップリーダーたちを診る軍の病院で死亡した。死因は自殺か、拷問死のいずれかだ[*27]〉

重ねて言うが、真実はいずれ歴史が明らかにするだろう。だがこの記事には、私には同意しづらい内容も記されていた。

〈中国高官に接触できる複数の証言によれば、（ロシアの）ルデンコ外務次官の真の北京訪問の目的は、習に対して、外相と人民解放軍の何人かの高官が西側の諜報機関と関係していると伝えることだった〉

これは、前述の秦剛前外相が「失踪」した6月25日の一件を指す。しかし、この時のルデンコ外務次官の緊急訪中は明らかに、数日前から起こっていた「プリゴジンの乱」について、中国にSOSを求めたものだった。かつ「超格上」にあたる習近平主席に会った形跡もない。

例えば、駐日ロシア大使館は6月25日、X（旧ツイッター）で「6月25日、北京を実務訪問中のロシアのルデンコ外務次官は、中華人民共和国の秦剛外交部長と会談、馬朝旭外交副部長と計画協議を行った。次官級協議の中心となったのは、二国間協力の包括的推進のための課題実施に関する問題であった」とわざわざ発表している[*28]。これは「プリゴジンの乱」にもかかわらず習近平政権がプーチン政権を全面的にバックアップしていくことを強調したかったためと思われる。

2024年2月27日、全国人民代表大会常務委員会は、「天津市人民代表大会常務委員会は秦剛からの第14期全国人民代表大会の職務の辞職を受け入れた」と公告した[*29]。これは秦剛前外相がいまだ生存していることを暗示する目的もあったと考えられないだろうか。

ロケット軍人事の混乱

ただ同時期に、中国人民解放軍に激震が走っていたのは確かだ。現在の人民解放軍は、陸軍・海軍・空軍・ロケット軍の「4軍体制」を取っている。そのうち現職のロケット軍(ミサイル軍)トップの李玉超《りぎょくちょう》司令員を始め、同じくロケット軍の徐忠波《じょちゅうは》政治委員、李伝広《りでんこう》副司令員、孫金明《そんきんめい》参謀長……と失脚するというのは、極めて異例の事態だった。

人民解放軍創設記念日を翌日に控えた2023年7月31日、海軍の王厚斌《おうこうひん》副司令員が上将(軍の階級トップ)に昇進し、合わせてロケット軍司令員に就任した。また、空軍の徐西盛《じょせいせい》南部軍区政治委員も上将に昇進し、ロケット軍政治委員(ナンバー2)に就任した。同日、習近平軍事委員会主席が、二人の「上将就任式」を主催した。[*30]

それは、CCTVの映像で見ていても、重苦しい雰囲気の中で挙行された。ロケット軍のトップとナンバー2が海軍と空軍から来るなど、前代未聞である。日本の自衛隊で言うなら、陸幕長が海上自衛隊から来て、副陸幕長が航空自衛隊から来るようなもので、ありえない人事だ。そのことからも、ロケット軍の「混乱」が相当根深いものであることが想像できた。

さて、この日の「上将就任式」に参列した李尚福《りしょうふく》中央軍事委員会委員兼国務委員兼国防部長(国防相)も、それから1ヵ月も経たずして、「失踪」してしまった。公の場に姿を見せたのは、8月29日に北京で開かれた「第3回中国・アフリカ平和安全フォーラム」で基調スピーチを行ったのが最後だった。[*31]

こちらも、中国政府は「ノーコメント」を貫《つらぬ》き通した。李尚福国防部長の父・李紹珠《りしょうじゅ》氏は、人民解放軍の鉄道網を敷いた功労者で、習近平主席の父・習仲勲《しゅうちゅうくん》元副首相の戦友だったとも言われる。習近平主席と、5歳年下の李尚福国防部長も、幼馴染みの可能性がある。人民解放軍の中では、「習近平グループ」の代表格の一人だった

李尚福氏は軍内で、主に軍事偵察衛星の打ち上げを担当していたが、習近平時代になって出世を遂げた。2013年に総装備部司令部参謀長、2014年に総装備部副部長、2016年に戦略支援部隊副司令員兼参謀長、2017年に中央軍事委員会装備発展部長……。そして、2022年10月の第20回共産党大会で、中央軍事委員会委員（軍トップ7）に抜擢された。翌2023年3月の全国人民代表大会で、国務委員兼国防部長（国防相）に就いた。[*32]

そのような軍の出世頭に、一体何があったのか？　西側メディアは、装備発展部長時代の大掛かりな汚職が摘発されたと報じている。前述の李玉超ロケット軍司令員も、装備品に関する汚職で失脚したという説や、アメリカのスパイだったという説が飛び交った。いずれにしても、詳細はやはり歴史の判断を待たねばならない。

9月17日の人民解放軍機関紙『解放軍報』二面には、「幹部の有為な担当行為の奮発を激励する」と題した意味深な記事が出た。

〈現在、リーダー幹部たちの乱れた作為現象が一定程度存在する。ある者は功を急ぎ、利に近づき、喜び勇んでいる。ある者は思いつきで決定を下し、「形だけの工程」「政治実績工程」を作り上げている。ある者は乱れた蛮行で、規律に基づかず行動し、仕事上の失態をもたらしている〉[*33]

普段は美辞麗句ばかりが並んでいる『解放軍報』に、このような人民解放軍幹部への批判が載

ることは異例である。

同年12月29日、「全国人民代表大会常務委員会公告（14期）第2号」が発表され、中国に激震が走った。何と人民解放軍の幹部9人の代表資格（国会議員資格に相当）を剝奪《はくだつ》したというのだ。具体的には、中央軍委連合参謀部の張振中《ちょうしんちゅう》、中央軍委装備発展部の張育林《ちょういくりん》、饒文敏《じょうぶんびん》、海軍の鞠《きく》新春《しんしゅん》、空軍の丁来杭《ていらいこう》、ロケット軍の呂宏《ろこう》、李玉超、李伝広、周亜寧《しゅうあねい》の各氏。[*34] 9人もの幹部が代表から失脚したことは、人民解放軍の内部が大混乱に陥っていることを示唆していた。

2024年4月19日、習近平中央軍事委員会主席は、「習近平強軍思想を貫徹させる」との目的で、中央軍事委員会傘下の戦略支援部隊を、情報支援部隊、サイバー空間部隊、軍事宇宙部隊とする人民解放軍の機構改変を発令した。[*35] 国防教育法を年内に改正し、小学生から国防意識を高めさせようともしている。

最も深刻な不動産業界

続いて、中国経済について見ていきたい。1992年に鄧小平氏が定めた「社会主義市場経済」というシステムの中で、社会主義の方が「頭でっかち」になれば、当然ながら市場経済は委縮していくことになる。中国経済の発展にとって、前者はブレーキで後者はアクセルである。

特に、2020年から2022年まで、3年にわたる「ゼロコロナ政策」によって、中国全土の経済は疲弊した。それまでの経済政策では、主に幹部や富裕層が影響を受けてきたが、初めて習近平政権のコアな支持層である庶民を直撃したのである（表3－1）。

表3-1　習近平体制の主な経済政策と影響を受けた層

実施年	政　策	悪影響を受けた層
2012年～	八項規定（贅沢禁止令）	幹部、富裕層
2015年	証券市場引き締め	個人株主
2016年～	供給側構造改革	大企業
2018年～	米中貿易摩擦	貿易業者
2018年～	不動産引き締め	不動産業者、中間層
2021年～	共同富裕	富裕層、大手IT企業
2020~22年	ゼロコロナ	一般庶民

本来なら、「ゼロコロナ政策」が2022年12月に解除されたことを受けて、2023年は経済の「V字回復」を果たす年になるはずだった。ところが実際には、前述のように3期目の習近平政権の「安全第一」政策もあいまって、3年に及んだ「ゼロコロナ政策」の傷跡の深さを思い知る「L字」（落ちたまま回復しない）の一年となった。

中でも深刻なのが、不動産業界だった。不動産業界は、中国の「奇跡の経済発展」の最大の牽引役で、中国のGDPの約3割を占めている。[*36]

その屋台骨の不動産産業が傾いてしまった遠因は、前任の胡錦濤政権にあった。2008年秋にアメリカ発の金融危機（リーマン・ショック）が起こった時、胡錦濤政権は、北京夏季オリンピック・パラリンピックを成功させた直後で、強気だった。そこで、同年11月に初めてワシントンで行われたG20（主要国・地域）首脳会議で、4兆元（当時のレートで約58兆円）もの緊急財政支出を宣言した。[*37]

そのことで世界経済は救われたし、「米中二大国時代」を世界に印象づけた。しかし、中国の地方政府に重い財政負担を強いることにもなったのだ。

中国で予算法が改正されて地方政府が地方債を発行できるようになるのは、習近平時代になった２０１４年のことだ。[*38] 地方政府としては地方債という「抜け道」もないまま、高速鉄道建設を始めとする多額の負担を押しつけられたのである。それでも胡錦濤時代は日本を含む西側諸国からの投資が相次ぎ、経済が好調だったため、「４兆元問題」が取り沙汰されることはなかった。

　そして中国は、２０１３年３月から習近平政権にバトンタッチした。２０１４年以降、地方債は年々増え続け、２０２４年には過去最高の３・９兆元（約78兆円）もの「専項債《せんこうさい》」（後に利益を回収できる見込みのあるインフラなどに投資する地方債）の予算が計上された。[*39]「４兆元の副作用」に苦しんだ地方政府は、こうした資金をもとに、主にインフラ投資のため、「影の銀行」とも言うべき「地方融資平台」（ＬＧＦＶ）を次々に作っていった。

　経済が悪化するほど、銀行（中国の銀行はほとんどが公有）は国有企業に優先的に融資した。そのため、本来なら経済の主力となるべき民営企業は、すっかり先細っていった。これを「国進民《こくしんみん》退《たい》」と呼ぶ。

　そんな中、民営企業が頼ったのが「地方融資平台」だった。だが、高い利子を払えず倒産した民営企業も数知れなかった。その結果、中国で公表されている２０２２年末時点での「地方融資平台」の債務残額は59兆元。[*40] 邦貨にして約１１８０兆円！　これはいわば、地方が抱えている「隠れ債務」だ。地方政府は他に、「表の債務」40兆７３７２億元（約８１０兆円）を抱えている。[*41]

　このような状況下では、中国31地域のうち少なからぬ地域が、すでに黄信号と言える。それでも「破綻」とならないのは、そもそも社会主義の中国では土地が国家のもので（憲法第10条規定）、膨大な国有企業などの資産もあるからだ。

習近平氏は、２０１２年11月に共産党総書記に就任するや、その翌月に「八項規定」（贅沢《ぜいたく》禁止令）を出した。これは幹部の腐敗を防止するには効果てきめんだったが、いきなり不動産市場を暴落させた。[*42]その後、２０１５年９月には、国有企業を「焼け太り」させるような「国有企業改革」を発表。[*43]翌２０１６年からは「供給側構造改革」という「５つの緊縮政策」を打ち出した。[*44]不動産の在庫整理はこの緊縮政策のトップであり、不動産市場は急速に冷めていった。

続いて、同年12月の中央経済工作会議で、習主席が「家は住むためのもので、投機するためのものではない」（房子是用来住的、不是用来炒的）と唱えた。[*45]そして翌２０１７年から、不動産の購入を厳格化した。頭金や住宅ローン規制などを強めて、「２軒目」を買いにくくしたのだ。

さらに、２０２０年８月に打ち出した「３つのレッドライン」が、不動産業界を「自壊」させた。負債の対資産比率70％以下、純負債の対資本比率１００％以下、手元資金の対短期負債比率１００％以上という「３つのレッドライン」に従って、不動産会社を４分類し、それぞれの債務規模を制限するという政策だ。その上、銀行側にも不動産会社や住宅ローンに対する融資制限をかけた。[*46]

習近平政権はこのような経済政策を、新型コロナウイルスが蔓延した年に行ったのだ。ある日本政府の経済担当高官は、「恐るべき鈍感力だ」と驚愕していた。[*47]

こうしたことが重なって、２０２１年秋、中国第２位の不動産会社だった恒大《こうだい》集団の破綻騒動となったのだ。[*48]２０２０年の売上高７２３２億元（約14・５兆円）、中国国内２８０ヵ所以上に支部を持ち、従業員約20万人。２０２１年の「フォーチュン・グローバル５００」（世界５００大企業）で122位の巨大企業で、創業者の許家印《きょかいん》会長は「広州の皇帝」との異名を取っていた。

そして不動産市場を悪化させる「決定打」となったのが、繰り返し述べている丸3年に及んだ「ゼロコロナ政策」だった。不動産を売る企業の側も、買う国民の側も、そしてロックダウンやPCR検査などに膨大な予算と労力をかけさせられた地方政府も、誰もが疲弊していった。

2023年には、恒大と並ぶ民間不動産の雄・碧桂園《へきけいえん》も経営危機に陥った。2022年の売上高は、3574億元（約7兆円）に上る。中国全土で500万戸以上の不動産を提供し、約30万人の従業員を抱えている。同年8月に発表された2023年版の「フォーチュン・グローバル500」では、世界206位につけている巨大企業だ。

こうして2023年の中国の不動産関連統計は、惨憺《さんたん》たるものとなった。不動産開発投資はマイナス9・6％、住宅新規工事開始面積マイナス20・9％、12月の不動産開発景気指数は、基準値100から大幅下落した93・36、12月の新築不動産価格は70都市中62都市で下落、中古は70都市すべてで下落……。

「卒業即失業」が流行語に

2024年が明けると、1月5日に北京市第一中級人民法院が、シャドーバンキング（影の銀行）大手の中植集団の破産申請を受理した。負債額は、4200億元（約8・4兆円）から4600億元（約9・2兆円）に上り、中国史上最大級の破綻劇の一つとなった。[*49]

ある中国IT企業の幹部は、次のように述べた。

「不動産業界とIT業界は、1990年代になって興った新興産業なので、他の基幹産業と異なり、国有企業よりも民営企業が先に発展した。一般に、市場原理に基づいて企業活動する民営企業は、国有企業に比べて、共産党の意のままにならない。だから国有企業に主導権を取らせたいというのが共産党の方針なのだ。まさに『国進民退』だ」[*50]

IT産業の2023年も、「悪夢」だった。「王者」アリババ（阿里巴巴）は6分割され、世界の企業の株価時価総額ランキングでベストテン入りが定着していた時代は、すっかり過去のものとなった。[*51] アリババと覇を争ったテンセント（騰訊）も、政府の厳格なゲーム規制などが響いて、2023年に株価を8％落とした。[*52]

そもそも株価全体も、上海総合指数は2023年に3・7％下落した。[*53]「3000ポイントを切ったら中国経済が危ない」と囁かれたが、10月24日にあっさり突破してしまった。[*54]

不動産産業に代わって、ここのところの中国経済の牽引役を担ってきたIT産業が崩れたことで、就業にも大きな問題が出てきた。「中国の大学生が最も入りたい企業」と仰がれた「TikTok」を有するバイトダンス（字節跳動）までもが、2023年11月に大規模リストラを決め、中国社会に衝撃が走った。[*55]

就業問題に関して、2023年を通じて私が最も衝撃を受けたのは、8月15日に国家統計局が発表した「7月の主要経済統計」から、「若年層（16～24歳）失業率」の項目を除外してしまったことだった。[*56]

その前月、7月17日に国家統計局が「6月の若年層失業率は21・3％」と発表した時には、中国国内だけでなく、世界に衝撃が走った。[57] この時から私は8月の発表が気になって仕方なかった。

というのも、前述のように7月に1158万人という過去最多の大学生・大学院生が卒業して社会に出たからだ。[58] 失業率研究の第一人者である北京大学の張丹丹准教授は7月19日、各種データで根拠を示しながら、「若年層失業率は46・5%に上る」との見解を示していた。[59] 「卒業即失業」(畢業即失業)という言葉が流行語になったほどだ。

すると国家統計局は、2023年8月から12月まで、若年層失業率を発表しなくなった。そして2024年1月17日、「12月の若年層失業率は14・9%だった」と発表。[60] 「統計の方法を変えたため」と説明した。[61]

2024年夏には、前年よりさらに21万人も多い1179万人もの大学生・大学院生が卒業する。[62] さらなる失業者増が見込まれるのは言うまでもない。

2024年の経済政策を策定した中央経済工作会議(2023年12月11~12日)では、気になる動きもあった。習近平主席が、科学技術のイノベーションがリードして現代化された産業システムを構築していくことを始めとする「9つの政策」を示したが、同時にこんな発言もしたのだ。

「経済の宣伝と世論のリードを強化し、中国経済の光明論を鳴り響かせるのだ」[63]

つまり、今後は光り輝く明るい経済ニュースばかりをメディアが報道したり、経済専門家が語ったり、国民がSNSなどにアップするようにという指令だ。

「負のエネルギー」はどこへ向かうか

２０２４年３月５日から11日まで、全国人民代表大会が北京の人民大会堂で開かれた。年に一度の国会にあたるものだが、左記のように「異例づくめの大会」となった。

①会期を７日間に短縮（例年は９日間～２週間）
②初日の首相による「政府活動報告」を50分に短縮（コロナ前は約２時間）
③最終日恒例だった年に一度の首相の記者会見を廃止（過去30年ほどで初めて）
④決議する法案が少なく、国務院（中央官庁）が共産党の傘下に入る国務院組織法が目玉
⑤恒例の外相会見で日本メディアをほぼ初めて無視（第２章参照）
⑥内外に目立つことを避けて直前の常務委員会で国家秘密保護法を可決し、５月１日に施行
⑦香港でも同時期に国家安全条例の審議を始め、可決して３月23日に施行

要は習近平主席の指示をシャンシャンと決議していく形骸化した全国人民代表大会だった。国会議員にあたる代表たちは、マイクを向けられると一様に習主席の偉大性を称えた。

経済分野に関しては、首相の記者会見を廃止した代わりに、３月６日に鄭柵潔《ていさくけつ》国家発展改革委員会主任、藍仏安《らんふつあん》財政部長（財政相）、王文濤《おうぶんとう》商務部長（経済相）、潘功勝《はんこうしょう》中国人民銀行行長（中央銀行総裁）、呉清《ごせい》中国証券監督管理委員会主席の「経済幹部５人組」が、２時間47分にわたって記者会見を開いた。彼らも極めて前向きな話をした。

鄭柵潔主任「経済成長の方面では、通年でＧＤＰが５・２％アップし、前年より２・２ポイント高かった。就業面では、都市部の調査失業率は５・２％で、前年より０・４ポイント下降した。

国際収支では昨年末の外貨準備が３兆２４００億ドルで、前年末より１１０３億ドル増加した。

昨年の中国のＮＥＶ（ＥＶなどの新エネルギー車）の販売台数は９５０万台に達し、前年比35％以上だ。リチウム電池の生産量は25％伸び、太陽光電池の生産量は54％伸びた。この『新三種』の輸出は30％近く伸びた。そのうちＮＥＶの輸出は１２０万台を超え、前年比77・６％増。輸出量は安定して世界トップだ」

３月５日に李強首相が「政府活動報告」で「２０２４年のＧＤＰ成長率の目標は５・０％前後」と述べた時にふと思ったが、「５％」はもしかしたら、あらゆる経済データを総合させて弾き出した数値目標というより、トップダウンで指示された数値なのではないか。だから去年も今年も目標は５％で、もしかしたら来年以降も同様なのではなかろうか。

「新三種」については、発展目覚ましいというのは鄭主任が言う通りだ。だが本来の中国経済の潜在力をもってすれば、「新三十種」くらいになるはずなのに、三つで腰折れしてしまっているところに、いまの中国経済の残念さがある。

藍仏安部長「今年の赤字率は３％とし、赤字規模は４兆６０００億元だ。全国一般公共予算支出は28兆５０００億元で、昨年より１兆元以上増やす。

政府の債券は明確に増加させる。新規の地方政府の専項債を３兆９０００億元、超長期特別国債を１兆元発行する。合わせて４兆９０００億元だ。その他、２０２３年第４四半期に増発した１兆元の国債の大部分を、今年使用する」

債務については前述の通りで、特に不動産の困窮とともに地方債務が待ったなしの状態だ。

王文濤部長「昨年のGDP成長における消費の占める貢献は82・5％に上り、通年の社会消費品小売販売総額は47兆1000億元、前年比7・2％に達した。

今年は消費を促進していく。自動車、家電、室内内装などの消費品の『以旧換新』（旧いものを新しいものに交換）を推進し、再度サービス消費を振興していく。排気ガス基準に劣る自動車が1600万台あり、そのうち車齢15年以上のものは700万台を超える。また、平均で毎年2億7000万台の家電が、安全使用年限を超えている」

王文濤商務部長は、「経済幹部5人組」の中では群を抜いて賢く映るが、「以旧換新」の発言はいただけない。低迷し、デフレスパイラルに陥りかけている中国経済を活性化させたい気持ちは分かるが、車や家電製品などの買い替えというのは、国民がそれぞれ自分で判断することではないのか。それに買い換えよりも節約して使おうというのが、いまの国民感情というものだ。

潘功勝行長「マクロ経済の状況に関しては、上向いてきている。人民銀行は2回（2023年3月27日と9月15日）、預金準備率を引き下げた。毎回0・25％ずつだ。（2024年）2月5日、さらに0・5％下げた。これによって、1兆元の流動性が生まれる。現在の中国の全銀行の預金準備率の平均は7％であり、引き続き下げる余地が残っている。

（2024年）1月と2月の中国の貿易決済のうち、人民元を使用した決済が30％近い」

預金準備率を下げるのは政策として正しいと思うが、2月5日からの引き下げを発表したのが前日ではなくて12日前だったところに、当局の苦悩を感じた。[*64] 貿易の人民元決済が伸びたのは、ひとえにロシアとの貿易が前年比26・3％増の2401億ドルに達したからである。[*65]

呉清主席「上場企業の監督管理について、第一に今後は『入口』（株式上場）を厳しくしていく。企業のＩＰＯ（新規上場）は、『仲間内での金稼ぎ』が目的であっては絶対にならない。ましてや、虚偽申告などによって上場してはならない。そのため、（上場申請企業に）証監会が現場の立ち入り検査をしたり、証券取引所で監督指導するなど、極めて厳格にしていく。

第二に、上場後の日常の企業実態も把握するようにしていく。特に虚偽の防止と打倒、規範に沿った株式放出、配当金分配の促進を進めていく。第三に『出口』（上場廃止）を広げる。退場すべき企業は退場させるということだ。そして第四に（上場企業に）責任を強く持たせる」

中国株は、日本やアメリカを始めとする世界的な株高とは裏腹に、「一人負け」（香港株も含めると「二人負け」）の状態である。そこで「国家隊」なるものをこしらえて、政府を挙げて支えた。

さらに李強首相は2月7日、証券業界を統括する中国証券監督管理委員会主席の首を、自らの上海時代の部下である呉清氏に挿《す》げ替えた。そうしたら呉清主席率いる証監会は、3月15日に記者会見を開いて、前述のような4つの強力な措置を打ち出すと発表したのだ。[*66]

上場企業に対する一定の取り締まりは必要だろうが、証券取引所の「入口」を狭くして「出口」を広げることによって、ますます「国進民退」が加速していくだろう。それに中国株を上げるには、そうしたガチガチの措置を証券当局が取るよりも、とりわけ民営企業が実績を出せるよう政府全体で後押ししていくことではないのか。

結局、全国人民代表大会が開幕した3月5日、香港恒生《ハンセン》指数は2・61％も暴落。市場が冷や水を浴びせた格好となった。[*67]

世界のリスク予測で知られる米シンクタンク「ユーラシアグループ」は、「2024年10大リスク」の6位に、「回復しない中国」を挙げ、極めて悲観的に論じている。

〈経済的制約と政治力学が持続的な成長回復を妨げているため、中国経済に緑の芽が生じても、回復へのむなしい期待が高まるだけだ。(習近平主席への)権力集中は、中国の過去の成長エンジンが使い果たされたのと同時に、政策論争とアニマル・スピリットを消し去り、政府はどちらの傾向も逆転させることはほとんどできない。成長モデルの失速、金融の脆弱性、不十分な需要、景況感の危機に対処できないことは、中国共産党の正統性の不足を露呈させ、不安定な社会のリスクを高める*68〉

3期目の習近平政権の最大の特徴は、「固くて脆《もろ》い」性質にあるように思う。そんな中、混乱した軍部が強硬化し、経済は悪化し、当局が言論を封鎖する。そして悪いのは外国と決めつける――こうした傾向は、まさに昭和前期の日本と似ている。

当時の日本は、そうした「負のエネルギー」が中国への侵略に向かった。今後は中国の「負のエネルギー」が、尖閣諸島奪取という方向に向かうリスクを警戒しておかねばならない。何と言っても、中国政府がひとたび「日本からの領土奪還」を唱えれば、大多数の中国国民は賛同するのである。

第4章

台湾・頼清徳新政権で事態はどう動くか

2024年１月13日、台湾総統選で当選を決め笑顔の頼清徳氏と副総統に選ばれた蕭美琴氏＝台北（写真提供・読売新聞社）

64歳にしてトップに上り詰めた頼清徳

2024年5月20日、頼清徳《らいせいとく》氏が、第16代中華民国（台湾）総統に就任した。頼清徳新総統は、それまで2期8年続いた民進党の蔡英文《さいえいぶん》政権を引き継ぎ、3期目の民進党政権となった。副総統には、蕭美琴《しょうびきん》前駐米台北経済文化代表処代表（前「駐米大使」）が就いた。

頼清徳新総統は、1959年に台北市近郊の新北で、炭鉱労働者の頼朝金《らいちょうきん》氏の第5子として生まれた。*1 だが生後間もなく、父親が炭鉱の一酸化炭素事故で急死。母親の頼童好《らいどうこう》氏が貧困にあえぎながら、女手一つで6人の子供を育てた。

幼少時から優秀だった頼氏は、地元から初めて台北の名門・建国中学・高校に進学。台湾大学医学部に合格し、卒業後、兵役を経て内科医となった。台南の成大病院、新楼病院などで勤務していたが、後述するように1996年に「棄医従政《きいじゅうせい》」（医者を棄てて政治に従事）を決意。台南市から出馬し、最高得票を獲得して国民大会代表（国会議員）になった。民進党内では、急進的な「台湾独立派」が集う「新潮流」グループに属した。

2009年には台南市長選に当選。8年間にわたって安定した市政を行った。

2017年9月、前年に就任した蔡英文総統に請われて、行政院長（首相）に就任。立法院（国会）で開かれた施政方針報告で、「私は台湾独立の政治活動者であり、実務的な台湾独立主義者」と発言。*2 野党・国民党や中国が猛反発した。

2018年11月、統一地方選挙で蔡英文民進党が大敗を喫したことで、翌2019年1月、蔡英文政権を見限って行政院長を辞任。次期総統選に出馬するも、民進党内の公認を争う予備選で、同年6月に蔡英文総統に敗れた。[*3]

そんな頼氏を、蔡総統が11月、副総統候補に指名。翌2020年1月の総統選挙で、817万票という史上最高得票数で再選を果たした。[*4]

2022年11月の統一地方選挙で、蔡英文民進党は、再び大敗。蔡総統が民進党主席を辞任したことで、2023年1月に頼副総統が党主席に就任した。[*5] それから一年、2024年1月13日に行われた総統選挙で、民進党公認候補として出馬し、558万6019票を獲得。見事当選を果たしたのだった。[*6]

私は、頼清徳氏が関わった2018年と2022年の統一地方選、及び2020年と2024年の総統選を台湾で現地取材している。頼氏の政治家としての歩みは、決して順風満帆ではなく、紆余曲折があった。[*7] それでも64歳にしてトップの座に上り詰めたということは、やはり政治家として強運の持ち主と言えるだろう。

頼新総統の就任式は、世界的にも、かつてなく注目された。2022年2月24日にロシアがウクライナに侵攻。2023年10月7日には、ハマスがイスラエルを攻撃した。中国は頼新総統のことを「台湾独立のペテン師」（台独騙子《タイドゥピエンズ》）と非難していた。[*8] それだけに「二つの戦争」に続き、東アジアでも台湾有事が起こるのではと、世界は危惧しているのだ。

「頼が総統になれば、本当に戦争が起こってしまう」

私は2024年1月13日の総統選挙を、約一週間にわたって台湾で現地取材した。まず気づいたのは、4年前の前回総統選とは異なる台湾の「雰囲気」だった。

海外から総統選を取材する記者が到着すると、まず総統府近くの外交部に赴《おもむ》いて、取材許可証の交付を受ける。私が行くと、担当者から冗談交じりに逆質問を受けた。

「今回の選挙で、海外からやって来るメディアの登録申請者は、計308名。うち92名が日本メディアだ。ご覧のように台湾では、選挙といえども、人々は普通の暮らしをしている。それが日本では、なぜそんなに関心が高いのか？　まるで日本の選挙のようだな」

確かに台湾では、平常の市民生活が営まれているだけで、以前のような「選挙の熱気」は感じられなかった。ポスターも減ったし、街頭で選挙演説している候補者も見かけない。

さらに驚いたことは、台北で20人以上の一般市民に話を聞いたが、中国との関係は、総統選の「三番目のイシュー」に過ぎなかったことだ。

一番目のイシューは、経済・生活である。2023年のGDP成長率が1・31%と低調な中で、この先どうやって台湾経済を発展させていくか。また、12月のCPI（消費者物価指数）が2・71%と依然として下げ止まらない中で、物価高騰《こうとう》をどう抑えていくか。賃金をどう上げ、不動産価格の高騰をどう抑えていくか……。

第二は、政治家の資質である。台湾総統選はアメリカ大統領選方式なので、スキャンダル合戦となる。総統、副総統候補本人はもとより、その家族、友人、同僚にまで火の粉が降りかかる。

カネ、不倫、権力の濫用……あらゆることが敵陣営によってスキャンダルのネタにされてしまうのだ。1954万8531人の有権者は、どの政治家に資質があるかを見極めようとしていた。

この二つのイシューがあって、ようやく三番目に中国との関係が来たのだ。しかし、そうやって彼らが内向きの理由で選んだ新総統が、結果として日本有事にもつながるリスクを秘めている。

これは、アメリカ大統領選にも言えることだ。アメリカの有権者の圧倒的多数は、移民問題や中絶問題など、アメリカ国内のイシューによって大統領を選ぶ。だがそうやって選ばれたアメリカ大統領が、世界に多大な影響を及ぼしていくのだ。まさに「民主主義の欠陥《けっかん》」と言える。

ただ、2024年1月の台湾総統選に関して言えば、一番目と二番目のイシューは、3人の総統候補者たちの主張は大同小異だった。最も違いを見せたのは、やはり中国との向き合い方だったのだ。

第一野党・国民党の侯友宜《こうゆうぎ》候補（新北市長）は、投票日を2日後に控えた1月11日午前9時から、地元・新北市内のヒルトンホテルで、緊急記者会見を開いた。私も駆けつけたが、侯候補はこう訴えた。

「私は2023年9月、（アメリカの外交誌）『フォーリン・アフェアーズ』に、『極論の間の台湾の道』と題した論文を寄せ、その中で台湾海峡とインド太平洋地域の安定を維持するため、『3つのD戦略』を提唱した。それは、『抑止』（Deterrence）、『対話』（Dialogue）、『冷却』（De-escalation）で、中でも特に重視したいのが『対話』だ。[*9]

私は台湾海峡の緊張を緩和させたいのだ。もっと両岸（中台）の往来を自由にしたいのだ。

両岸関係の行方は台湾次第だ。強大な相手（中国）と交渉するのは（台湾）総統の責任なのだ。私は警察という官僚機構に30年以上勤めていて、民族の安定と自由を守ってきた。中華民国の憲法の枠内という前提で、『92コンセンサス』（「一つの中国」を互いに認識し合った1992年の中台間の口頭合意）を認める。だから中国と対話ができる。

ところがいまの民進党は、（中国と）対話、交流ができないから、（中国の）挑発が続くのだ。アメリカのシンクタンク『ユーラシアグループ』は、ゼレンスキー（ウクライナ大統領）、ネタニヤフ（イスラエル首相）、そして頼清徳の3人が、『世界の危険人物』であるとした。[*10] 頼はかつて『台湾独立』を公言していて、危険極まりない人物だ。

頼が総統になれば、『万が一』ではなく、本当に戦争が起こってしまう。そして戦争になれば、犠牲になるのは一般の台湾人なのだ……」

このように、「国民党政権」＝「中国と対話・交流」＝「台湾は安定・平和」。「民進党政権」＝「中国と対立・対抗」＝「台湾は混乱・戦争」という論理である。

私は日本との関係についても聞いておきたいと思い、会見終了後に侯友宜候補を直撃した。

近藤「日本では、『台湾有事は日本有事』ということが言われていて、『台湾有事』が懸念されていますが、どう思いますか？」

侯友宜「『台湾有事は日本有事』ということは、民進党の人たちが言っているのだ。それは彼らが、『台湾有事』が起こりそうなことをしているからだ。

私が総統になったら、（中国）大陸と友好関係を築くので、そもそも『台湾有事』自体が起こらない。だから『日本有事』もない。『台湾没事《タイワンメイシー》、日本也没事《リーベンイエメイシー》』だ。日本は安心してほしい」

最後は作り笑いを浮かべて握手され、私の肩をポンと叩いてきた。柔らかくて温かみのある手だった。

ちなみに侯友宜候補は、1月13日夜に敗北が決まった後、新北市の選対本部に顔を出し、5回にわたって、深々と頭を下げた。中国人や台湾人が頭を下げるというのは、日本人がやるのより、はるかに重い意味がある。

かつ「明日からは袖《そで》をまくって仕事に戻る」と述べた。仕事とは、新北市長のことだ。何と潔い去り方。ひとかどの人物と思った。

国民党のオウンゴール

ところで、侯友宜氏が説いた論理——国民党政権になれば台湾は平和で安定し、民進党政権が続けば有事を招く——は、一見そう思える。だが多くの台湾人は、むしろ逆だと考えた。

そもそもなぜ、侯友宜候補は選挙2日前の朝っぱらから、緊急記者会見を開いたのか。それは「後見人」とも言える馬英九《ばえいきゅう》元総統の「問題発言」が物議を呼び、収拾がつかなくなったからだ。

1月8日に『ドイツの波』（国営放送局）のインタビューを受けた馬元総統は、英語での問答で、「そうするとあなたは習近平を信じられるということか？」と質問された。すると馬元総統は、

「そう、両岸関係について言うなら、彼を信じなければならない」と答えた。[*11]

この問答が10日、「馬英九が『われわれは習近平を必ず信じなければならない』と発言」という緊急速報となって、台湾全土に拡散した。[*12] それによって、「習近平嫌い」では日本人以上の台湾人が沸騰してしまったのだ。元台湾政府幹部の私の知人は、こう漏らした。

「最初は、選挙戦最終盤になって、とんだフェイクニュースが拡散したものだと思った。だが、大手メディアも一斉に報じ始め、本当にそんな発言をしたと知った時、馬英九は頭がどうかしてしまったのではないかと思った。あの発言は、国民党陣営の完全なオウンゴール（自殺点）となった。国民党は、選挙戦終盤で民進党に詰め寄る最後のチャンスを自ら逸《いっ》したのだ」

このような状況があったため、侯友宜候補は、わざわざ緊急記者会見を開いて、「私の考えは馬英九氏の考えとはまったく違う」と、火消しに走ったのである。

だが多くの台湾人は、「国民党に政権交代して習近平政権に近づくこと」の方が、かえって台湾の安定を損ねると判断したのだ。中国による台湾の吸収合併とまではいかなくても、中国との関係改善によって、中国企業や中国人労働者が大挙して台湾にやって来れば、それはリスクや混乱を招くということだ。

換言すれば、「蔡英文路線の継続」の方が「台湾の安定した現状」は保たれると考えたのだ。後述するように、このままでは半永久的に国民党は政権を奪還できないだろう。馬英九氏についても後述する。

「中国との交流」で台湾有事を回避する路線の野党候補

第二野党・民衆党の柯文哲《かぶんてつ》候補（前台北市長）の「中国論」も見ておこう。柯候補も選挙日前日の1月12日朝9時から、台北市内のリージェントホテルで記者会見を開き、こう述べた。

「今回、台湾の総統選挙は世界的な関心を集めているが、誰が総統になろうとも、アメリカとの関係は変わらない。変わるのは、中国との関係だ。

私が総統になったら、『海洋民族』として、各国と平等な国際関係を築いていく。（中台）両岸でも交流を進め、安定した関係にしていく。

大事なのは、台湾の自主と両岸の平和だ。現在の民主と自由の生活を守りつつ、中国大陸との交流を進めていく。

私には、（8年間の）台北市長時代に、（中国）大陸との十分な交流の経験がある。すなわち、相互認識・相互了解・相互尊重・相互協力・相互諒解という5原則が必要だ。要は両岸がともに納得できる道を模索していくということだ。

一方、国家の安全も必要だ。台湾の国防費はGDPの3％必要だ（2024年は2・5％）。そうして自主的な国防を進めていく」

質疑応答になって、私が日台関係について質問した。

近藤「日本の安倍晋三元首相は、『台湾有事は日本有事』という言葉を遺《のこ》しました。また今年1月5日には、蔡英文総統も『日本有事は台湾有事』と述べています。こうした台湾と日本の関係について、あなたはどのような認識を持っていますか？」

柯文哲「私は（2023年）6月に日本へ行った。その時、『台湾有事は日本有事』ということを、会った日本の国会議員や官僚たちが口々に言う。それで日本という国家の生存には台湾が不可欠で、台湾の生存にも日本が大事だということを再認識した。台湾と日本の安全はつながっているのだ。

思えば、李登輝《りとうき》総統はそのことをよく分かっていたから、日本のことをとても大事にした。陳《ちん》水扁《すいへん》総統になってから、日本の価値を貶《おとし》めていったのだ。以後もずっとそうだった。

アメリカ、日本、台湾というのは、言ってみれば一本の線のようなものだ。私が総統になったら、李登輝総統以来、最も日本を大事にする総統になると、あなたに約束したい」

「非は中国側にあり」という論理

選挙の投票終了から4時間半あまりが経った1月13日夜8時半過ぎ、次期総統の当選を確実にした頼清徳候補が、民進党本部前に設置された特設テントに姿を見せ、勝利会見を行った。私も前列で見守ったが、蕭美琴次期副総統を伴って現れた頼次期総統は、こう述べた。

「謝謝！　中華民国第16代総統へのバトンタッチは、無事に成し遂げられた。すべての台湾人に感謝したい。

今回の選挙には、3つの重要な意義があった。第一に、台湾は『民主』と『リスク』の間に立ち、世界に向けて民主の夢を見せたのだ。第二に、台湾人の行動だ。自分たちの総統を、自分たちで選んでみせた。第三に、3人の候補の中で、頼&簫のコンビが最多得票を得たことで、（政権交代による）回り道や後退をしない正確な道を示したのだ」

頼候補は、選挙戦で政敵たちに、「回り道」「後退」とのレッテルを貼った。「蔡英文路線」によって現在、台湾の平和と安定は保たれている。それなのに、再び国民党政権に戻したり、一度も政権を担ったことがない民衆党の手に委ねることは、台湾の平和と安定が「回り道」「後退」することだと訴えたのだ。

質疑応答に移り、内外の記者二人ずつに質問が許された。その中で、3番目に当てられたロイター通信の記者が、「あなたは『一つの中国』を認めないのに、どうやって北京と対話するのか？」という質問をぶつけた。挙手していた私も聞きたかった質問だ。すると頼副総統は、一度唾《つば》をごくりと飲み込んでから、こう答えた。

「両岸関係について、蔡英文総統はこの8年間というもの、うまくやったと思う。私も蔡総統の方針を継続して、現状維持を続けながら交流を進めていく。

こちらは交流する気があるが、中国側が機嫌を損ねているのだ。その意味では、中国側に責任がある。それでも、平和が双方の理にかなうということは考えているはずだ。双方で両岸の安定と発展に尽くしていきたい」

このように、「非は中国側にあり」という論理だった。もっとも、いまの台湾には「反中国」の気運が漲《みなぎ》っているので、こうした論理は、すんなりと受け入れられている。

成熟した台湾人のアイデンティティ

選挙日前日の1月12日夜、民進党は4時間にわたって、台湾最大の都市・新北市の板橋第二運動場で20万人決起集会を開いた。私も会場の前列で見たが、この時、頼候補は郷里ということもあってか、珍しく自分の心情を吐露《とろ》した。

「私はここ新北で生まれた。私の父は、一介の炭鉱労働者だった。私は炭鉱労働者の息子から、総統になるのだ。当時、私たち一家は貧しかったが、私たちより貧しい人たちが、周囲にたくさんいた。私は総統になって、そのような貧困や困難を台湾からなくしたいのだ。

今年は60数ヵ国で選挙が行われる。その第一戦がここ台湾であり、世界が台湾の行方を注視している。台湾は世界に向かうのか、それとも中国に向かうのか？

明日は投票に行って、民主の価値を示そうではないか。投票に行かないと、他人（中国）がわれわれの未来を決めることになってしまう。

4年前にわれわれの民主は、（香港式の）一国二制度を潰《つぶ》した。今回もまた、民主のパワーで台湾を守ろうではないか。次の奇跡を見せつけようではないか」

結局、台湾人の民意は、「民主と自由からかけ離れた中国には、今後とも近づきたくない」というものだった。こうして「蔡英文路線の継続」を訴えた頼清徳新総統が、2024年5月20日から4年間の政権運営を担うことになった。

私が2024年1月の台湾総統選を取材して、強く印象に残ったことがある。それは、かつて半世紀以上にわたって台湾を支配した国民党が政権を奪還する可能性は、今後もうないだろうということだ。国民党の役割は「中国とのパイプ役を担う野党」ということになるだろう。ただし、二つの前提がつく。一つは、中国で習近平政権が継続している限りはである。もう一つは、国民党（正式名称は中国国民党）が習近平政権と決別して、台湾国民党とでも党名を変えて生まれ変わらない限りはである。

なぜなら、台湾人のアイデンティティ――自分は台湾人であって中国人ではないという心情――はすでに成熟したものがあり、それは習近平主席が説く「中華民族の偉大なる復興」とは根本的に相容れないからだ。そして台湾が現行の民主制度を続ける限り、そうした台湾人のマジョリティが望む政治家が、今後とも政権を担うことになる。

2024年2月23日に発表された台湾人のアイデンティティ調査（政治大学選挙研究センター）によれば、自分を「中国人」と認識している人は2・4%しかいない。「一刻も早く統一すべきだ」と考えている人も1・2%しかいない。[*13] 中台の「温度差」は、もはや決定的なのである。

蕭美琴副総統の「戦猫外交」

頼清徳新政権発足の時期に、早くも4年後の話をするのは時期尚早だが、おそらく2028年の台湾総統選挙で「本命視」されるのは、蕭美琴新副総統だろう。2024年の総統選挙で民進党が辛勝したのは、彗星《すいせい》のごとく現れたこの「女神」に助けられたところが大きかった。

蕭美琴副総統は1971年8月、台南出身の父とアメリカ人の母との間に神戸で生まれ、台南で育った。中学校の時にアメリカへ渡り、その後、帰国して海外同胞枠で立法委員（国会議員）

になった。「蔡英文チルドレン」の代表格である。

蔡総統の命を受けて、2020年7月に「駐米大使」（駐米台北経済文化代表処代表）に就任。ワシントンでの活躍ぶりが話題を呼んだ。例えば、台湾の「駐米大使」として初めて、アメリカ大統領（ジョー・バイデン氏）の就任式に出席を果たし、中国側を激昂《げきこう》させた。*14

私は彼女のスピーチを、前述の新北市での20万人決起集会で初めて聴いた。彼女は何と「将来の総統・蕭美琴です」と紹介を受けて、壇上に上がった。

「我回来了《ウォーフイライラ》！（私は帰国した）。ワシントンの任務を終え、帰国して親戚と会っている時、頼清徳副総統から連絡が来て、『副総統候補になってほしい』と言われた。それから台湾全土を回る日々となった。

その間、各地の人々が私のことを案じて、いろんな特産品をくれた。だが一番嬉しかったのは、一人ひとりの励ましの声で、私にどれだけエネルギーを授けてくれたことか。（中略）いま、われわれは世界と密接につながっている。民主の力を見せようではないか！　勇気を見せようではないか！　進歩を見せようではないか！」

それは、とてつもなく聴衆の心を揺さぶるスピーチだった。キーワードを示し、有権者の目線で話し、時に笑いや涙も折り込む。巧みに声の抑揚や表情などを変える。他の民進党の「台湾土着の政治家たち」と異なり、洗練度はピカ一だった。

聴いている途中で思ったが、もしかしたら彼女はスピーチ草稿を、英語で書いているのではないか。彼女がイメージする政治家とは、これまで長くアメリカで見てきた政治家たちなのだ。だからスピーチにも、アメリカの最新式の話術を取り入れる。それを中国語や、時に台湾語に自分で「翻訳」して発しているのだろう。

彼女は2020年7月、蔡英文総統によって「駐米大使」の要職に抜擢された時、「戦猫《せんびょう》外交」という造語を披歴した。[*15] これは、中国の「戦狼《せんろう》外交」（狼のように戦う外交）に対抗するため、「小さなスペースでも活路を見出す猫のように戦う外交」を目指すという意味だ。

実際、彼女は蔡英文氏と同じく独身の猫好きで、ワシントンに赴任する際にも、飼っていた4匹の猫を帯同した。頼清徳新政権でも、蕭美琴副総統の「戦猫外交」は、いかんなく発揮されるだろう。

思えば、2016年の馬英九政権から蔡英文政権への移行は、「中国から離れる」ことを意味した。そして2024年の蔡英文政権から頼清徳政権の移行は、「中国からさらに一歩離れる」ことを意味する。それから4年後の2028年、頼清徳政権から蕭美琴政権への移行は、「中国から完全に離れる」ことを意味するのではないか。

そうであるならば、中国としては早く手を打たないと「手遅れ」になってしまう。

習近平と頼清徳を巡る「1996年の因縁」

2024年1月に頼清徳候補が次期総統に選ばれた時、中国側は激しく反発した。中国で台湾問題を担当する国務院台湾事務弁公室は、選挙結果が出てから4日間のうちに、計13回もの論評などを発表した。[*16] そのうち選挙当日の晩には、陳斌華《ちんひんか》報道官が吠えた。

「今回の『台湾地域』の二つの選挙結果（総統選と立法委員選の結果）が示しているのは、民進党は島内の主流の民意を代表できないということだ。台湾は、中国の台湾である。

今回の選挙で、両岸関係の基本的な情勢と発展の方向は変えられなかった。両岸の同胞が歩み寄り、親しく付き合うという共通の願望は変えられなかった。さらに、祖国を最終的に統一する、必ずや統一するという大勢を阻《はば》むことはできなかった。

われわれの台湾問題を解決し、国家統一を成し遂げるという立場は一貫しており、意志は盤石だ。『一つの中国』の原則を体現する『92コンセンサス』（1992年の中台間の合意）を堅持し、『台湾独立』の分裂への道と外部勢力の干渉に決然と反対していく。両岸の融合と発展を深化させ、中華文化を共同で高揚させ、両岸関係の平和と発展、祖国統一の大業を推進していく」[*17]

こうした声明に加えて、中国は「隠し玉」を炸裂《さくれつ》させた。総統選挙2日後の1月15日、ナウル共和国との国交樹立を発表したのだ。

ナウルは、オーストラリアから北東に4300キロメートル余り行ったところに位置する南太平洋の小国である。東京都品川区とほぼ同面積の島で、人口は約1・2万人。デイビッド・アデアン大統領が、2023年10月に就任したばかりだった。[*18]

総統選挙の結果を受けて、ナウルから中華民国（台湾）に祝電が届いていたのだから、台湾側の驚きもひとしおだったろう。1月15日午後2時過ぎから、台湾外交部も緊急記者会見を開いて、ナウルとの断交を発表した。

2016年5月に蔡英文政権が発足してから、中国側に寝返ったのは、これで10ヵ国目。国交を結んでいる国は、22ヵ国から12ヵ国に減った。

私は、頼清徳新総統の中国への一連の厳しい発言と、それに対して習近平政権が行った「報復」を見ていて、両トップの「恨み」の深さを再認識した。

実は、この両トップには「1996年の因縁」がある。2023年7月5日、頼清徳副総統はフェイスブックに、興味深い内容をアップした。その概要は、以下の通りだ。

〈あれは27年前のことだ。1996年に発生した台湾海峡危機の時、私はまだ（台南市の）成功大学病院で医者をしていた。当時は何十年も続いた戒厳令が明けた後の初めての総統直接選挙で、それは多くの民主運動の先輩たちの奮闘と犠牲との引き換えに得た民主と自由の成果だった。それで北京は、民主的な改革に希望を抱く台湾人に脅威を与え、票を専制政権が望む候補者に入れさせようとしたのだ。

幸い、そのような候補者が勝つことはなかった。台湾の民主はここから勃々《ぼつぼつ》と発展していった。だが歴史は繰り返すものだ。私は白衣を脱いで、議員、閣僚、副総統、そして現在は総統候補となった。私はいま自分がいる立場が、当時、台湾海峡の安全を維持、保護しようとした政治の先輩と同じであることに気づいた。あの時、台湾の平和と安定、民主の成就、両岸の現状を死守していくのだという私の決心と思いは、とても固かったのだ[*19]〉

頼清徳という台南の病院で勤務していた内科医を、政治の道に駆り立てたのは、すなわち「棄医従政」の原点は1996年3月の台湾海峡危機だったのだ。

同年3月23日、台湾で初めて総統直接選挙が行われ、李登輝総統が再選を果たした。その際、

「李登輝は台湾独立を画策する民族の逆賊」と断罪した中国政府（江沢民政権）は、李登輝総統の再選を阻止しようと、台湾海峡で空前の大規模軍事演習を行った。台湾近海にミサイルも撃ち込んだ。頼清徳氏はこれに怒り、医者を辞して政治の道に入ったのである。

一方、習近平主席も、「外交の原点」と言えるのが、この台湾海峡危機だった。習氏は1985年から2002年まで17年間、福建省で勤務。1995年に福建省共産党委員会副書記になっている。[*20]

1996年3月の台湾海峡危機の時には、福州軍分区党委第一書記も兼務していた。省都・福州市の人民解放軍を統括する共産党の要職であり、いわば台湾を威嚇《いかく》する現場の党責任者だった。人民解放軍は福建省に15万もの軍勢を終結させた。その前年には熊光楷《ゆうこうかい》副総参謀長（中将）が米軍幹部に、「われわれが狙っているのは台北でなくロサンゼルスだ」と凄んでいた。[*21]

ところが中国からすれば、台湾を恫喝《どうかつ》して「独立派総統」の再選を阻止するはずが、予期せぬ展開となった。それは、ビル・クリントン米政権が台湾側の要請に応じて、空母「ニミッツ」と「インディペンデンス」の打撃軍を、台湾海域に送り込んだからだ。アメリカはベトナム戦争以来の本格的な戦闘態勢を、この地域で敷いたのだ。

台湾近海に展開していた人民解放軍は、たちまち蹴散らされた。そして李登輝総統は、過半数を得て再選を果たしたのだった。[*22]

この時、最前線の現場で肌身で味わった屈辱感が、政治家・習近平の「外交の原点」となったのである。[*23] 私もこの時、中国福建省アモイ（厦門）の最前線で目撃したので、その心情は理解できる。2012年11月に共産党総書記に就いた習近平氏は、台湾を取り戻す「中華民族の偉大なる復興という中国の夢の実現」を、自らの体制のスローガンに掲げた。[*24]
つまり、台湾海峡を挟んで対峙する頼清徳総統と習近平主席は、「1996年の因縁」を抱えた指導者であり、この両雄がリーダーとなった台湾と中国が対立に向かうのは、必然とも言えるのである。

金門島で一触即発

実際、春節（2024年2月10日）の大型連休中に、早くも「1996年の因縁」を髣髴《ほうふつ》させるような事態が、中台間で勃発した。

旧正月の5日にあたる2月14日、台湾の海上保安庁にあたる海洋委員会海巡署が発表した。

〈本署金馬澎《きんばびょう》分署巡防艇は、14日午後1時45分、金門海域において、春節期間の中国大陸の船の越境防止の勤務時に、北碇《ほくてい》島の東方1・1カイリ（禁止水域内0・86カイリ）で、中国大陸の「無船名」の快速艇が境界を越えたのを発見した。法執行の過程で中国大陸船は蛇行し、臨検を拒否。焦って転覆して、4人が海に落ちた。本巡防艇はすぐに捜索を行い、4人を別個に救助した。そして、緊急で署立金門医院に送り、傷の検査と救急措置を行ったが、うち2人が、救急搬送も虚しく死亡を宣告された。

今回の案件にかかわる船舶は「三無船舶」（無船名、無船舶証書、無船舶国籍港湾登記）だった〉[*25]

要は中国の密漁船が、台湾側が実効支配する金門海域に進入し、海巡署の公船と揉《も》み合っているうちに転覆し、2人が溺死《できし》したというものだ。現場となった海域のある北碇島は、中華民国（台湾）金門県に属する、金門本島以下12の島嶼の一つである。[*26]

金門は、中国大陸の福建省アモイから、最短で1・8キロしか離れていない。逆に台湾島までは、約210キロも離れている。私はアモイ側から金門本島を眺めたことがあるが、そのまま泳いで行けそうなくらいの距離だった。

金門については、というより台湾全体を、中国側は「わが国の不可分の領土」と主張している。しかし金門を実効支配しているのは、台湾側なのだ。[*27]

後述するように、私は2023年9月、蔡英文総統の軍事顧問的な役割を果たしている陳明祺《ちんめいき》国防安全研究院執行長（CEO）にインタビューした際、「金門有事」の話も聞いた。すると陳執行長は、こう答えた。

「もちろん、中国側が仕掛けてくる様々な形の『台湾有事』は、常に警戒しておかねばならない。だが、いきなり金門県に攻め込むというオプションは、確率として高くないと見ている。太平島、馬祖島、東沙諸島なども同様だ。

なぜならそんな暴挙に出れば、2300万台湾人が台湾本島を徹底防衛し、台湾本島を統一するハードルが、いまよりも格段に高くなるからだ。そのため、あくまでも台湾本島をいかにして統一するかということを模索しているはずだ」

そんなホットスポットで、旧正月早々、中台間のトラブルが発生したのだ。中国側で春節の8連休が明けた2月18日、中国海警局が強気のコメントを発表した。

〈中国海警局の甘羽《かんう》報道官は示した。福建省海警局は今後、海上での法執行能力を強化していく。アモイと金門の海域で、法執行の巡査行動を常態化させていく。関連海域の活動秩序をさらに維持、保護していき、漁民の生命・財産・安全を維持、保護していく〉

台湾側の国防部は、１９９２年に「両岸人民安全条例」に基づいて、金門海域に「禁止水域」と「制限水域」を設定してきた。一方の中国側は、前述のように「台湾（全体）は中国の不可分の領土」と主張しているため、このようなラインは認めていない。だがそれでも、台湾側と余計な摩擦が起こらないよう、これまでは行動を自制してきた。

ところが、今後はこのようなラインは無視して「法執行」していくと予告したのだ。実際、2日後の20日、台湾メディアは一斉に「中国の報復」について報じた。民進党政権に近い有力紙『自由時報』から引用する。

〈金門の一艘の観光船「初日号」が19日午後、「ブルー公路」の海上を遊覧中に、中国海警がやって来た。そして30分近くにわたり、「初日号」に乗り込んできて強制検査を行ったのだ。その間、23人の乗客は、中国に連行されて台湾に戻れなくなるのではと気が気でなかった。

幸い船長が海巡隊に緊急通報し、海巡隊が救護船を急派した。海巡隊の船が着いた時には、中国海警はすでに立ち去っていた。海巡隊は無事に、「初日号」を金門水頭港まで護送した〉[*28]

中国側による「法執行巡査」によって、台湾海峡の緊張は一層増すことになった。今後は、日本の尖閣諸島海域で、海上保安庁の巡視船と中国海警局の公船が日々睨み合っているようなバトルが、金門海域でも常態化していくことを示唆していた。

そのような状況は、台湾側も望んでいなかった。頼清徳副総統は、21日に民進党本部を通じて短くコメントした。

「今回の一件は、必ずうまく処理しなければならない。民進党は引き続き、海巡署がしっかり法執行をしていくことを支持する。今後、類似の状況が発生するのを避けねばならない」[29]

中国側も、おそらく臨時の会議だったと思うが、22日と23日の2日にわたって「2024年対台湾活動会議」を北京で開催。『人民日報』はこう報じた。

〈中国共産党中央政治局常務委員（序列4位）、全国政治協商会議主席の王滬寧《おうこねい》が出席し、講話を述べた。（習近平）新時代の（共産）党の台湾問題解決の総体方略と党中央の対台湾活動の政策決定と手配を決然と貫徹するのだ。そして祖国統一の大業を確固として推進していくのだ。（中略）両岸の各分野の交流協力を拡大し、両岸の融合的発展を深化させ、両岸が共同で中華文化を推進掲揚させ、両岸同胞の心情の合致を促進していくのだ。

「台湾独立」の分裂と外部勢力による抑え込み、干渉に決然と打撃を加えるのだ。島内の愛国統一のパワーへの支持を堅持し、台湾同胞と広範に団結し、台湾海峡の平和と安定を維持、保護するのだ。党の対台湾活動の全面的指導を堅持強化し、（台湾統一を）主題とした教育の成果を確固として開拓発展させ、対台湾活動の結束力を引き上げるのだ。党中央政治局委員、党中央外事工作委員会弁公室主任の王毅が会議を主催し、中央党の政治軍事の関係部門及び各地域の関係責任者同志が出席した[30]〉

2日間もかけて、具体的に何を話し合ったのかは公開されなかった。かつこれほどの重要会議であるにもかかわらず、習近平主席は出席していない。
こうした事実と、『人民日報』の記事全文を読み込んで感じることは、「中南海」（北京の最高幹部の職住地）で台湾問題に関して、「強硬派」と「有和派《ゆうわ》」が対立しているという構図だ。「強硬派」は人民解放軍や海警局を中心とし、「有和派」は時の執行部（現在は習近平主席）を中心とする。こうした対立構造は、建国の毛沢東時代から続いてきたものだ。
そんな中で、「有和派」がひとまず「強硬派」を抑えるのが、この緊急会議の目的だったのではないか。実際、野党・国民党の夏立言《かりつげん》副主席をこの会議の後に訪中させ、29日に習近平主席の側近である宋濤《そうとう》国務院台湾事務弁公室主任と会談した。[*31] 発表された内容から推測すると、中国側は今後、頼清徳政権は無視し、国民党と台湾の物事を決めていく方針のようだ。かつて陳水扁《ちんすいへん》民進党政権（2000〜08年）の時代に、同様の手段に出たことがあった。[*32]
こうして抑え込まれた格好の人民解放軍は、台湾統一を担当する東部戦区が23日、この会議にぶつけるかのように、意味深なポスターを公表した。台湾人の子供が、中国大陸の大人の手をしっかり握っている絵で、「帰郷してこそ勝利できる」などと、台湾で使う繁体字の詩が添えられていた。[*33]

バイデン米大統領は中国側をフォロー

2024年1月の台湾総統選挙の後、両岸の対立のカギを握るアメリカはと言えば、必死に「火消し」に走った。頼候補の当選を受けて、バイデン大統領が発した最初のコメントは、「私たちは（台湾の）独立を支持しない」だった。[*34] つまり中国側をフォローするかのような言葉だったのだ。かつそのことを念押しするため、早くも選挙翌々日の1月15日に、非公式の代表団を台北に送り込み、頼清徳次期総統に「現状維持」を確認させた。[*35]

それでは頼清徳政権の4年間で、具体的に中国は何を仕掛けてくるのか？　台北で、蔡英文政権の国防関係者に話を聞くと、次のような見立てを述べた。

「いきなり軍事侵攻ということは考えられない。まずは外交的手段を使った台湾包囲網を敷くだろう。日々台湾を非難したり、台湾と国交のある国に圧力をかけて断交させたり、台湾が国際機関に関わるのを妨《さまた》げたりといったことだ。

次に行うのは、経済的な圧力だろう。両岸（中台）は2010年にECFA（両岸経済協力枠組協定＝中台間の自由貿易協定の一種）を結んでいるが、中国は様々な難癖をつけて、これを形骸化させていくに違いない。すでに2023年暮れには、ECFAに基づいた石油化学品12品目の関税引き下げ措置を停止した。これは完全に、台湾総統選挙に対する嫌がらせだった。

こうした外交的、経済的な圧力を尽くした後に、軍事的な侵攻も選択肢の一つに入ってくるだろう。もちろん、その間も軍事的な威嚇《いかく》は一歩一歩レベルアップしていくものと覚悟している」[*36]

外交的圧力とは、すでに指摘したナウルと台湾の断交のようなことだ。中国は頼清徳政権の4年間で、台湾を承認する国をゼロにして、「外堀」を完全に埋めてしまおうとするだろう。

経済的な面で言えば、1月9日に台湾財政部は、「対中輸出（対香港も含む）は前年比18・1％減（ドル換算）で21年ぶりの低水準、中国からの輸入（同前）も16・1％減（同前）だった」と発表した。[*37]輸出に占める中国の割合は、35・2%まで低下した。これは、「中国依存度」を下げようという民進党政権の戦略であると同時に、中国経済の悪化の影響も大きい。

だがそうは言っても、台湾にとって中国が最大の輸出先であり、いまだ全体の3分の1を超えていることに変わりはない。中国からすれば経済カードは、台湾を締めつけ、頼新政権を不安定化させる重要な「武器」となる。

ただ経済的な締めつけは、諸刃の剣でもある。例えば、台湾系企業が中国国内の従業員500人規模の工場を閉鎖すれば、500人の中国人が失業し、その地域の経済も悪化するからだ。かつて「中国国内の台湾」と言われた広東省東莞《とうかん》は、台湾系企業の相次ぐ撤退で経済危機に陥った。

こうした外交的圧力、経済的圧力の次に本格化すると見られるのが、軍事的圧力である。そして軍事的圧力の先には、人民解放軍による台湾への軍事侵攻がある。すでに人民解放軍の挑発は日増しにエスカレートしている。例えば2023年9月18日、台湾国防部はこんな発表をした。

〈9月17日から18日明け方までの間、国防部は計103機の台湾海峡への活動を偵察した。これは最近で最多であり、すでに台湾海峡及び地域の安全に対する重大な挑戦である。国軍は「戦《いくさ》を求めないが備え、戦を避けずに応じる」態度を矜持《きょうじ》し、沈着に対応していく〉[*38]

前述のように台湾は2024年から、男子の兵役を、4ヵ月から1年に延ばした。台湾では日増しに、国防関連のニュースが増えてきており、国民全体での国防訓練も実施している。

総統府の「軍事顧問」との一問一答

そんな中、台湾総統府に直結する国防安全研究院の陳明祺執行長（ＣＥＯ）に、２時間にわたって話を聞いた。[*39] 陳執行長は米イェール大学で社会学博士号を取得し、台北大学助教授、清華大学社会学研究所長、行政院（内閣）大陸委員会副主任委員（副大臣級）、国家安全会議諮問委員などを経て、２０２３年７月に国防安全研究院執行長に就任した。いわば総統府の「軍事顧問」だ。

近藤「２０１６年５月に蔡英文政権が発足して以来、特に台湾防衛を強める契機となった出来事は何か？」

陳「それは２０１９年６月から香港で始まった民主化運動と、それに対する当局の強硬な弾圧だ。翌２０２０年６月には、香港人を締めつける香港国家安全維持法を施行してしまった。

そのような隣の香港の状況をつぶさに目撃したわれわれは、民主と自由という台湾のいまの方式を、何としても堅持しないといけないという決意を固めたのだ。２０２０年１月の台湾総統選挙で、蔡英文総統が史上最大得票数（８１７万票）で再選されたのも、台湾を防衛していくという台湾人の決意の表れだ。

そこから国防予算を増やし、アメリカからの武器購入を増やし、男子の兵役も1年に延ばした。兵役期間を延長しても、まったく総統選挙の争点にならなかった」

近藤「台湾がアメリカからの武器購入を増やすなどして国防能力を高めると、中国を刺激するということは考えないか」

陳「それは逆だ。2022年2月にロシアがウクライナ侵攻を始めたが、中国による台湾侵攻はそれよりも格段にハードルが高いと、中国側に自覚させることが抑止につながるのだ」

近藤「昨今言われている『2027年台湾有事』をどう考えるか。2027年は中国人民解放軍創設100周年で、習近平体制4期目を決める第21回中国共産党大会の開催の年。かつ台湾海峡近海で中国軍がアメリカ軍を凌駕し、中台間の軍事能力の差もいまより開くので、台湾有事が起こるという説だ。

アメリカでは2023年2月に、ウィリアム・バーンズCIA（中央情報局）長官が発言した。[*40] 日本でも岸田文雄政権の台湾有事に関する顧問的役割を務めている山下裕貴《ひろたか》元陸上自衛隊中部方面総監らが公言している」

陳明祺国防安全研究院執行長（筆者撮影）

陳「『2027年台湾有事』の話は、もちろん知っている。日本やアメリカが台湾の現状に危機感を抱いてくれること自体、ありがたいことだ。まさに台湾危機は、世界の民主主義の危機だからだ。

現在、日米間には日米同盟があり、台湾とアメリカも、正式な軍事同盟こそないが、武器を売買したり、アメリカ軍が台湾軍を訓練するといった軍事的つながりがある。

ところが台湾と日本には軍事的つながりがない。台湾としては、日本との軍事的な関係を推し進め、『台湾－アメリカ－日本』の三角形にしたい。この『民主の三角形』こそが、東アジアの平和と安定に必要と考えている。『民主の三角形』が強固になれば、『２０２７年台湾有事』の話も雲散霧消《うんさんむしょう》するだろう」

近藤「台湾有事になれば、台湾海峡が中国に封鎖されるから、日本のシーレーンも断たれ、深刻なエネルギー危機に見舞われることになる」

陳「その通りだ。かつ台湾から世界に供給している半導体も断たれるから、世界のサプライチェーンも崩れるし、スマートフォンなどの供給も断たれる。台湾有事は、まさに世界有事だ」

近藤「台湾有事になると、日本が実効支配している無人の尖閣諸島を、中国人民解放軍が真っ先に占領するということはないか？」

陳「それはないと思う。なぜならそれをやると、日本とも全面戦争になるからだ。日本と戦争になれば、自ずと日本と軍事同盟を結んでいるアメリカも参戦することになる。中国側の主目的は台湾占領なので、あくまでも『内政問題』と主張し、台湾だけを孤立させて侵攻した方がベターだ」

近藤「それでは人民解放軍が近未来に、尖閣諸島を占領することはないという見立てか？」

陳「いや、そんなことはない。台湾占領に成功した暁《あかつき》には、必ず次は日本に牙を剝《む》く。沖縄本島だって、『日本が琉球を不当に占拠した』と言い出して危険になるだろう。その意味でも『台湾有事は日本有事』なのだ」

近藤「実際に、台湾有事になったら、アメリカ軍はどう関わってくると想定しているか？　もっと端的に言えば、アメリカは台湾のために中国と戦争すると思うか？」

陳「アメリカは長らく、『戦略的曖昧さ』（strategic ambiguity）と言われる方式を取ってきた。つまり、台湾有事の際の立場を明確にしないことが、中国に対するプレッシャーになって、台湾有事のリスクを下げるという考え方だ。

ところがバイデン大統領は、『台湾を助ける』旨の発言を繰り返している。従来の『戦略的曖昧さ』のままだと、中国に誤ったシグナルを送ってしまうと考えたわけだ。実際、台湾への武器供与を増やし、わが軍の訓練も拡充させている」

近藤「それでも台湾は、『アジアのウクライナ』となるリスクを秘めている。すなわち、台湾と軍事同盟を持たないアメリカには、台湾を防衛する義務はない。李喜明《りきめい》元中華民国国軍（台湾軍）総参謀長が書いたベストセラー『台湾の勝算』（台湾・聯経出版、2022年9月）を読んだが、アメリカ軍を当てにできない台湾軍の悲壮な決意を感じた」

陳「その通り。基本は、われわれ台湾人による自己防衛だ。しかし重ねて言うが、世界一の軍事力を誇るアメリカ軍と、世界有数の軍事能力を持つ日本の自衛隊が、台湾と一体であることを示せば、そのこと自体が大きな抑止力になるのだ。それに、もしも台湾有事になって、アメリカ軍が台湾防衛に出動するとなれば、アメリカは日本にも多くの協力を求めてくるはずだ」

近藤「それは確かにそうだ。ところで、3期目に入った習近平政権を、どう見ているか？」

陳「2022年10月の第20回中国共産党大会で、習近平総書記とは違う考えの幹部たちを排除し、イエスマンばかりにした。人民解放軍も同様だ。こうしたことで、3期目の習近平政権は現実から離れていき、危険になっていくだろう。『戦狼外交』が横行し、トップが非理性的な決断を下すリスクが出てくるということだ」

近藤「頼清徳政権下で、台湾有事は高まるか？」

陳「『蔡英文政権の継続』を掲げているので、引き続き蔡政権の国防改革を進めていくだろう。それに対して中国は、いま行っているような軍事演習や挑発行為などを継続すると覚悟している。すなわち中国の圧力は高まっていくだろう。

ウクライナ戦争は、貴重な示唆を与えてくれた。すでに台湾危機への様々な対処を進めている。食料の確保から、電力や医療の確保、防空壕の拡充などだ。今後とも、危機に備えた万全の対処に努めていく」

台湾で検討されていた有事のシナリオ

実際に台湾有事になったら、何が起こるのだろうか？　２０２３年11月８日付の台湾の有力紙『聯合報』が、「２０２７年Ｘデー」についてスッパ抜いた。[*41]　同年７月、陳永康《ちんえいこう》元国防部副部長（副防衛相）を中心とした政治大学台湾安全研究センターが主催して、台北で「２０２７年台湾有事」のシミュレーションを実施していたというのだ。参加したのは、外国人の専門家40人や台湾駐在の各国政府機関、ＴＳＭＣ（台湾積体電路製造）、エバーグリーン（長栄）などを含む１３５人の専門家だという。

このシミュレーションの結果を簡単に示すと、２０２７年に起こりうる「台湾有事」は、次のようになる。

表4－1 「2027年台湾有事」のシミュレーション（台湾『聯合報』より）

侵攻180日前～	（中国人民解放軍が）台湾軍とその他の外国軍の動態を厳密に掌握していく。
侵攻90日前～	台湾を取り囲んでいく。武装漁船に漁業上の紛争を起こさせる。
侵攻75日前～	台湾近海の空中で挑発や威嚇を行い、台湾社会に混乱を与える。同時に政治的には台湾側に譲歩する構えを見せ、台湾軍の警戒を解こうとする。
（仮の想定で）2月16日	台湾海峡を通過する船舶に対して、非武装の臨検を行う。各国の台湾居住者を退去させるようにする。
2月24日	亮島（馬祖島に属し台湾側が実効支配している無人島）を占領する。
3月6日	避難するという名目で東沙諸島に上陸する。
3月18日	（台湾側が実効支配している）金門島・馬祖島・烏坵郷（金門の一部の島）の「共同管理」を宣言し、実質的に封鎖する。島々で必要な生活物資は、中国側が無償で提供する。
侵攻3日前～1日前	飽和攻撃（台湾側の防空能力を上回る規模の攻撃）を発動する。その際、優先攻撃目標を、港湾・電力供給システム・石油と弾薬備蓄庫・情報ネットワーク・指揮管理システム・発射基地などに置く。
侵攻1日前～侵攻当日	4日前に準備を完了させ、60万人の兵力で突撃を開始する。主力の突撃兵力で（首都・台北のある）台湾北部を目指し、台湾政府に投降を迫る。もし外国軍が直接介入してきた場合は、主導的に戦端を触発することはしない。その代わりに、全面的な威嚇戦術を採用し、封鎖の域外に行かせる。

侵攻当日～2日目	台湾北部に上陸する。一部の兵力は、台湾中部・南部・東部に突撃急襲する。そして台湾の中枢の要衝に至る機会をうかがう。 もしも情勢が有利に進んだ場合は、機に乗じて尖閣諸島を奪還する。 情勢が不利な場合の予備案としては、迅速に戦場から離脱し、澎湖島に侵攻する。そこに攻撃基地の拠点を作り、再度の攻撃の準備を固める。

以上である。台湾ではこのような恐るべき「台湾有事」のシナリオを、2023年7月に密かに予期し、検討を重ねていたのである。

日本も完全に巻き込まれていく

日本でも、「2027年台湾有事」を唱えている専門家がいる。代表的な人物は、そのことを解説した著書『完全シミュレーション 台湾侵攻戦争』（講談社＋α新書、2023年4月）がベストセラーになった山下裕貴元陸上自衛隊中部方面総監である。山下氏は岸田首相以下、政府の高官たちに「台湾有事シミュレーション」を、複数回にわたって講義している。私は山下氏に、約3時間にわたって詳細に話を聞いた。[*42]

山下氏が前提として述べたのは、「敵の3倍規模の軍事能力が確保できたら戦闘に入れるというのが世界の軍事常識だが、2023年時点で中国軍はすでに台湾軍の10倍規模を誇っている」ということだった（表4－2）。つまり、軍事的にはいつでも「ゴーサイン」が出せる状況にあるのだ。ただし、「アメリカ軍が睨《にら》みを利かせているので、アメリカ軍まで考慮して中国側が優

表4-2　中国人民解放軍と中華民国（台湾）国軍の戦力比較

中国人民解放軍	中華民国国軍
• 陸軍97万、海軍25万、空軍40万、ロケット軍10万、戦略支援部隊、連合後方勤務保障部隊で計200万 • 空母2隻、巡洋艦4隻、フリゲート艦117隻、哨戒艇106隻、機雷戦艦艇57隻、強襲揚陸艦2隻、揚陸艦57隻、原潜12隻、通常型潜水艦46隻、補助艦艇157隻 • 2250機の作戦機（戦闘機、攻撃機、爆撃機）を含む2800機 • 核兵器搭載を含む1000基のミサイルと300基の巡航ミサイル	• 陸軍9万、海軍4.5万、空軍5.5万で計19万 • ミサイル駆逐艦4隻、フリゲート艦22隻、哨戒艇44隻、機雷敷設艦10隻、補給艦4隻、揚陸艦9隻、潜水艦4隻、水陸両用戦闘車225両 • F16戦闘機141隻、ミラージュ戦闘機55機、経国戦闘機127機、F5戦闘機87機、早期警戒機6機、対潜哨戒機12機

（山下氏の著書の資料篇から作成）

表4-3　中国が台湾に軍事侵攻したら……

- 中国軍が弾道ミサイルや巡航ミサイルで、台北の総統府、国防部、外交部、内政部、各司令部などを攻撃
- 中国軍が大規模なサイバー攻撃
- 中国軍が偵察衛星や多数のドローンで台湾軍部隊、弾薬庫、燃料集積所などを攻撃
- 中国軍が爆撃機で大規模な航空攻撃
- 中国軍東部戦区第73集団軍3個海軍陸戦旅団を先陣に機械化合成旅団16万が、台北・台中・台南に上陸開始
- 台湾はTSMC工場などがある新竹のハイテクパークを破壊し、首都機能を東部の花蓮に移動
- 台湾の西側全域（人口7割）及び台湾海峡を中国軍が制圧
- 3000メートル級の山々が連なる中央山脈を挟んで中台両軍が対峙し、長期戦になる

（山下氏の著書や証言から作成）

表4-4　台湾有事は日本有事

- 2万人の台湾在留邦人、10万人の中国在留邦人、10万人の先島諸島住民の退避に苦労する
- 台湾からのボートピープルなどの避難民が大量に日本に押し寄せる
- 尖閣諸島と先島諸島も中国軍に占領されるリスクが起こる
- 自衛隊は台湾及びアメリカからの出動要請にどう応じるかで苦悩する（重要影響事態→存立危機事態、武力攻撃事態への切り替え）
- 日本のエネルギー供給の9割を占める台湾海峡に代わるシーレーンの確保が難しく、エネルギー危機に見舞われる

➡日本が第2次世界大戦後、経験したことのない危機となる

（筆者作成）

位に立てるようになる2027年が危険」だという。

次に、実際の台湾侵攻について、山下氏は「表4－3」のような展開になると予測している。

このように、6大都市を始め、都市部が集中する台湾本島の西側は、すべて中国軍に占領されてしまう。だが、宜蘭《ぎらん》、花蓮《かれん》、台東などの東部海岸側（太平洋側）は、アメリカ軍のサポートもあって死守し、抵抗を続ける。台湾本島の中央部には3000メートル級の台湾山脈（中央山脈）が背骨のように連なっているので、台湾は持ちこたえ、長期戦になるだろうという。

まさに、ウクライナ戦争のような状況が、台湾で起こるイメージだ。さらに、「台湾有事は日本有事」の具体的な事象は、「表4－4」の通りである。

このように、日本も完全に巻き込まれていくことになる。

台湾統一に替えて尖閣奪取に向かうという仮説

実際に、悪夢の台湾有事が起こるのは、どのような場合なのか？　台湾で、習近平政権を熟知

する国民党幹部に聞くと、「人民解放軍が混乱しているので2026年まではないと思うが、2027年以降は次の3つのケースが考えられる」という。[*43]

①習近平主席の誤認

2022年2月にロシアがウクライナ侵攻を行う直前、プーチン大統領のもとには、「ウクライナを簡単に攻略できる」という報告が上がっていたと言われる。すべてのデータを楽観的に捉え、トップに上げていたのだ。

古今東西の国において、トップの権力が強まると、「トップの聞きたい内容」だけが報告される傾向が強まっていくものだ。中国も同様で、甘言《かんげん》ばかりが上げられて、習近平主席が簡単に勝てると誤認して、台湾侵攻を決断してしまう。

例えば、人民解放軍の代表的な軍事理論研究家の一人で、武力統一派として知られる王海運《おうかいうん》少将は、2023年5月に次のように発言している。

「わが人民解放軍は一日で台湾の海軍と空軍を解決（打倒）する。三日で、空と海から60万が台湾各都市と交通の要衝に到達し、社会秩序を掌握する。さらに数日で『台湾独立派』のリーダーの地位をはっきりさせる（打倒する）。台湾問題はこれにておしまいだ[*44]」

②社会不安の転嫁

3年に及んだゼロコロナ政策を経て、2023年3月に3期目の習近平政権が始動したが、第3章で述べたように中国経済の「V字回復」が遅れている。今後さらに中国経済が悪化していけば、企業は倒産し、地方政府は破綻し、金融機関の取りつけ騒ぎが起こり、失業者が暴動を起こすなど、社会は混乱していく。そんな中で、14億国民の目をそらすため、習近平主席が台湾侵攻を決断する。

③人民解放軍の暴走

20世紀前半に日本が陥《おちい》ったパターンである。統帥権を持つ天皇や行政権を司る首相が戦争を望んでいないにもかかわらず、軍部が勝手に暴走。気づいた時には、もう戦争を止められなくなっていた。

同様に、中国国内で人民解放軍の強硬派がどんどん暴走していき、習近平主席の統制が利かなくなって、台湾侵攻を決断せざるを得なくなる。

私は、①は起こる確率が低いと見る。なぜなら、中国はウクライナ戦争の「教訓」を十分学んでいるからである。習近平主席は、ウクライナ戦争の報告を受けているだけでなく、開始後にも複数回、プーチン大統領と直接会っている。そのたびに、「自分はプーチンのような立場になりたくない」と痛感したはずだ。

両者は、ユーラシア大陸の専制国家のトップに立つ者同士で、2023年までに42回も会談した「盟友」だが、似て非なる存在だ。プーチン氏は貧しい家庭に生まれ、自分が強くなることで人生を切り拓いていき、KGB（旧ソ連国家保安委員会）に憧れて就職した。それに対し習氏は、習仲勲《しゅうちゅうくん》元副首相の御曹司《おんぞうし》として北京の幹部用宿舎で生まれ、文化大革命の前に父親が失脚するまでは、何不自由ない生活をしていた。口では人民解放軍に発破をかけ続けているが、「プーチンの戦争」のようなことは起こしたくないはずだ。

実際、ロシア軍は、チェチェン紛争やシリア内戦など、プーチン氏の指揮下で今世紀にいくつもの戦争を経験しているが、中国人民解放軍は１９７９年の中越戦争以降、戦争をしていない。まもなく中越戦争の最後の実戦体験者たちも退役する。

さらに、一般に陸地戦よりも海空戦の方が難しいことを考えれば、台湾統一のハードルはロシアのウクライナ侵攻よりも高い。

そうした理由から、②も起こる確率としてはトップではないと見る。台湾侵攻による武力統一よりも、中国国内の経済を回復させる方が、はるかに容易な道のりである。加えて、武力統一を決断して失敗すれば、それは習近平政権の終焉《しゅうえん》を意味する。

最も起こりうるのが、③の「１９３０年代の再来」だろう。実際、ヨーロッパではすでに、プーチン大統領が「21世紀のヒトラー総統」さながらの暴挙に及んでいる。

しかし現在、そうした人民解放軍の暴走が起こらないよう、習近平中央軍事委員会主席は、強烈な軍の引き締め、すなわち党中央に忠誠を誓わせる諸政策を進めている。そのため、少なくともここ数年の間は、前世紀に日本の関東軍が起こした満州事変のような、政府の歯止めが利かなくなるほどの軍の暴走は起こらないだろう。

そうした前提に立って、私は「習近平政権は台湾統一に替えて尖閣奪取に向かう」という仮説を立てるのである。

軍事のプロは「仮説」に否定的

私がこの仮説を、前出の国民党幹部にぶつけると、「確かに言われてみれば思い当たるフシがある」と言う。話してくれたのは、2015年11月7日にシンガポールのシャングリラホテルで行われた、習近平主席と台湾の馬英九総統との「世紀の会談」のエピソードだった。

中国の国家主席と中華民国（台湾）総統が直接会ったのは、この時が初めてだった。中国では「習馬会《シーマーフイ》」、台湾では「馬習会《マーシーフイ》」と呼んでいる。

「あの歴史的な『馬習会』の夜、実はシャングリラホテルで、馬英九総統と習近平主席が、晩餐をともにした。条件は、互いに7人対7人の非公式晩餐会で、費用は完全に割り勘にするということだった。

こちらは参加者たちが皆、気さくに話すのに、向こうはほぼ習主席だけが発言し、随行者たちは石膏《せっこう》のように固まっていた。専制国家との会食はトップのホンネを聞けていいものだと、妙なことを感じたものだ。

そんな中で、習主席が身を乗り出すようにして、馬総統に聞いてきた。『あなたたちはなぜ、いまだに日本植民地時代の総督府庁舎を、総統府の庁舎として使っているのだ？』。

台湾を『中国の一地方』と決めつけている中国国家主席の口から『総統府』という言葉が出てきて、こちらは面食らった。

だがいまにして思えば、『われわれの共通の敵は日本だろう』と言いたかったのだろうな」

習近平主席のその時の心情は、以下のようなものだろう。日清戦争に負けて、清国（中国）は台湾を日本に割譲《かつじょう》された。自分はそれを取り戻すべく、「中華民族の偉大なる復興という中国の夢の実現」（中国の夢）をスローガンにして、日々奮闘している。それなのに当の台湾は、最も重要な総統府の庁舎に、いまだ後生大事に日本植民地時代の総督府庁舎を使用している。これは一体何事か――。

確かに、同じく日本が植民地にしていた韓国では、1995年に解放50周年を記念して、金泳《キムヨン》三《サム》大統領の命により、旧朝鮮総督府の庁舎を爆破している。

ただこの国民党幹部は、「習近平政権が台湾本土に代わって尖閣諸島を奪取する」という仮説には異を唱えた。

「東アジアをヨーロッパにたとえると、中国はロシアで、台湾はウクライナ。そして日本は、ウクライナの隣国ポーランドだ。ロシアはウクライナをあれだけ蹂躙《じゅうりん》しておきながら、ポーランドには指一本触れない。

それはポーランドが、NATO（北大西洋条約機構）の加盟国だからだ。ポーランドが侵攻されれば、NATOの規定によりアメリカ軍を中心としたNATO軍が応戦する。同様に、釣魚《ディアオユイ》台《タイ》（尖閣諸島の台湾での呼称）に触れれば、日本だけでなく、同盟国のアメリカをも敵に回すことになる。中国はアメリカ軍とは戦いたくないから、釣魚台には近づかないだろう」

これと同じ話は、前述のように陳明祺国防安全研究院執行長もした。

「あなたの言うことは机上のシナリオとしてはあり得るが、日本のバックに控えるアメリカ軍のことを考えると起こりそうもない」

前出の山下氏は、かつて尖閣諸島を防衛する自衛隊沖縄地方協力本部長の要職にも就いていた。そんな山下氏にも「尖閣有事」について聞いたが、やはり否定的だった。

「尖閣諸島を中国が日本から奪い取ることの価値は、主に2点ある。一つは日本に対して、『取るぞ、取るぞ』というジェスチャーを見せて、圧力の対象とすること。これによって、台湾有事の際に、日本を参戦させないようにする。

もう一つは、占拠した後に、対空レーダーを設置することだ。これは有用だけれども、日本からすぐに反撃を喰らって破壊されてしまう。

つまり、尖閣諸島は中国からすれば、奪っても利用価値のない島なのだ。それを、日本やそのバックにいるアメリカ軍まで敵に回して奪いにくるとは思わない。中国の目的はあくまでも、彼らが『国内問題』と主張する台湾統一であり、日本と戦争することではない」

軍事のプロたちの話は、確かに一理ある。だが2022年2月のロシアによるウクライナ侵攻や、2023年10月のハマスによるイスラエル攻撃のように、起こるはずのないことが起こるのが、非情な国際政治の世界というものだ。

2027年に人民解放軍が建軍100周年

加えて、軍事のプロたちには、2つの視点が不足しているように思える。

第一に、習近平という指導者の性格分析である。前述のように、おそらくもう半永久的に、台湾で国民党政権にはならない。それどころか、年月とともに台湾は中国から離反していく。

そうなると、話し合いで平和的に台湾を統一することや、香港式の「一国二制度」にすることなど不可能だ。すなわち、統一するなら武力統一しかない。

ところが武力統一するためには、既述のように、長期にわたる戦争と多くの犠牲を覚悟せねばならない。習近平主席の性格からして、それは望まない。もしも何らかの失敗が起これば、たちまち自分の政権が崩壊してしまうリスクにさらされるわけで、そんなリスクは冒したくない。

だが、「中華民族の偉大なる復興という中国の夢を実現する」と、2012年11月以来、大見得を切り続けてきた手前、何もせずに自らの政権を終えるわけにはいかない。それでは歴史に名を遺せないし、崇拝する毛沢東主席に追いつくこともできない。

そんな中、2027年8月には、人民解放軍が建軍100周年を迎える。2342万人（2023年末人口）がハリネズミのように身構える台湾よりも、尖閣諸島という無人の島嶼《とうしょ》群の方が攻めやすいのは、言うまでもない。しかも尖閣奪取には、「中華民族の偉大なる復興という中国の夢を実現する」という大義名分が立つのだ。

第二に、2024年11月5日のアメリカ大統領選挙の行方である。もしもドナルド・トランプ前大統領が勝利して、第2次トランプ政権が始まったら、世界はそれまでのすべての国際政治の常識を疑ってかからねばならなくなるだろう。

前述の「ユーラシアグループ」は、「2024年10大リスク」の中でわざわざ「米中危機」というコーナーを設けて、こう予測している。

〈頼清徳が台湾総統選で勝利した場合、中国は独立に向けた野心を阻止するため、積極的な軍事的・経済的措置を取るだろう。米国の政策立案者は、台湾を支持する決意を示すことで対抗するだろう。第二に、地域的利益を主張する中国は、台湾海峡や南シナ海、あるいはその上空で、米国の軍用機や艦艇と接近遭遇を続けるだろう。第三に、米国と中国の技術競争は、米国が中国の半導体産業や人工知能産業に対する規制を拡大する一方で、中国が重要鉱物やグリーン・テクノロジーに対する輸出規制を強化して報復することで、急速に進むだろう。

第2次トランプ政権が米中関係にどのようなアプローチを取るかについて大きな不確実性があり、懸念が高まっている〉*45

第6章でも述べるが、「トランプ政権は台湾や日本を助けない」可能性がある。実際、2024年1月の総統選で勝利した民進党陣営も、喜びは半分だった。ある政権幹部は私にこう述べた。

「これで『大選《ダーシュエン》』（総統選挙）は終わったが、『真的大選《ジェンダダーシュエン》』（本当の総統選挙）は11月だ。アメリカでトランプ前大統領が再選されたら、頼清徳政権の外交政策や国防政策など、一切合切が変容を迫られるだろう。最悪の場合、台湾は米中の交渉《ディール》の『捨て駒』にされるかもしれない」*46

だが、私は半年に一度ほど台湾を訪れているが、台湾へ行くたびに「台湾有事より尖閣有事」という思いを強くするのである。

前述のように、台湾には国民党という中国との「太いパイプ」が存在する。実際、2024年4月10日、馬英九元総統は北京の人民大会堂で習近平主席と再会した。

二人の会談が9年ぶり2度目であることから、台湾では「馬習二会《マーシーアルフィ》」と呼ばれた。「16秒間の握手」に始まり、夥《おびただ》しい関連報道が出たが、いくら国民党が野党とはいえ、習近平政権との対話が続いている限り、平和が保証されるという「安堵感」が見て取れる。

一方の中国側も、翌日の『人民日報』がトップで伝えた。

〈習近平は強調した。第一に、中華民族の共同の家庭を堅く守護するのだ。第二に、中華民族の連綿たる福祉を共に創るのだ。第三に、中華民族の共同体意識を堅く築くのだ。第四に、中華民族の偉大なる復興を堅く実現するのだ。馬英九は示した。『92コンセンサス』を堅持し、『台湾独立』に反対することは、両岸関係の平和発展の共同の政治的基礎だ[*47]〉

中国からすれば、かつての陳水扁民進党政権の時のように、今後は頼清徳民進党政権とではなく、国民党と中台関係を築いていくという意思表示に見て取れる。実際、同月26日から28日まで国民党の立法委員（国会議員）を17人も北京に招待し、「両岸同胞一家人」と宣伝した[*48]。

習近平主席にも、国民党を招くことで「安堵感」があったのではないか。それは「中台友好」をアピールしている限り、最前線で台湾側と睨み合う人民解放軍や海警局が「一線」を越えるリスクは軽減されるからだ。重ねて言うが、習主席の本心は「台湾有事」を回避したいのである。

加えて尖閣諸島を巡って、習主席と馬元総統が「第三次国共合作」を議論した可能性もある。国民党と共産党が共闘する国共合作は、第一次（１９２４〜27年）と第二次（１９３７〜45年）があるが、特に第二次は「共通の敵・日本」を打倒するために組まれた[*49]。

実は習近平政権が発足した２０１３年３月にも、習新政権が当時の馬英九政権に、尖閣諸島を巡る「第三次国共合作」を打診した節がある。当時、台湾問題を統括する国務院台湾事務弁公室主任から外交部長（外相）に昇進するところだった王毅氏は、全国人民代表大会でこう発言している。

「釣魚島（尖閣諸島）は中国の領土であり、釣魚島の主権を維持、保護することは両岸の同胞の共同の責任だ。その際、両岸はそれぞれの方式で行ってよいが、われわれの態度は固く、目標は一致している。そうでないと、祖先にも子孫にも申し訳が立たない[*50]」

一方の馬英九元総統も、総統就任以前の2006年に私が話を聞いた際、こう述べていた。

「釣魚台（尖閣諸島）は中華民国（台湾）の固有の領土だ。私はこの問題の研究によって、ハーバード大学で博士号を取得したのだから、台湾で一番の専門家だ。私が総統になったら、釣魚台をわが国の領土に組み込めるよう努力したい[*51]」

結局、2013年の時は、馬英九政権側が「第三次国共合作」に消極的だった。だが、習近平、王毅、馬英九というメンツは、2024年も変わっていないのである。こうした点も、「台湾有事」がいつ「尖閣有事」に転化するか知れない要素と言える。

第5章

「フィリピン有事」最前線

——日本も「明日は我が身」

2023年8月5日、南シナ海のセカンド・トーマス礁付近で、
放水砲を使ってフィリピンの船を妨害する中国海警局の艦船
（写真提供・フィリピン沿岸警備隊／共同通信社）

「親米反中路線」へ舵を切ったマルコスJr.大統領

２０２４年４月11日、ワシントンで初となる日本・アメリカ・フィリピンの３ヵ国首脳会談が開かれた。中国の脅威に対して、岸田文雄首相、ジョー・バイデン大統領、フェルディナンド・マルコスJr.大統領が結束を示したのだった。

和訳文で６ページに及んだ「日比米首脳による共同ビジョンステートメント」（共同声明）には、中国の南シナ海における行動に対する批判が並んだ。[*1]

〈我々は、南シナ海における中国の危険かつ攻撃的な行動について、深刻な懸念を表明する。我々はまた、南シナ海における埋立て地形の軍事化及び不法な海洋権益に関する主張を懸念している。我々は、南シナ海における海上保安機関及び海上民兵船舶の危険で威圧的な使用、並びに他国の海洋資源開発を妨害する試みに断固反対する。我々は、危険で不安定化をもたらす行為となる、中国によるフィリピン船舶の公海における航行の自由の行使に対するたび重なる妨害及びセカンド・トーマス礁への補給線への妨害に対して、深刻な懸念を改めて表明する……〉

東シナ海や台湾海峡における中国の行動に対しても同様だった。

〈我々は、東シナ海の状況について深刻な懸念を表明し、尖閣諸島に対する日本の長きにわたり、かつ、平穏な施政を損なおうとする行為を通じたものを含む、中国による東シナ海における力又は威圧によるあらゆる一方的な現状変更の試みにも強い反対の意を改めて表明する。我々は、世界の安全と繁栄に不可欠な要素である台湾海峡の平和と安定の重要性を確認し、台湾に関する

我々の基本的立場に変更はないことを認識し、両岸問題の平和的解決を促す……〉
共同声明は、「本日、日米比三か国の新たな三か国協力の章が始まる」と結ばれていた。
実際、日米比首脳会談に先駆けて、4月7日には南シナ海のフィリピンのEEZ（排他的経済水域）内で、初となる日米豪比の4ヵ国共同訓練を実施。こちらも共同声明を発表した。[*2]
〈最終的に、海上協同活動は、4か国の自衛隊・各国軍のドクトリン、戦術、技量、手続といった相互運用性の強化につながるものです。我々は、平和で安定したインド太平洋地域の礎である法の支配に基づく国際秩序を擁護する全ての国とともにあります。4か国は、2016年の南シナ海に関する仲裁裁判所判断が最終的であり、紛争当事国を法的に拘束する決定であるという立場を再確認します〉
フィリピンを含めた中国に対抗する「有志連合」が次々に組まれているのは、「尖閣有事」の前哨戦《ぜんしょうせん》とも言える「フィリピン有事」が、南シナ海で起こっているからだ。フィリピンが実効支配している南シナ海の英語名セカンド・トーマス礁（フィリピン名：アユンギン礁、中国名：仁愛礁）が、中国からの激しい脅威にさらされているのだ。フィリピンのパラワン島から約190キロメートル西に位置するこの岩礁は、いわば「フィリピンの尖閣諸島」である。
「フィリピン有事」は日本にとって、「明日は我が身」だ。それどころか、「フィリピン有事は日本有事」といっても過言ではない。本章では、セカンド・トーマス礁を巡って何が起こっているのか、及びその背景にあるフィリピンと中国の虚々実々の「暗闘」について見ていきたい。
フィリピンは、台湾の南側に位置する大小7641の島々からなる国で、日本と比べて経済的にも軍事的にも小国である。２０２３年のＧＤＰは世界34位で日本の約10％。[3]２０２２年の軍事費（防衛費）は世界49位で、同10位の日本の約８・６％に過ぎない。[4]それでも面積は日本の約８割、人口は約86％と、ほぼ拮抗している。[5]

そしてもう一つ、日本と共通しているのが、領土・領海について、アジア最大の国・中国から激しい脅威にさらされている点だ。首都マニラがあるルソン島から約２３０キロしか離れていない英語名スカボロー礁（フィリピン名：カルブロ、中国名：黄岩島）の実効支配を、２０１２年に中国に奪われた経緯は、序章で示した通りだ。

２０２２年６月30日、首都マニラの国立美術館で、マルコス元上院議員が第17代フィリピン大統領に就任した。任期は６年である。就任式には、デービッド・ハーレー・オーストラリア総督、王岐山中国国家副主席、ヴォー・ティ・アイン・スアン・ベトナム国家副主席、林芳正日本国外相らが参席した。[6]

前任のロドリゴ・ドゥテルテ大統領は、「親中反米路線」を進んだ。[7]それに比べて、マルコスJr.大統領は「親米反中路線」へと舵を切り替えた。

これは、大統領本人の意向に加えて、「親米反中」気質のフィリピン国民と官僚や軍隊などが、マルコス氏を大統領に推し上げたからだった。そうした「空気」を察したマルコス新大統領は、7月25日、就任後初となる一般教書演説において、「フィリピンの領土を外国勢力に明け渡す動きは、たとえその対象が１平方インチであっても、自分が執り仕切ることはない」と強調した。[8]

そもそもフィリピンは、１８９８年の米西戦争の結果、アメリカがアジアで最初に獲得した植民地である。マルコス大統領の父親の故・フェルディナンド・マルコス大統領は、1965年から1986年までの大統領就任期間、強大なアメリカの力をバックに、開発独裁の道を進んだ。1986年2月に「ピープルパワー革命」と呼ばれる政変が起こった時、マルコス大統領をハワイに亡命させたのもアメリカだった。

マルコスJr.大統領は、そんな父親の姿を見ながら、8歳から28歳まで、マラカニアン宮殿(大統領公邸)で過ごした。大学教育もイギリスとアメリカで受けた。「父親の時代のような経済発展をフィリピンにもたらす」ことを公約して当選し、大統領就任演説でも父親の偉業を称えた。[*9]

「タマネギ問題の解決までしてあげた」

前任のドゥテルテ政権時代と同様の友好関係を築きたかった中国は、マルコス大統領の就任式に、国家のナンバー2である王岐山国家副主席を派遣。「フィリピン重視」を印象づけようとした。実際、2016年以降、中国はフィリピンの最大の貿易相手国であり、王副主席はマルコス新大統領に、「両国の黄金時代を切り開く準備ができている」と呼びかけた。[*10]

2022年10月の第20回中国共産党大会で異例の3選を決めた習近平総書記(主席)も、2023年のトップを切って、マルコス大統領を国賓として北京に招いた(1月3日~5日)。4日には、人民大会堂で中比首脳会談が開かれた。

習主席は、「あなたの父親が48年前(1975年)に、わが国との国交樹立という歴史的事業を成し遂げた。その時、あなたもそれに重要な役割を果たした」と持ち上げた。[*11] これは、国交樹立前年の1974年にイメルダ夫人が大統領特使として訪中し、当時17歳の高校生だったマルコスJr.大統領も同行したことを指す。この時、母子は、毛沢東主席にも接見している。[*12]

CCTVの映像を見ると、中比首脳会談で65歳のマルコス新大統領は、まるで青年のように澄んだ目を輝かせながら、習近平主席の話に聞き入っている。懸案のセカンド・トーマス礁の領有権問題に関しては、65万人の自国の漁師たちの生活を保障してあげたいのだと、情に訴えた。

習近平主席もご機嫌で、フィリピンに大盤振る舞いをした。農業・インフラ・エネルギー・人文の4大重点分野を始め、14もの協力文書に署名。[*13] フィリピンは、再生可能エネルギー分野を始め、総額228億ドル（約3兆7500億円）もの中国からの投資を勝ち取った。[*14]

ある中国人は、「タマネギ問題の解決までしてあげた」と語る。当時、フィリピンでは料理に欠かせないタマネギの価格が高騰し、各地でデモが起こっていた。そのことでマルコス新政権は頭を悩ませていたため、「海南島のタマネギの緊急支援を決めた」というのだ。[*15]

台湾有事に備えたアメリカの軍事拠点

このように、新たな中比蜜月時代を迎えたかのように見えた。だが、マルコス政権は2月に入ると、早くも中国が眉を顰《ひそ》める行動に出た。2日、フィリピンを訪問中のロイド・オースティン米国防長官とカリート・ガルベス比国防相が会談。アメリカ軍がフィリピン国内で使用できる軍事拠点を、現行の5ヵ所から新たに4ヵ所増やして9ヵ所にすると発表したのだ。

その場所は4月3日に公表されたが、北部カガヤン州のカミロ・オシアス海軍基地とラルロ空港、北部イサベラ州のメルチョール・デラクルス駐屯地、それに西部パラワン州のバラバク島だった。[*16] フィリピン北部から台湾南部までの距離は、約350キロメートル。北部の3ヵ所は来たる「台湾有事」に備えたもので、もう1ヵ所は中国の南シナ海の「領有権拡張」に備えたものであることは明白だった。

フィリピンは前述の1986年2月の革命後、翌1987年に新憲法を制定し、「1991年にアメリカとの基地協定が失効した後は、議会が適正に承認した条約に基づくもの以外は、外国軍隊の基地、軍隊、もしくは施設を認めない」（第18条25項）とした。[*17] 新憲法に基づき、1992年にアメリカ軍は、フィリピンのスービック海軍基地やクラーク空軍基地などから撤退した。

ところが、これを好機と見た中国は1995年、フィリピンが実効支配していたパラワン島の西約210キロに位置するミスチーフ礁（フィリピン名：パガニバン礁、中国名：美済礁）を占拠。習近平政権になると、そこに人工島を造り、3000メートル級の滑走路までこしらえた。

ミスチーフ礁を中国に占拠された4年後の1999年、フィリピンは、そこから約33キロ（パラワン島から約190キロ）離れたところに位置し、やはり実効支配していたセカンド・トーマス礁に、第二次世界大戦時の古ぼけた軍艦「シエラマドレ号」を、故意に座礁させた。そして「軍艦の修復」という名目で軍人を駐留させ、定期的に交代要員を派遣することで、実効支配を継続している。これを現在、中国が覆《くつがえ》そうとしているのである。

さらに、序章で述べた2012年のスカボロー礁（黄岩島）の屈辱を経て、フィリピンは二つの行動に出た。一つは2013年1月、オランダのハーグにある常設仲裁裁判所に、南シナ海における中国の主張を無効とすることなど、計15項目の訴えを起こしたことだ。

この訴えは、2016年7月12日に判決が出て、ほとんどフィリピンの主張を認める結果が下された。すなわち、中国の領有権の主張には根拠がないと結論づけたのである。

もう一つは2014年4月に、米比防衛協力強化協定（EDCA）を改めて結んだことだった。かつて追い出したアメリカ軍に、今度はラブコールを送ったのだ。アメリカの「睨《にら》み」によって中国の襲来を抑え込みたいという状況は、まさに日本の尖閣諸島を巡る状況と同じだ。

EDCAによって、フィリピンはアメリカに、国内5ヵ所の使用許可を与えた。それを2023年2月に、9ヵ所に増やしたというわけだ。だがアメリカが希望したのは、「フィリピン有事」よりも「台湾有事」に即応できる場所だった。それだけに中国側の反発も一層強まった。

「助っ人」であり「罪深き存在」でもあるアメリカ

アメリカ軍を味方につけたマルコス大統領は、今度はアメリカのアジア最大の同盟国である日本を味方につけるべく、2月8日から12日まで、日本を公式訪問した。その際、日本側が求めていた「ルフィ」と呼ばれる特殊詐欺の日本人容疑者4人を強制送還して誠意を見せた。

9日に行われた岸田首相との日比首脳会談及びワーキングディナーは、和気藹々《あいあい》と進み、日本はフィリピンに、2024年3月までに6000億円ものODA（政府開発援助）を拠出すると発表した。まさに異例の大盤振る舞いである。同日発表された共同声明には、経済分野から安全保障分野まで、計38項目にわたる協力などが盛り込まれた。[*18]

共同声明を読むと、日本とフィリピンとの関係は、もはやアメリカを介した「準同盟の同志国」と言えた。実際に米バイデン政権は、日米→日米豪→日米豪印→日米豪印比→日米豪印比韓→日米豪印比韓台……と、中国を封じ込めるための「同志国」を増やそうとしていた。

かつてほどパワフルでなくなったアメリカは、ロシア・ウクライナ戦争、イスラエル・ハマス紛争という「二正面」への支援で精一杯である。「中国の脅威」という「三正面」までは手が回らないため、東アジア（インド太平洋地域）では「アメリカ＋同志国連合」を構築しようとしている。その行き着く先は「アジア版ＮＡＴＯ（北大西洋条約機構）」であろう。

こうした動きは、メンバー各国にとって大変ありがたいことだが、自国以外のリスクに巻き込まれるという側面もある。実際、日本もいつのまにか中比間の争議に巻き込まれている。

中国公船によるレーザー照射事件

中国は、マルコス政権の日米への接近に怒りを強めた。特に、フィリピンと南シナ海で対峙する前線の部隊は逸《はや》った。

マルコス大統領が日本から帰国した翌日の2月13日、フィリピン沿岸警備隊（ＰＣＧ）は、驚くべき事実を公表した。同月6日、自国のＥＥＺ（排他的経済水域）内にあるセカンド・トーマス礁の近海で補給作業中の巡視船「ＢＲＰマラパスクア」が、中国海警局の公船からレーザー照射を受けたというのだ。レーザー照射は2回行われ、フィリピン側の乗組員が一時的に失明したという。中国海警の大型船に、最短で約１５０ヤード（約１３７メートル）まで接近された。[*19]

マルコス大統領は14日、自らマラカニアン宮殿に黄渓連駐《こうけいれん》フィリピン中国大使を呼びつけて抗議する異例の措置に出た。[20] その時の写真に加えて、レーザー照射の映像まで公開したことで、フィリピン国民の対中感情はさらに悪化した。

マルコス大統領は一時、黄大使の国外追放や、米比相互防衛条約（ＭＤＴ）の発動要請まで考えた。ＭＤＴは、日米安全保障条約とよく似たアメリカとフィリピン間の軍事的取り決めだ。

この一件は、日本も他人事ではなかった。というのも、レーザー照射を受けた45・5メートル級の大型巡視船「ＢＲＰマラパスクア」は、日本の海上保安庁が供与したものだからだ。２０１７年に就役した日本製の巡視船なのだ。ＰＣＧが保有するもう２隻の97メートル級大型巡視船「ＢＲＰテレサマグバヌア」「ＢＲＰメルコラアギノ」も同様である。その意味で、海上保安庁とＰＣＧは一体とも言えた。

そうした経緯もあり、翌15日の会見で松野博一官房長官もフィリピン側に寄り添う発言をした。

「南シナ海の緊張を高めるいかなる行為にも強く反対する。今後とも自由で開かれた平和な海を守るため、引き続きＡＳＥＡＮの諸国やアメリカを始めとする国際社会と連携していく」[21]

これに対して中国は、13日の外交部定例会見で、汪文斌《おうぶんひん》報道官が抗弁した。

「仁愛礁（セカンド・トーマス礁）は中国の南沙諸島の一部であるのに、２月６日にフィリピンの海警船が、中国側の許可を得ずに同海域に闖入《ちんにゅう》した。中国の海警船は中国の国内法と『国連海洋法条約』を含む国際法に基づき、中国の主権と海上の秩序を維持、保護したのだ。現場の行動は専門的かつ抑制されたものだった。フィリピンは中国の南シナ海での領土主権と海洋権益をしっかり尊重し、争議を拡大させたり、事態を複雑化させる行動を避けるよう望む」[22]

このレーザー照射事件をきっかけに、両国の関係は、暗雲が立ち込めていった。3月4日にはPCGが、「人民解放軍海軍、中国海警局、および中国海上民兵と思われる船舶42隻が、パグアサ島（南シナ海第二の島でフィリピンが実効支配）付近に停泊している」と発表した。[23]この中国の「海軍・海警・民兵」という3点セットは、それ以降、常態化していく。

日米豪比による「中国包囲網宣言」

4月5日、岸田政権が、安全保障分野で壁を一歩踏み越えた。国家安全保障会議（NSC）を開き、「同志国」の軍に日本の防衛装備品を無償で供与する「政府安全保障能力強化支援」（OSA）を始動させる決定をしたのだ。これは、1954年以来の日本の伝統的な対外協力の枠組みである政府開発援助（ODA）一辺倒からの脱却を意味した。OSAによる供与は、防衛力強化、人道支援、国際平和協力の3分野に限るとし、ウクライナなどの国際紛争地帯は除外した。[24]

初年度は約20億円の予算を組み、フィリピン、マレーシア、バングラデシュ、フィジーの4ヵ国を対象とした。いずれも「中国対策」と言えた。とりわけ、フィリピンへの警戒監視レーダー供与を、OSAを象徴する第一弾として最優先させることにしたのだった。

4月11日、アメリカとフィリピンが、ワシントンで7年ぶりに、外務・防衛担当閣僚協議（2+2）を開催。アメリカはEDCAの新たな基地の整備に、1億ドル以上の拠出を決めた。[25]オースティン米国防長官は、「両国の強力な関係を、日本とオーストラリアを含む多国間のネットワークとして統合していく」と述べた。[*26]

これは、前述した日米豪比の4ヵ国による「中国包囲網宣言」とも言えた。事実、この日から4月28日まで、アメリカ軍とフィリピン軍の合同軍事演習「バリカタン」（タガログ語で「肩を並べる」の意）を行ったが、日本の自衛隊とオーストラリア軍もオブザーバーとして参加した。[*27] 参加者は2022年の約8900人から、1万7767人へと、過去最大規模に膨れ上がった。

これに対し中国は、「日米豪比の連携は、台湾有事を防止するものではなく、むしろ誘発するものだ」として、猛反発した。普段は温和な性格で知られる黄渓連駐フィリピン中国大使も、4月14日、「第8回中比関係マニラフォーラム」でのスピーチで、「戦狼外交《せんろう》」（狼のように戦う外交）を見せつけた。

「もしもフィリピンが、真から15万人の台湾在住のフィリピン人労働者の安否を危惧するなら、『台湾独立』には反対すると、さらに旗色を鮮明にしなければならない。かつアメリカに、台湾海峡近くの軍事基地の開放などしないことだ。そんなことをすれば、火に油を注ぎ、波をさらに高鳴らせることになるだろう」[*28]

だが、この傲岸不遜《ごうがんふそん》とも言える中国大使の発言に、フィリピン国民はさらに反発した。「中国は15万人のわが同胞を『人質』に取ろうとしている」として、SNSで大炎上したのである。

事態の悪化を懸念した中国は、4月22日に秦剛《しんごう》新外相をマニラに送り込んだ。それから2ヵ月ほどして失脚の憂《う》き目に遭う秦剛外相は、マラカニアン宮殿でマルコス大統領を宥《なだ》めた。

「あなたが今年の年初に訪中された際、両国が共同声明を発表して確認したことがある。それは、両国は良き隣人であり、良き親戚、良きパートナーだということだ。（中略）海洋問題については海洋連絡メカニズムをさらに整備し、状況をうまくコントロールしていくことを提議したい」[*29]

秦剛外相はこの時、「親中派」のドゥテルテ前大統領とも面会した。これは「フィリピン側がシエラマドレ号を補強するための資材をセカンド・トーマス礁に運び入れない代わりに、中国側は食糧補給を容認する」というドゥテルテ政権時代にあった「密約」を再確認する目的があったと思われる。[*30]

中国は、懐柔《かいじゅう》役として秦剛外相を送り込む一方で、南シナ海には変わらず中国船を送り込んだ。例えばPCGは4月28日、こんな発表をしている。

〈18日から24日まで行ったパトロール任務を通じて、PCGの船舶は100隻以上の中国海上民兵とされる船舶、人民解放軍海軍のコルベット級船舶、及び中国海警局の船舶2隻を特定した[*31]〉

「満額回答」の大統領初訪米

4月30日から5月4日まで、マルコス大統領が訪米した。フィリピン大統領の訪米は、実に11年ぶりだった。バイデン政権からすれば、4月26日に韓国の尹錫悦《ユンソンニョル》大統領をホワイトハウスに迎え、米韓同盟70周年を盛大に祝った直後で、まさに「中国包囲網」の構築に余念がなかった。

5月1日にホワイトハウスで行われた米比首脳会談では、バイデン大統領が、「よくここに戻ってきてくれた」と感慨深げに語るシーンから始まった。1980年代のドナルド・レーガン政権時代に、父親のマルコス大統領に連れられて、ホワイトハウスを訪問したことを持ち出したのだ。マルコス大統領も満面の笑みを浮かべ、「南シナ海など地政学的問題で両国の関係を強化したい」と述べた。[*32]

首脳会談後に発表された共同声明では、フィリピン側が切望していた一文が明記された。〈南シナ海を含む太平洋におけるフィリピン軍、公船、航空機に対して武力攻撃を受けた場合、米比相互防衛条約（ＭＤＴ）の第４条に基づくアメリカの相互防衛約束を発動する〉[*33]

これは日本にたとえると、尖閣諸島海域で中国から武力攻撃を受けた場合、日米安全保障条約の第５条が適用されるとアメリカが保証してくれるのと同等だった。特に、「南シナ海を含む」と付け加えられたところが、フィリピン側を欣喜雀躍《きんきじゃくやく》させた。

他にも、サイクロン級巡視船（55メートル）２隻、アイルランド級巡視船（34メートル）２隻、プロテクター級巡視船（85メートル）２隻、戦術輸送機Ｃ－１３０Ｈ３機などの装備品供与が示された。マルコス大統領にとっては、まさに「満額回答の訪米」と言えた。

だが、アメリカとの関係が深化すればするほど、中国との関係は悪化していく。５月には南シナ海で中比双方がブイ設置の応酬となった。

５月18日、ＰＣＧは「西フィリピン海（南シナ海）に自国の領有権を示す目的で、国旗をつけた長さ10メートル弱のブイを５基設置した」と発表した。[*34] 中国側も同様の措置に出た。[*35] だが、中国のブイは９月にフィリピン側が撤去してしまう。

日米比合同訓練の成功

6月2日から4日まで、シンガポールで「シャングリラ・ダイアローグ」（アジア安全保障会議）が開かれた。英国国際戦略研究所（IISS）が2002年以来、毎年この時期にシンガポールのシャングリラホテルで開くアジア最大級の防衛関係者の集まりである。[*36]

20回目を迎えた2023年大会の最大の注目点は、オースティン米国防長官と、3月に就任したばかりの李尚福《りしょうふく》中国国務委員兼国防部長（国防相）の初会談が実現するかだった。だが結局、中国側が開催を拒否して、両国防相は互いにスピーチなどで非難を応酬した。ちなみに李尚福国防部長は、それから3ヵ月足らずのうちに失脚した。

米中防衛相会談に代わって各国の防衛関係者たちが着目したのが、6月3日に初めて行われた日米豪比の4ヵ国防衛相会談だった。日本の浜田靖一防衛大臣、オースティン米国防長官、リチャード・マールズ豪副首相兼国防大臣、カリート・ガルベス比国防大臣代行の4大臣が、がっちり握手を交わした。[*37]

李尚福国防部長以下、中国の軍首脳らの眼前で、このようなパフォーマンスを示したことは、中国に対する大きな圧力となった。日本の防衛省は、こう発表している。

〈四大臣は、会談において、地域における共通の課題や四か国の協力の拡大について議論したほか、「自由で開かれたインド太平洋」の実現に向けて、ともに取り組むことを確認しました。防衛省・自衛隊は、今後とも、同盟国・同志国等との連携を強化していく考えです[*38]〉

図らずも、この日から7日まで南シナ海で、日本の海上保安庁、アメリカ沿岸警備隊（USCG）、フィリピン沿岸警備隊（PCG）による初めての3ヵ国合同訓練が実施された。具体的には、机上訓練、船隊運動訓練、捜索救助訓練、訓練検討会などで、海上保安庁は誇らしげに、写真付きで発表した。[*39]

この3ヵ国合同訓練の成功を受けて、6月16日には、東京で日米比国家安全保障担当補佐官会合が、初めて開かれた。参加したのは、秋葉剛男国家安全保障局長、ジェイク・サリバン米国家安全保障担当大統領補佐官、エドゥアルド・アニョ・フィリピン国家安全保障担当顧問である。

会合の後で発表されたプレスリリースには、3ヵ国共通の理念と、今後3ヵ国で取り組んでいく行動の概要が示された。換言すれば3ヵ国による「中国対策リスト」だ。

台湾海峡の平和と安定の重要性、三か国の防衛・安全保障能力を強化するための取組、多国間海上共同訓練を含む合同海洋活動を実施、三か国防衛協力[*40]（以下略）

この会合について、フィリピンでは日本やアメリカ以上に大きく報じられた。「次は（日本の）海上自衛隊・比米海軍間で合同哨《しょう》戒《かい》や航行の自由作戦を行う可能性が現実味を帯びてきた」[*41]。

それから約1ヵ月後の7月14日には、ASEAN関連外相会議が開かれたインドネシアのジャカルタで、初となる日米比外相会合が開かれた。林芳正外務大臣、アントニー・ブリンケン米国務長官、エンリケ・マナロ・フィリピン外務大臣の3外相は、インドネシアの民族シャツに身を包んだラフな格好で会談した。日本外務省はこう総括している。

〈三大臣は、法の支配に基づく自由で開かれた国際秩序の維持・強化に向けて、同盟国・同志国との重層的な協力が重要であるとの認識を共有し、海洋安全保障分野を含め、既に行われている日米比間の協力を歓迎するとともに、今後、更に具体的な協力分野を特定し、日米比協力を促進

していくことで一致しました〉[42]
この場には、中国外交トップの王毅《おうき》党中央外事工作委員会弁公室主任以下、中国の外交団も集まっていただけに、彼らに対する大きな圧力となった。

習近平の外交観の根底に「アメリカ陰謀論」

焦燥《しょうそう》感を募らせた中国は、実力行動に出た。8月6日、PCGは怒りに満ちた発表を行った。
〈昨日2023年8月5日、フィリピン国軍（AFP）がチャーターした先住民ボートを護衛するPCG船舶に対する中国海警局（CCG）の危険な行動と放水砲の違法使用を強く非難する。これらのボートは、アユンギン礁（セカンド・トーマス礁、仁愛礁）の「BRPシエラマドレ」号に駐留するわが国の軍隊に、食料、水、燃料、その他の物資を届けようとしていたものだ〉[43]
この行動の意味するところを、地元紙はこう伝えている。
〈これまで（中国）海警局は、PCGの巡視船は妨害しても補給ボートの業務は「人道的措置」として監視のもと許容してきた。しかし今回妨害が補給ボートまで及び、実力の行使が一段階エスカレートした格好だ。このまま十分な補給ができなければ、座礁船に配置された職員は「兵糧攻め」を受ける形となり、実効支配を完全に奪われるまでのカウントダウンが始まるとみられる〉[44]
この時は、中国側の反発もすさまじかった。中国海警局の甘羽《かんう》報道官が6日に声明を発表した。
〈8月5日、フィリピンの2隻の運送補助船と2隻の海警船が、中国政府の了解を得ないで、違法に中国南沙諸島仁愛礁の領海内に闖入した。中国海警は法に基づいて必要なコントロール措置を実施。規則違反の建材を搭載したフィリピンの船の行く手を阻んだ。われわれはフィリピン側に、当該海域での権利侵犯活動を直ちにやめるよう促した[*45]〉

翌7日には、中国外交部も声明を発表した。

〈仁愛礁は歴史的に、中国の南沙諸島の一部であり、その歴史的経緯ははっきりしている。それを1999年、フィリピンが一艘の軍艦を仁愛礁に違法に「座礁」させ、仁愛礁の「現状」を変えようと企んだのだ。中国は厳正な交渉を申し入れ、フィリピンにその軍艦の撤去を求めた。フィリピン側は何度も軍艦の撤去を承諾しておきながら、いまだにその承諾を履行していない。それればかりか、その軍艦を大規模に補修して強固なものとし、仁愛礁の永久的な占領を実現させようとしている[*46]〉

9日、マルコス大統領が、「フィリピンは何度も軍艦の撤去を承諾した」という中国外交部の声明に嚙みついた。

「フィリピンが自国の水域からこの軍艦を撤去するという取り決めや合意は承知していない。そうした合意が存在する場合は直ちに破棄する[*47]」

マルコス大統領は7日にも、ブラカン州の洪水被災地を視察した際、マニラ湾で進められている埋め立て事業を、一つを除きすべて一時凍結するよう指示した。1日に在フィリピンのアメリカ大使館が、南シナ海の環礁を軍事基地化する事業に関わりブラックリストに指定した中国交通建設（CCC）が、マニラ湾での埋め立て事業に関与していると、フィリピン政府に警告したことが理由だった[*48]。

フィリピン外務省は、黄渓連中国大使を呼び、5日の一件について猛烈に抗議した。フィリピン政府が、南シナ海の中国の活動に対して外交的抗議を行ったのは、2020年以降で実に445回目。[*49]それでも中国はこの時期、「海上民兵」を乗せたと見られる340隻以上の船を近海に集結させて、フィリピンに圧力をかけた。[*50]

フィリピン国内で反中感情が高まってくると、中国は「アメリカ悪玉説」を声高に唱えた。12日に、中国外交トップの王毅党中央外事工作委員会弁公室主任兼外相が、声明を発表したのだ。「アメリカなどの一部勢力は、南シナ海の混乱がなくなることを恐れるあまり、不断にこの海域に波風を立てている。最近また、仁愛礁問題にかこつけて風を焚《た》きつけ、火をともした。中国とフィリピンの間に騒動をもたらし、対抗を煽《あお》り、南シナ海の平和と安寧を破壊した。それによってアメリカ自身が得をしようという地政学的な政治戦略なのだ」[*51]

この王毅氏の発言は、習近平主席の考えを、「自分の発言」として代弁したものと思われる。習主席の外交観の根底には「アメリカ陰謀論」が横たわっているからだ。アメリカは不断に中国共産党政権を転覆させようと企《たくら》んでいるという疑心暗鬼だ。そのあたりは、ロシアのプーチン大統領と共通するものがある。

中国の領海を拡大した地図に各国が反発

8月28日、中国はまたしても東アジアを啞然《あぜん》とさせる行為に出た。全国測量記念日に合わせて、自然資源部が「2023年版標準地図」を発表したのである。[*52]

中国はこれまで、南シナ海の外郭に9本の線（「九段線」）を引き、その内側が自国の領海であると主張してきた。それがこの新たな地図では、台湾の東側（太平洋側）にも1本の線が加わり、「十段線」となった。

物騒な時期に物騒な地図を中国が発表したことで、フィリピンはもとより、ベトナム、マレーシア、インドネシア、インド、台湾、それに日本などが一斉に反発した。9月上旬にジャカルタで開かれたASEAN関連首脳会議で、そうした各国の不満が爆発。アジア外交の初舞台となった中国の李強首相は、防戦一方となった。

そんな中、8月25日、日本の海上自衛隊が、艦艇が並走する2枚の写真をつけて、日米豪比の共同訓練を発表した。

〈令和5年（2023年）度インド太平洋方面派遣（IPD23）部隊は、「自由で開かれたインド太平洋」の実現に向けて連携を強化すべく、（8月24日にマニラ周辺で）米海軍、オーストラリア海空軍及びフィリピン海軍と共同訓練を実施しました〉[*53]

参加した艦艇は、海自の護衛艦「いずも」と「さみだれ」、アメリカ海軍の沿海域戦闘艦「モービル」、オーストラリア海軍の強襲揚陸艦「キャンベラ」とフリゲート艦「アンザック」、オーストラリア空軍のF-35A戦闘機、それにフィリピン海軍の揚陸艦「ダバオ・デル・スール」である。

「いずも」は、2015年に就役した自衛隊最大規模の艦艇で、中国側は「日本の空母」と呼んでいる。その艦艇がマニラ近郊へ行き、「同盟国」「同志国」と共同訓練する時代になったのだ。

５日後の30日には、自衛艦隊の齋藤聡《あきら》司令官（海将）が日米比艦隊司令官懇談に参加した。[*54]

９月６日夜、ＡＳＥＡＮ関連首脳会議に出席するためジャカルタを訪問中の岸田首相は、マルコス大統領、カマラ・ハリス米副大統領と３人で懇談。南シナ海情勢について意見交換を行うとともに、力による一方的な現状変更の試みに対し、連携して対応していくことで一致した。三首脳は今後も様々な形で、日米比の一層の連携強化を進めることを確認した。[*55]

ほぼ同時期に、フィリピン軍は、フィリピン軍とアメリカ軍が、焦点となっているパラワン島西沖の南シナ海上で、共同航行を実施したと発表した。フィリピン海軍は最大艦のミサイルフリゲート「ＢＲＰホセリサール」（全長１０７メートル）、アメリカ軍は横須賀基地を母港とするミサイル駆逐艦「ＵＳＳラルフジョンソン」（同１５５メートル）を、中国側に見せつけた。[*56]

常設仲裁裁判所に中国を提訴の方向

アメリカという強力な同盟国、そして日本などの同志国を得たフィリピンは、９月26日、ＰＣＧが「マルコス大統領の命令により中国が設置したブイを撤去した」と発表した。[*57] マルコス大統領自身も29日、ミンダナオ島北東部の北スリガオ州を視察した際、こう述べた。

「政府として防衛面で断固とした立場を取る。（中国がブイを設置した問題について）われわれは対立や争いを避けるべきだが、フィリピンの領土を守るため防衛を強化しなければならない。生産的な漁を妨げているブイを撤去する以外、他にできることはない[*58]」

フィリピンによるブイ撤去に関して、中国側は27日、海警局の甘羽報道官が声明を発表した。

〈9月22日、フィリピン漁業水産資源局の公船は、中国政府の許可なく、違法に中国の黄岩島（スカボロー礁）付近の海域に入り込んで挑発行為を行った。中国海警は法に基づいて、警告を発したり、航路を管制するなど、必要な措置を効果的に行った。その後、9月23日に主動的に、フィリピンが敷いた妨害施設（ブイ）を回収、通常のコントロールを回復した。

このようにフィリピン側が言ういわゆる中国のブイの撤去は、完全に事実を捏造《ねつぞう》しており、自作自演だ[*59]〉

中国海警局は、フィリピン側が設置したブイを中国が撤去したと主張したのである。

同時期には、サンゴ礁問題も勃発した。フィリピンのEEZ（排他的経済水域）内にあるイロコス礁（フィリピン名：ロズル礁）周辺で、サンゴの大量喪失が確認された。このあたりの海域は、海上民兵を兼務する中国漁船の集結地となっている。

そのため、フィリピンのヘスス・レムリヤ司法大臣が、常設仲裁裁判所に中国を提訴する方針を示した[*60]。実現すれば、2013年に南シナ海の領有権を巡って提訴して以来、2度目となる。

ついに中国船とフィリピン船が衝突

10月に入ると、2日から13日まで、アメリカ海軍とフィリピン海軍の定例合同軍事演習「サマサマ」（タガログ語で「一緒に」の意）が、ルソン島南部の海域で行われた。この時の目玉は、日本、イギリス、フランス、カナダなどから計1800人以上が参加したことだった。海上自衛隊は護衛艦「あけぼの」を送り込んだ[*61]。

17日、PCG（フィリピン沿岸警備隊）は、マニラのポートエリアで、創立122周年を盛大に祝った。[62] 式典に出席したマルコス大統領は述べた。

「沿岸警備隊は、西フィリピン海（南シナ海）で我々が直面している問題の最前線にいるだけでなく、海難事故や捜索・救援活動などでも重要な役割を担っており、彼らの能力増強を続ける必要がある。セブで40フィート（約12・2メートル）の全長を持つ船舶を建造している。将来的にこれらの船舶を40隻確保する」[63]

だがその5日後の22日、セカンド・トーマス礁近海で、ついに中国船とフィリピン船が衝突した。国営フィリピン通信が速報した。

〈今朝6時4分頃、「BRPシエラマドレ（LS‐57）」（セカンド・トーマス礁にフィリピンが故意に座礁させた艦船）への定例のローテーション補給（RORE）ミッションを実施中、中国海警局の船舶5203（CCGV‐5203）の危険な阻止行動により、LS‐57の東北東約13・5カイリで、フィリピン国軍と契約した先住民補給船「ウナイザ・メイ2」（UM2）と衝突した[64]〉

フィリピン軍は、衝突時の映像を公開し、それが世界に拡散した。

映像を見ると、現場では二つの衝突が起こっていた。一つは、中国海警局の公船を避けようとしたフィリピン海軍のチャーター船が、公船の船首に接触したものだ。もう一つは、フィリピンの巡視船BRPカブラの左舷が、中国の民兵船の右舷と衝突している。両国の海上警察の巡視船同士の衝突は、中国側が意図的に避けた可能性がある。

フィリピン政府が中国を非難したのに続き、アメリカとカナダも中国を非難した。[65] 衝突されたのは日本供与の巡視船であり、日本外務省も翌23日にフィリピンに味方する声明を発表した。

〈我が国としては、南シナ海における力による一方的な現状変更の試みや緊張を高めるいかなる行為にも強く反対します。また、2023年2月の日・フィリピン共同声明で述べているとおり、我が国は、南シナ海における、不法な海洋権益に関する主張、軍事化、威圧的な活動及び武力による威嚇又は行使へのフィリピンによる長年にわたる反対に同意しています[*66]〉

「フィリピンに対する防衛協定は鉄壁」とバイデン

こうした動きに対し、中国は猛反発した。まず当事者である海警局は、事故発生からわずか7分後（中国とフィリピンの間に時差はない）の午前6時11分に「速報」を出した。

〈10月22日、中国海警は、フィリピンが仁愛礁に違法に「座礁」させた軍艦に、規則に違反して建築物資を運ぶ船を、法に基づいて阻止した[*67]〉

これだけ手際よく発表するということは、この一連の行動について、入念な準備を進めていたことが窺《うかが》われた。同日14時10分には「続報」を出した。

〈10月22日、フィリピンは中国の再三の要請と警告をも顧みず、2艘の運搬船と2艘の海警船を、中国の南沙諸島仁愛礁の近海に故意に闖入させた。違法に「座礁」させた軍艦に、規定違反の建築物資を運送しようと企図したのだ。中国海警が何度警告を発しても効果が得られない状況下で、法に基づいて規則違反の建材を搭載した船のコントロール措置を取った。フィリピンが輸送する食品など必要生活物資については、臨時的に特殊な配慮をした。現場の行動は合理的、合法的で、専門的な規範に基づいている。

この間、フィリピンは中国の厳正な警告を無視して、安全でない方式で、危険にもわが方の船舶に接近し、ついには衝突までした。その責任は完全にフィリピン側にある[*68]〉

このように、「悪いのはすべてフィリピン側」という主張だった。また、「食料運搬船は通した」とも主張しており、そのことはフィリピン側も認めた。中国はその後、外交部や官製メディアを駆使して、フィリピンとアメリカを非難し続けた。

アメリカも黙っていなかった。10月25日、バイデン米大統領が中国を非難したのだ。オーストラリアのアンソニー・アルバニージー首相をホワイトハウスに迎えて行った米豪首脳会談の後、共同記者会見でこう強調した。

「つい先週、わが国の友人であるフィリピンが、南シナ海の自国のEEZ内で定期的な補給任務を実施している最中、中国の船舶が危険かつ違法な行動をとった。はっきりさせておきたい。とてもはっきりさせておきたい。フィリピンに対するアメリカの防衛コミットメントは鉄壁だ。アメリカのフィリピンに対する防衛協定は鉄壁だ。そしてフィリピンの航空機、船舶、軍隊に対するいかなる攻撃も、フィリピンとの相互防衛条約を発動することになるだろう[*69]」

同日、横須賀基地を拠点とする米空母ロナルド・レーガンが、ルソン島沖に停泊。中国に「睨《にら》み」を利かせた格好だった。

27日には、オースティン米国防長官とテオドロ比国防長官の緊急電話会談が開かれ、共同声明を発表。アメリカ軍のフィリピン関与を、改めて強調した[*70]。フィリピンのハイメ・バウティスタ運輸相も25日、3件の主要鉄道プロジェクトから中国企業を締め出す姿勢を表明した。[*71]

だが中国側も28日、2隻の駆逐艦、2隻のフリゲート艦を従えた空母「山東」を、フィリピンと台湾の間のバシー海峡に派遣し、対抗意識を見せた。[*72]

岸田首相も中国への対抗を意識

こうして、中国とフィリピンの関係、及び米中関係が悪化する中、11月3日と4日、岸田首相が渦中のフィリピン訪問を敢行した。[*73] 国内では支持率低下に喘《あえ》いでいたが、この時のフィリピン訪問は、俄然世界の耳目を集めた。

岸田首相は「特別プレゼント」を用意した。それは、初のOSA（政府安全保障能力強化支援）による海外輸出となる警戒管制レーダーだった。出発前日の2日、防衛省が公表した。

〈防衛省は、防衛装備移転三原則の下、官民一体となって、防衛装備品の移転に向け取り組んでまいりました。このような中で、初の完成品移転案件として、2020年にフィリピン国防省と三菱電機㈱の間で同社製警戒管制レーダーを納入する契約が成立しておりましたが、今般、当該契約に基づく1基目のレーダーがフィリピン空軍に納入されました。引き続き、残りのレーダーの納入に向け、官民一体となり取り組んでまいります[*74]〉

防衛省によれば、この一件は安倍晋三政権末期の2020年8月25日に、三菱電機とフィリピン国防省との間で、約1億ドルで契約した。「フィリピン空軍の要求に基づき、航空自衛隊固定式警戒管制レーダー装置（J／FPS－3）及び陸上自衛隊対空レーダー装置（JTPS－P14）

を開発・製造した経験を踏まえ、三菱電機において新たに開発・製造」したものだという。

3日夕刻にマラカニアン宮殿で85分間行われた日比首脳会談でも、OSAのレーダー案件の話で盛り上がった。[*75] また、両国は計4件の文書交換を行い、部隊間協力円滑化協定(RAA)の交渉開始でも一致した。[*76]

RAAは、互いの国に部隊を派遣して共同訓練や災害対応を行う際の法的地位や手続きなどをあらかじめ取り決めておくもので、「準同盟関係の証《あかし》」と言われる。日本は2023年8月13日にオーストラリアとの間で発効させ、同年10月15日にイギリスとの間で発効させた。フィリピンは3ヵ国目となる。以後の日比関係は、OSAとRAAが話題の中心となった。

岸田首相は翌4日午前11時から、30分にわたってフィリピン国会で演説した。演説のタイトルは「次世代に繋ぐ心と心の絆《きずな》」。あえて「中国」と名指しはしなかったが、中国への対抗を意識した発言を行った時は、拍手喝采となった。

「法の支配に基づく自由で開かれた国際秩序を維持・強化するためには、同盟国・同志国の重層的な協力が重要です。9月には、マルコス大統領、ハリス米副大統領と3人で初めて意見を交わし、連携強化を確認することができました。

南シナ海の現場においても、自由な海を守るため、3か国の協力が進んでいます。先月行われた米比合同訓練に我が国の自衛隊が参加したほか、6月には、日米比の海上保安機関による合同訓練が初めて行われました。こうした取組を通じ、力ではなく法とルールが支配する海洋秩序を守り抜いていきましょう」[*77]

午後は、二つの重要な視察を行った。一つ目は、日本の協力により、マニラで進む初めての地下鉄の工事現場である。ハイメ・バウティスタ運輸大臣の案内で、現場を視察した。日本政府関係者が続ける。

「午前中の岸田総理の国会演説でも触れていたが、地下鉄建設は半世紀以来のフィリピン人の夢だ。それを日本の力で実現することの意味は大きい。

さらに、中国が行うインフラ整備との『質の差』を強調する意味もある。前任のドゥテルテ政権は、北京詣《もう》でをして75件もの協力を取りつけたが、そのほとんどが完成していない。『質の高いインフラを期日通りに実現する』日本をアピールしたのだ[*78]」

岸田首相が午後、足を運んだ二ヵ所目は、日本が建造を支援した97メートル級の巡視船だった。こちらはPCG（フィリピン沿岸警備隊）のロニー・ヒル・ラトリリヤ・ガバン長官が案内役を務めた。さらに、海上保安庁と政策研究大学院大学が連携して実施している海上保安政策プログラム（日本での研修）を修了したフィリピン沿岸警備隊員たちとも面会した。

海上保安庁とPCGという両国の「非軍事の法執行機関（海上警察）」では、中国という「共通の敵」を前に、着々と一体化が進んでいた。このことは第1章で述べた奥島高弘前海上保安庁長官も強調していた。そのような「海上外交」の現場を日本の首相が視察したことは、意義深かった。

岸田首相のPCG訪問を経て、9日にフィリピン国家経済開発庁（NEDA）が理事会を開き、理事長を務めるマルコス大統領が、日本から97メートル級巡視船を5隻調達することを承認した。

それらは国際協力機構（ＪＩＣＡ）を通じた円借款によってまかなわれ、安倍政権時代の２０１３年から始まったＰＣＧ海上安全対策能力強化事業の「フェーズ３」として実施される。[*79]
日本は２０１３年の「フェーズ１」、２０１６年の「フェーズ２」を通じて、44メートル級巡視船10隻、97メートル級巡視船2隻を供与してきた。
9日から20日までは、米比海兵隊演習「カマンダグ23」が行われた。カマンダグとはタガログ語で「海の戦士の連携」。本格的な島嶼《とうしょ》防衛訓練で、日本も陸上自衛隊が、陸上総隊司令部、水陸機動団、中央特殊武器防護隊、対特殊武器衛生隊及び富士学校の隊員たちを派遣する力の入れようだった。[*80]

最前線に立つアメリカ軍の「本気」

こうした動きに焦燥感を募らせた中国は、11月10日、再び「実力行使」に出た。フィリピン国営通信の発表は以下の通りだ。

〈本日午前7時30分、ＣＣＧとＣＭＭ（中国海上民兵組織）の船舶が、「ＢＲＰシエラ」への定期的な補給とローテーション任務を行った。その際、（中国が）違法に妨害または妨害しようとする新たな試みとして、無謀で危険な嫌がらせをした。「ＣＣＧ（中国海警）船５２０３号」はフィリピン補給船「Ｍ／Ｌカラヤン」に対し、進路変更を強制する違法な試みとして至近距離から放水砲を放った[*81]〉

一方、中国海警局は同日、異例のことに昼夜2度にわたって甘羽報道官の声明を発表した。

〈11月10日、フィリピンの2艘の小型運搬船と3艘の海警船が、中国政府の許可のないまま、勝手に中国の南沙諸島仁愛礁の近海に進入した。中国海警は法に基づいてフィリピン船の監視を行い、コントロール措置を取った。フィリピンの食品など必要な生活物資については、臨時的に特殊な計らいをした[*82]〉

〈フィリピンは違法な「座礁」軍艦に物資を運ぶ過程で、安全でなく専門的でない方式で故意に闖入を図った。これは国際的な海上避難規則に厳重に違反している[*83]〉

さらに16日には日本に対しても、「フィリピンへのレーダー供与」に関して、中国国防部の張《ちょう》暁剛《ぎょうごう》報道官が非難声明を出した。

「ここ数年、日本は国内の平和憲法に背いて、『専守防衛』の原則を突破し、不断に対外武器装備輸出を進めている。軍事拡張の道をひた走り、『ミニグループ』を作って南シナ海を攪乱《かくらん》させようと企んでいる。戦後の国際秩序を転覆しようと企図し、日増しにアジア太平洋地域の不安定要素となっている[*84]」

17日、APEC（アジア太平洋経済協力会議）が開かれたサンフランシスコで、マルコス大統領は習近平主席と同席した。だが中比首脳会談はかなわず、全体会議の合い間に、マルコス大統領が習主席のもとに寄っていって「立ち話」を行った。その後、マルコス大統領は記者団に述べた。

「本質的に、私たちは南シナ海の緊張を低下させるメカニズムを考え出そうとした。それが互いに話したメッセージだった。（中略）

中国とフィリピンの漁師がこの海域で一緒に漁をしていた状況に立ち返るようにしたいが、習主席はこの点をよく理解したと思う。（南シナ海問題が）両国の関係を決定付ける要素となるべきではない。（中略）戦争をしたい人はいないだろう。そのことが、実際に私たちがこれまで行ってきたすべての議論の前提となっている」[*85]

この時、習主席はフィリピンとの問題を、さほどの優先事項とは考えていなかった。それはアメリカにとっても同様で、バイデン大統領はマルコス大統領との首脳会談を受け入れなかった。代わりにハリス副大統領が5回目の会談を行ったが、彼女はこれまでの発言を繰り返した。[*86]

とはいえ、前線に立つアメリカ軍は「本気」である。21日から23日まで、7年ぶりの米比合同哨戒《しょうかい》訓練を実施した。また25日から27日には、初となる豪比海空合同哨戒訓練を行った。さらに25日には、アメリカ軍が南シナ海で「航行の自由作戦」（中国が称する「自国領海内」に軍艦を入れて通航する示威行為）を敢行した。

国家ぐるみの「海賊行為」

12月に入ると、再び南シナ海がきな臭くなってきた。4日、ＰＣＧが「3日時点で、ジュリアン・フェリペ礁（英語名：ウイットサム礁、中国語名：牛軛《ぎゅうやく》礁）に、中国の民兵船１３５隻以上が集結している」と警鐘を鳴らした。[*87]この岩礁は中国側が実効支配し、フィリピン、ベトナム、それに中華民国（台湾）が領有権を主張している。

10日、国営フィリピン通信は、再び中国の恐るべき嫌がらせ行為が起こったと伝えた。

〈土曜日（9日）朝、バホ・デ・マシンロック（スカボロー礁）沖でフィリピン漁民に人道支援を行っていた水産資源局の船舶3隻が、中国海警局（CCG）の船舶から、少なくとも8回放水された。また長距離音響装置により、フィリピン人乗組員たちが、一時的に重篤《じゅうとく》な不快感と無力感に襲われた。

10日には、中国海警局と中国海上民兵組織（CMM）の船舶が、アユンギン礁（セカンド・トーマス礁）で「BRPシエラマドレ」に定期的な補給を行っている際、中国海警局の船舶5204から放水を受けた。放水砲の攻撃によって船は機能不全になり、乗組員の生命が深刻な危険にさらされた[*88]〉

「長距離音響装置」とは、大音量を発して敵方の人員の鼓膜《こまく》を破り、行動できなくさせる「音響兵器」だ。人命を奪うことはないため、中国側が近年、多用している。

フィリピン外務省も11日、中国に対する抗議声明を出した[*89]。

これに対し、中国海警局は、9日午前に1回、10日朝に2回、「速報」を出した後、同日夕方に2回、甘羽報道官の声明を発表した。

〈12月10日、フィリピンは中国の再三の引き留めと警告をも顧みず、故意に2艘の海警船、1艘の公務船、及び1艘の補助運搬船を派出し、中国の南沙諸島仁愛礁付近の海域に違法に闖入。違法な「座礁」軍艦に物資を運んだ[*90]〉

〈12月9日、フィリピンの3艘の水産資源局の公務船が、中国の再三の引き留めと警告を顧みず、中国の黄岩島近海に故意に侵入した。中国海警船は度重なる呼びとめ警告が無効な状況下で、法に基づきフィリピン船に対して、強制拘留や航路制御などの必要な措置を取って追い払った[*91]〉

ちなみに、同じ10日午後、中国海警局の甘羽報道官は、もう一つ声明を発表している。それは尖閣諸島を巡る日本に対してだった。

〈12月9日、日本の「鶴丸」号漁船と数隻の巡視船は、違法にわが釣魚島（尖閣諸島）の領海に進入した。中国海警の艦艇は、法に基づいて必要な制御措置並びに警告を発し、追い払った。

釣魚島及びその付属島嶼は中国固有の領土である。中国海警の艦艇は、法に基づいて本国の管轄海域において、海上での権利維持、法律執行の活動を展開している。日本に四の五の言う権利はない。われわれは日本に、該当海域で一切の違法活動を即時停止するよう促し、類似事件が再発しないよう確約を促す[*92]〉

このように中国は、日本とフィリピンを「同列」に見立てて「敵視」しているのである。このことは、フィリピンが実効支配しているセカンド・トーマス礁を奪取した後には、中国は尖閣諸島に牙を剥《む》いてくることを示唆している。

「戦狼外交」の面目躍如

実は、日本とフィリピンを同列に見立てていることは、アメリカも同様である。12月13日、サリバン安保担当大統領補佐官が、秋葉剛男国家安保局長とフィリピンのアニョ国家安全保障補佐官に同時に電話し、東京で6月16日に開いて以来、半年ぶりの「安保3者会談」を行った。その中で、「南シナ海と東シナ海における鉄壁の同盟関係」を誇示したのだ[*93]。

暮れの16日から18日まで、岸田首相肝煎《きもい》りの日本ASEAN友好協力50周年特別首脳会議が東京で開かれ、日本とASEAN諸国の活発な外交が展開された。採択された共同声明では、中国を意識した「相違や紛争の平和的手段による解決」「武力による威嚇《いかく》や武力の行使の放棄」「自由で開かれたルールに基づくインド太平洋地域を促進」「海洋安全保障協力を含む安全保障協力を強化」といった文言が盛り込まれた。[*94]

17日に行われた岸田首相とマルコス大統領の首脳会談の話題は、やはりOSA（政府安全保障能力強化支援）とRAA（部隊間協力円滑化協定）だった。前者は沿岸監視レーダー供与の着実な実施、後者は交渉の早期妥結である。この時、「海上保安庁とフィリピン沿岸警備隊との間の協力覚書」が、新たに交わされた。[*95]

マルコス大統領一行が帰国して間もない20日、王毅外相とフィリピンのエンリケ・マナロ外相の電話会談が行われた。中国側の発表によれば、王毅外相の発言は脅迫めいている。

「昨今の両国関係は厳重な困難に直面しているが、もともとの原因はフィリピンがそれまでの政策立場を変更したことにある。自分で行った承諾を放棄し、不断に海上での挑発を続け、中国の正当合法な権利を侵害した。両国関係はすでに十字路に立っているが、フィリピンは慎重に事を行う必要がある。

フィリピンは誤った道に沿って落ちていくべきではない。そうではなくて、一刻も早く正しい道に戻ってくるのだ。

当面急を要するのは、海上の情勢をいかにうまく処理し制御していくかということだ。（中略）もしもフィリピンが形勢判断を誤り、孤高の道を行くなら、さらには好意を持っていない外部勢力（アメリカや日本など）と相互に結託《けったく》するなら、状況は引き続き乱れ、中国は必ずや法に基づいて権利を維持し、決然たる対応を取るだろう[*96]」

　これほどあからさまに言われ、しかも公表されたら、フィリピンは遠からず中国に領有権を奪われるのを甘受するか、もしくはアメリカをバックにつけて断固戦うかの二択を迫られるだろう。「フィリピンvs.中国」の争いは、２０２４年に入ってもますますエスカレートしている。3月5日と23日には、フィリピンの補給船が中国海警局の公船から放水砲を浴び、乗員らが負傷した[*97]。

　こうして見てきたように、南シナ海のセカンド・トーマス礁は、まさに「フィリピンの尖閣諸島」なのである。

　日本が留意しておかねばならないことが2点ある。一つは前述のように、セカンド・トーマス礁の次は、尖閣諸島が同じ目に遭うということだ。中国はこの二つの問題を、常に同時並行的に捉えている。特にアメリカ軍がフィリピンを全面的にバックアップしなかった場合、中国は尖閣諸島でも同様の暴挙が可能と判断するだろう。

　もう一つは、「フィリピン有事」はすなわち「日本有事」でもあるということだ。日本はアメリカという同盟国を介して、すでにフィリピンと「同志国」の関係になっている。しかもますます関係は深まる一方だ。そのことで中国を敵に回している。

　だが残念なことに、「フィリピン有事」に関して、日本人にはほとんど当事者意識がない。日本政府も、中国とフィリピンの争議に日本が関与していくことのリスクを、国民にしっかり納得させていない。まことに近未来が危ぶまれる。

第6章

アメリカは守ってくれるのか

――もはや米政権を恐がらない中国

2023年11月15日（現地時間）、サンフランシスコ郊外での
米中首脳会談前に習近平国家主席にスマホの写真を
見せながら談笑するバイデン米大統領（新華社／共同通信社）

空と海で「やりたい放題」の挑発

アメリカ軍と中国人民解放軍は日々、東シナ海と南シナ海で、激しいつばぜり合いを繰り広げている。もはや一触即発の状況と言ってもよい。

２０２３年10月19日、米国防総省が連邦議会に、年次レポート『中国に関する軍事安全保障の発展　２０２３』（Military and Security Developments Involving the People's Republic of China）を提出した。そこには、「人民解放軍の威圧的で危険な作戦行動」が縷々《るる》連ねてある。

・２０２１年秋から２０２３年秋までの間、アメリカはこの地域（東シナ海と南シナ海）における軍航空機に対する人民解放軍の威圧的で危険な航空迎撃の事例を、１８０件以上記録した。これは過去10年の合計よりも多い。そのうち１００件ほどが、アメリカの同盟国かパートナーへの威圧的で危険な作戦行動だった。アメリカと他国が地域で合法的な作戦を遂行するのを阻止する取り組みだ。

・アメリカ及び同盟国の航空機に対する中国の威圧的で危険な作戦行動の事例は、レーダー照射、無謀な作戦、空中または海上での接近、たび重なる封鎖、航空機の前またはそのすぐ近くでのチャフ（金属片）やフレア（囮《おとり》熱源）の放出、その他の行動が含まれる。

・人民解放軍の行動は、通行に関する航空安全規定及び国際海事規則に違反している。かつ人命の損失を伴う重大な事故や危機が発生するリスクを増大させるものだ。[*1]

その２日前の10月17日には、米国防総省が「国防総省が人民解放軍の強圧的で危険な作戦行動の機密解除された画像とビデオを公開」と題する37種類の写真やビデオを公開した。それらを見ると、人民解放軍がアジアの空と海で、「やりたい放題」の挑発を行っている姿に驚かされる。[*2]

その中で、特に空での威嚇《いかく》に関しては、米国防総省が同日、「アメリカは中国の『集中的で統合された』航空機への妨害キャンペーンを非難する」というタイトルの声明を、別個に発表した。

〈国防総省当局者は、国際的な空域におけるアメリカ及び同盟国の航空機に対する危険な迎撃は、中国当局による「集中的で統合されたキャンペーン」であり、「アメリカの合法的な作戦行動の変更を強制するもの」であると、インド太平洋地域の安全保障問題を担当するイーリー・ラトナー国防次官補が、本日語った。（中略）中国による迎撃は、国際的な空域に限定されない。ラトナー国防次官補は語る。これは人民解放軍の行動の広範なパターンの一部に過ぎず、「地域全体、領域全体、地理的な全体にわたるものだ」[*3]〉

さらに10月26日、米インド太平洋軍が「南シナ海におけるアメリカ軍B‐52への専門意識に欠けた妨害」と題した声明を発表した。こちらは38秒の人民解放軍空軍の威嚇映像付きだ。

〈2023年10月24日、中華人民共和国のJ‐11パイロットが、公空の南シナ海上空で合法的な日常作戦を行っていたアメリカ空軍B‐52航空機に対して、危険な迎撃を実行した。夜間の迎撃中、中国のパイロットは危険かつ専門的ではない方法で飛行し、制御されていない過剰な速度で接近し、B‐52の下方、前方、及びB‐52の10フィート（約3メートル）以内を飛行するという貧弱な航空技量を示し、両機を危険にさらした[*4]〉

「理想には上限がなく、手段には下限がない」

こうした中国人民解放軍による数々の「戦狼外交」を見ていると、一つの疑問が湧いてくる。これらは一体、習近平主席が命じてやらせているのか？　それとも、現場の軍部隊が勝手に「暴走」しているのか？

同じ疑問は、前章で述べた２０２３年６月２日から４日までシンガポールで開かれた20回目の「シャングリラ・ダイアログ」（アジア安全保障会議）の時にも感じた。

中国代表団を引率したのは、就任して２ヵ月あまりの李尚福《りしょうふく》国務委員兼国防部長。李尚福部長については第３章で詳述した通りで、習近平時代になって破格の出世を遂げ、２０２３年３月に国務委員兼国防部長に抜擢された。

６月４日、李国防部長は「中国の新たな安全の提唱」と題してスピーチを行った。

「台湾問題は、中国の核心利益の中の核心だ。いかなる外部勢力も手を挟んで干渉することは容認しない。もしも何者かが台湾を分裂させようとするなら、中国の軍隊はいささかも遅れることなく、いかなる敵を畏《おそ》れることもなく、どんなに多くの代価を払おうとも、決然と国家の主権と領土の保全を維持、保護していく[*5]」

中国国防部長の「強気のスピーチ」は毎回のことで、西側の参加者たちはいわば耳慣れていた。しかし２０２３年は、６月３日昼に、中央軍事委員会連合参謀部副参謀長の景建峰《けいけんほう》中将が、わざわざシャングリラホテルの広間に世界の参加者やマスコミを集めて、会見を行った。

そこで、「悪のアメリカ」と「正義の中国」をアピールする長広舌をふるったのだ。まず「悪のアメリカ」の内容は、以下のような調子だ。

「アメリカはインド太平洋戦略を吹聴するが、それはアメリカが引き続き、強固な覇権国家としての地位を維持したいがためのものだ。第一に、そうしたものは集団的な対立を引き起こす。冷戦が終わってすでに32年というのに、アメリカは『ファイブ・アイズ同盟』（アメリカ・イギリス・カナダ・オーストラリア・ニュージーランドの諜報同盟）を解散しないばかりか、二国間の軍事同盟も残している。これこそ歴史の潮流に逆行する動きで、『4者機構』（日米豪印のQUAD）だの『3者安全パートナー』（米英豪のAUKUS）だのを作り上げて、イデオロギーによる陣営の分断を行い、対抗を引き起こしている。

第二に、アメリカはただ私利のために地域の国を惑わし、利用している。地域の国々の求めや訴えをも顧みず、圧力を通して彼らに槍《やり》を突きつけ、根を張っている唯我独尊の覇権システムを維持しようとしているのだ。

第三に、アメリカは地域の安全と発展に損害を与えている。アメリカはこの地域に兵力の配備を増強し、はっきりとした敵対対象を持った強力な演習訓練活動を常態化させ、四方で権利侵害や挑発を行い、武威を振りかざし、地域の平和と安定を破壊している」[*6]

その一方で「正義の中国」についても、大いに吹聴した。

「10年前、習近平主席は、人類運命共同体という理念を構築していくと提唱した。実際にこの10年来、中国は人類運命共同体を構築し、理念を行動に変え、ビジョンを現実に変えてきた。

アジア太平洋は、協力して発展していく熱き土地だ。中国は終始、アジア太平洋に根を張り、アジア太平洋を形作り、アジア太平洋運命共同体を構築してきたのだ」

これでもかという自画自賛ぶりだった。ある台湾の政府関係者が中国を、「理想には上限がなく、手段には下限がない」（理想無上線、手段無下線）と評していた。[*7]

対話のさなかにも台湾海峡で一触即発

その台湾に関しても、景建峰中将は大いに吠えた。

「アメリカの台湾に干渉する理屈は、事実を無視し、白黒を逆さにし、まったく誤ったものだ。昨今は一つの中国の原則を虚構化し、台湾地域との公人の往来を強化し、『台湾独立』の分裂活動を黙認している。かつ台湾への武器輸出の数量と性能をアップさせ、頻繁に台湾海峡を横断している。武力を誇示して、第三国に手を伸ばし台湾問題に巻き込ませようとしている。

アメリカが台湾を利用して中国を制圧しようとし、台湾独立派が割り込んで自己主張することは、まさに現状変更であり、緊張の拡大であり、安定の破壊だ。台湾問題に関することは、中国の核心的利益であり、いかなる妥協や譲歩も容認できない。中国人民解放軍は24時間、戦争のために待機し、いつでも戦えるようにしている」

このように、李尚福国防部長がスピーチで中国の立場を述べればそれでよいものを、わざわざ後方から長時間の会見まで開いて、吠《ほ》えまくったのだ。この時、李国防部長はオースティン米国防長官との個別の会談を拒否したが、晩餐会では立ち話をしていた。ちなみに、それから3ヵ月も経たずして、李国防部長は表舞台から姿を消した。

そして、このシャングリラ対話の時期にも、アジアの海と空では、米中の角逐が続いていた。

アジア時間の6月3日晩、米インド太平洋軍が突然、次のような発表を行ったのだ。

〈国際法に従って、「USSチュンフン」（DDG93）と「HMCSモントリオール」（FFH336）は6月3日、公海上の航行と上空飛行の自由が適用される海域を通って、台湾海峡の南から北へ向けて、定期的な通過を実施した。その通過中に、人民解放軍北方艦隊の「旅洋Ⅲ　DDG132」（PRC　LY132）が、「チュンフン」の近くで、危険な手段で機動を行った。

「旅洋Ⅲ」は左舷で「チュンフン」を追い抜き、150ヤード（約137メートル）のところで船首を横切ったのだ。「チュンフン」は進路を維持しつつ、衝突を避けるために10ノット（約時速18・5キロメートル）まで速度を落とした。

「旅洋Ⅲ」はもう一度、2000ヤード（約1830メートル）の地点で、「チュンフン」の船首を右舷から横切ると、「チュンフン」の左舷船首の外側に停まった。「旅洋Ⅲ」の最接近地点は、こちらから150ヤード（約137メートル）で、その行為は公海を安全に航行するという海洋の「航行の原則」に違反するものだ[*8]〉

このように台湾海峡で、アメリカ軍と中国人民解放軍が一触即発になっていたというのだ。

これに対して、人民解放軍東部戦区の施毅《しき》報道官が、同日夜に反論を発表した。

〈6月3日、アメリカの「チュンフン」号駆逐艦と、カナダの「モントリオール」号護衛艦が、台湾海峡を通過し、かつ公開の誇大宣伝を行った。東部戦区は、海空兵力を組織して、全工程を警戒監視し、法規に基づいて処置を行った。

それに関係する国（アメリカ）は台湾海峡地域で故意にトラブルを起こし、リスクをでっちあげている。悪辣《あくらつ》に地域の平和と安定を破壊し、「台湾独立」勢力に誤ったシグナルを発している〉[*9]

習近平とプーチンは似て非なる存在

こうしたことから透けて見えてくるのは、「人民解放軍の暴走」に対して、習近平政権が徐々に歯止めが利かなくなっていっている状況ではないだろうか。

習近平主席とウラジーミル・プーチン大統領は、ともにユーラシア大陸の二大軍事大国を統帥している強権的リーダーである。そのため、両国の国家元首を一緒くたに考えてしまいがちだ。

だが前述のように、両者は似て非なる存在だ。20世紀前半の世界にたとえるなら、プーチン大統領はドイツのアドルフ・ヒトラー総統を髣髴《ほうふつ》させる。自己の強烈な信念に基づいて大軍を突き動かし、周囲の声に耳を傾けず、敢然と戦争を引き起こすリーダーだ。

それに比べて、習近平主席は昭和前期の日本の首相型、もしくは昭和天皇型である。習主席は、確かに口では日々、「強国強軍という新たな任務、新たな要求を実践するのだ！」[*10]などと説いている。

しかし副首相の子息として何不自由ない北京の幹部邸宅で生まれ育った習主席は、本心では戦争などやりたくないはずだ。鼓腹撃壌《こふくげきじょう》で「皇帝気分」を味わっていれば満足だろう。ウクライナとの2年以上も続く「プーチンの戦争」を見てしまったいまとなっては、なおさら『中国のプーチン』になりたくない」と思っているに違いない。

ところが人民解放軍の将官たちは、ウクライナ戦争を見て「ここまでやっても国際社会で許されるのか」「自分たちはロシア軍以上に果敢に『敵地』を占領できる」と感じたかもしれない。その結果、軍が習近平主席を体《てい》よく崇《あが》め奉《たてまつ》りながら、どんどん勝手に「暴走」していき、いつしか歯止めが利かなくなってしまう……。

つまり習近平主席の本心と、人民解放軍や中国海警など武力組織との「乖離《かいり》」が生まれ始めているのだ。20世紀前半の「ドイツ型」も恐いが、「日本型」も同様に恐いのである。

懸念される「トゥキディデスの罠」

それでは、対するアメリカの側はどうか？　台湾有事や尖閣有事が発生したら、同盟国のアメリカは守ってくれるのか？

「アジアの最前線の現場」に立つ米インド太平洋軍や、「戦狼大使」ことラーム・エマニュエル駐日アメリカ大使は頼もしい。だが、ホワイトハウスの方は大丈夫だろうか？

２０２４年11月５日のアメリカ大統領選は、再び「バイデンvs.トランプ」である。その「争点」の一つが中国問題だ。

しかも中国問題だけは、他の争点――移民、中絶、銃規制問題などのように、両候補が「賛成」か「反対」かで争わない。「我こそは中国に対して、より強硬だ」と主張しあっているのだ。

こうした状況を鑑みるに、どちらの候補が勝利しても、「米中新冷戦」と言われ始めた状況は変わらないだろう。すなわち、この１００年近く世界の覇権を握り続けてきたアメリカは、その地位を中国に譲り渡したくない。そのため、中国に対する「封じ込め」を強めていく。

実際、アメリカでこの問題の第一人者とされるハーバード大学のグレアム・アリソン教授は、「トゥキディデスの罠《わな》」の再現を警告している。「トゥキディデスの罠」とは、2500年前のペロポネソス戦争を記録したトゥキディデスが、「アテネ（挑戦国）の台頭と、それによってスパルタ（覇権国）が抱いた不安が、戦争を不可避にした」と書いていることを指す。[*11]

アリソン教授はこう述べている。

「過去500年の歴史を調べ、新興国が覇権国の地位を脅かしたケースを16件見つけた。よく知られるのは、100年前に工業化して力をつけたドイツが、当時の国際秩序の頂点にいたイギリスの地位を脅かしたケースだろう。その対立は、第一次世界大戦という最悪の結果を招いた。

このように戦争に行き着いたケースは16件の対立のうち12件で、戦争を回避したのは4件だけだった。現代の米中関係の先行きを考えるとき、あまり励みになる数字ではない」[*12]

だが、果たして米中戦争は、本当に起こるのだろうか？　換言すれば、ホワイトハウスはそこまで覚悟を決めるだろうか？　私は、ホワイトハウスはそんな決断を下さないと見ている。

まず、2025年1月にトランプ前大統領が復権を果たした場合だが、「私が大統領になったら真っ先にウクライナへの支援を停止する」と選挙戦で公言している。[*13]理由は「戦費がもったいないから」。

そんな大統領が、ウクライナ戦争より戦費がかかる可能性がある台湾有事に、真剣に介入しようとするだろうか。トランプ政権で453日にわたって安保問題の責任者として仕えたジョン・

ボルトン元安保担当大統領補佐官は、こう証言している。

「トランプは、台湾のこととなると特別気難しかった。（中略）シャーピー（米製の油性マーカー）の先端を指さして「これが台湾だ」と言ってから大統領執務室の机を指し「これが中国だ」というのがトランプお気に入りのたとえだった。米国が民主主義の同盟国に対して果たすべき約束も責務も、せいぜいそんなものだった」[*14]

さらに、トランプ大統領が習近平主席に向かって、2017年11月9日に北京で述べた発言についても証言している。

「『あなたはここ300年間の中国で最も偉大な指導者だ！』。トランプは有頂天になって（習近平主席に）言い、数分後に『中国史上最も偉大な指導者だ』と言い直した」[*15]

このようなトランプ大統領が2期目を迎えたら、日本は尖閣諸島防衛について、再考を促されるかもしれない。すなわち、「アメリカは守ってくれない」という前提で戦略を立てる必要があるということだ。まして日本にはもはや、安倍晋三元首相という「トランプの親友」もいない。

だが、反証があることも付記しておく。1期目のトランプ政権で大統領副補佐官を務め、2期目が発足したら要職に就くことが見込まれているアレキサンダー・グレイ氏は、私にこう語った。

「2期目のトランプ政権は、尖閣諸島を日本とともに守り抜く。なぜならこの地を失ったら、次は南シナ海全体も中国の海にされてしまうからだ。

2期目のトランプ政権は、一言で言えば『中国叩き政権』となる。だから日本も台湾もフィリピンも味方であり、守る。トランプ大統領のことは、『発言』ではなく『実績』で見てほしい」[*16]

バイデン政権の対中「木刀外交」

習近平政権の立場に立てば、どちらが2025年1月にアメリカ大統領に就いてほしいかと言えば、それはバイデン氏の方だ。なぜなら、トランプ氏は予測不能だからだ。台湾問題には無関心かもしれないが、その代わりある日突然、北京に核弾頭を撃ち込んでくるかもしれない。

習近平政権というのは、多分に予定調和的な社会主義政権なので、「予測不能な米政権」は、とてつもなくやっかいな存在に映る。その意味で、習近平主席はトランプ大統領のことを畏《おそ》れていたが、バイデン大統領のことは畏れていない。

私は、そんなバイデン政権の対中政策を、「木刀《ぼくとう》外交」と呼んできた。つまり、「真剣勝負をしない手緩い外交」ということだ。

それは、何も対中外交に限ったことではない。例えばトランプ政権が、そのまま2期目を続けていたなら、プーチン大統領はウクライナ侵攻を決断しただろうか？

私はこの質問を、ロシアの外交関係者や日本のロシア専門家たちにぶつけた。するとほとんどの回答は、「トランプ政権下なら侵攻しなかっただろう」というものだった。

ロシアの外交関係者はこう言った。

「それは、ニエット（ノー）だ。プーチン大統領はトランプ大統領と気脈を通じていたが、反面、恐れてもいた。バイデン大統領に対しては恐れがないから大胆な特別軍事作戦を実行したのだ」[*17]

また、ロシア問題の専門家である廣瀬《ひろせ》陽子慶応大学教授も、こう答えた。

「トランプ氏が大統領だったら、ロシアがウクライナに侵攻しなかった可能性が高いと思います。なぜならトランプ氏が何をやってくるか、分かりませんから。ロシアのウクライナ侵攻を確信した時点で、先制攻撃する可能性だってあります[18]」

一言で言えばバイデン政権は、プーチン大統領に「舐《な》められて」いるのである。

習主席の「バイデン体験」の原点

「バイデン大統領を舐めている」という点では、ロシアと同じユーラシア大陸の巨大専制国家を統《す》べる習近平主席も同様だ。以下、この米中リーダーの関係に焦点を当ててみたい。

両雄の邂逅《かいこう》は、2011年6月2日にイタリアの首都ローマで開かれた「イタリア統合150周年記念式典」だった[19]。

当時、それぞれバラク・オバマ政権の副大統領と、胡錦濤政権の国家副主席だった。つまり、互いにナンバー2同士だ。

だが、習近平主席にとって「バイデン体験」の原点は、それから2ヵ月後の同年8月である。自分がホスト役となって、6日（8月17〜22日）にわたってバイデン副大統領を中国でもてなしたのだ。私は当時、北京に住んでいたが、中国の外交関係者はこう語っていた。

「習近平副主席は、人民大会堂でバイデン副大統領との首脳会談や公式晩餐会を主催した。また、2008年5月に大地震に見舞われた四川省の都江堰《とこうえん》まで同行し、文字通り一夜をともにした。

だが首脳会談でバイデン副大統領は、『世界の二大経済大国の協力が世界の持続的発展のために必要だ』などと、月並みな発言に終始。晩餐会では『仏跳墻《フォーティアオチアン》』（あまりの美味に坊主も壁から飛び降りると言われる広東風スープ）に舌鼓《したつづみ》を打ち、『孫に中国語の学習をさせている』とご機嫌だった。北京でも都江堰でも、学生のバスケットボールの試合を観たいと言って、こぶしを振り上げて無邪気に応援していた。

　われわれはそんなバイデン副大統領を、『柳のような男』と総括した。風向きによって東に揺れたり西に靡《なび》いたりし、確固たる哲学、信念が感じられない政治家ということだ。そして将来、こんな政治家が大統領になってくれれば中米関係は楽になるのにと思った[20]」

　実際、この時に興味深いエピソードを耳にした。バイデン副大統領は、当時の北京最高級のセントレジスホテル全２５８部屋を貸し切りにして、最上階２００平方メートルの「総統套房《プレジデンシャルルーム》」に泊まっていた。しかしお忍びで、近所の古ぼけた食堂に入って、１杯９元（約１８０円）の炸《ジャー》醬麵《ジアンメン》に舌鼓を打ち、「こんな旨いものはない」と称賛したというのだ[21]。

　翌２０１２年２月13日から17日まで、返礼で習近平副主席が訪米した時も、バイデン副大統領が誠心誠意もてなした。アイオワ州の農場から、ロサンゼルスのハリウッド巡りまでつき合ったのだ。「自分はアメリカ政界で最も習近平と親しい」というのがバイデン副大統領の自慢だった[22]。

　バイデン副大統領の「習近平贔屓《びいき》」は、２０１３年３月に習近平政権が誕生してからも続いた。例えば、安倍政権の関係者らが「バイデンショック」と呼んだのが、同年12月３日の安倍・バイデン会談だった。

　前月の23日に、中国が突然、尖閣諸島を含む東シナ海に「防空識別圏」を設定し、日中間に緊張が走っていた。そのため安倍首相がバイデン副大統領に、「防空識別圏撤回を求める共同声明を出そう」と提案したが、バイデン副大統領は「日中間でホットラインを設定すれば済むことだ」と述べて拒否。アメリカの航空会社が中国側の防衛識別圏に従うことさえ是《ぜ》としたのだった。[*23]

バイデン副大統領は、安倍首相とは1時間10分の会談だったが、翌4日に北京へ行くと、習近平主席とは人民大会堂で、5時間半にわたって胸襟を開いて会談に臨んだ。[*24]

対中「3C政策」

こうしたバイデン副大統領の「習近平寄り」の態度を快く思わなかった安倍首相は、同月26日に靖国神社を参拝した。この日は、習主席が崇拝する毛沢東主席の生誕120周年記念日で、天安門広場の毛沢東廟《びょう》を参拝しているさなかに、安倍首相の靖国参拝を知った。習主席が怒り心頭になったことは想像にかたくない。

そんなバイデン氏も、2020年の大統領選挙の頃には、さすがに路線転換し、トランプ大統領に負けじと中国の危険さを説き、「脱中国」を唱えた。

そしてバイデン氏は、2021年1月、78歳にして歴代最高齢の大統領に就任。側近のアントニー・ブリンケン氏を国務長官に据えて、「バイデン外交」を始動させたのだった。

最重要視する対中外交については、「三元外交」を掲げた。それは、協調（Cooperation）・競争（Competition）・対決（Confrontation）の「3C政策」と言われるものだ。[*25]

具体的には、通常の貿易や気候変動対策などでは協調する。半導体などの経済安全保障分野や

ＡＩ（人工知能）など先端技術分野では競争する。そして台湾海峡や東シナ海、南シナ海など軍事的な面では対決していくという方針だ。

一見すると、実に「まっとうな外交政策」だ。だが、中国には通用しない。なぜなら習近平政権は、「二元外交」を行っているからである。

習近平政権にとって、外国との関係は基本的に「敵か味方か」「白か黒か」である。例えば、習近平主席が主導する広域経済圏構想「一帯一路」に賛同し、覚書に署名した国は「味方」と認識する。しなかった国は「敵」と認識しがちだ。

署名したのは、２０２３年８月現在で１５２ヵ国と32の国際団体である。[*26] だがアメリカや日本は署名していないので、「二元外交」に適用するなら「敵国」の扱いとなる。換言すれば、「戦狼外交」の対象だ。中にはイタリアのように、２０２３年12月６日に署名を返上して、「味方」から「敵」に変わった国もある。[*27]

そのような中国からすれば、テーブルの上で握手していながら、テーブルの下では蹴り合っているような外交は理解不能なのだ。

同様に、２０２３年春頃からバイデン政権が、「デカップリング」（decoupling　分断）に代わって、主に経済安保分野で中国に対して使い始めた「デリスキング」（de-risking　リスク軽減）という用語も、中国にとっては意味不明である。[*28] どちらも「敵＝中国」を抑え込むための方便に過ぎないと捉えるわけだ。

半導体の「中国包囲網」

バイデン政権が「3C政策」の中で、とりわけ重視したのが「競争」だった。そのことを明確に示したのが、大統領就任翌月の2021年2月24日に署名した大統領令である。半導体、車体電池、医薬品、レアアースの4品目について、中国に依存しないサプライチェーンを構築していくと鼓舞したのだ。[*29] 中でも「産業のコメ」と言われる半導体は、軍需産業に直結するだけに、中国の先端品の開発・製造をストップしようと目論んだ。

2022年8月9日、バイデン政権は「CHIPS科学法」(Creating Helpful Incentives to Produce Semiconductors and Science Act) を成立させた。これは、経済安全保障分野で中国との競争力を高めるため、今後5年間で連邦政府機関の基礎研究費に約2000億ドル、国内の半導体製造能力の強化に約527億ドルを充てることを決定したものだ。[*30]

続いて同年10月7日には米商務省産業安全保障局(BIS)が、中国を念頭に置いた半導体関連製品(物品・技術・ソフトウエア)の輸出管理規則強化を発表した。これは一言で言えば、先端半導体を中国に「与えない・作らせない・(作る人を)行かせない」という規制だった。[*31] 先端半導体とは回路線幅が14ナノメートル(1ナノメートルは10億分の1メートル)以下の半導体を指す。

この規制が出た後、日本政府関係者はこう語った。

「これで中国が将来的に先端半導体を作れなくなるとは思わないが、少なくとも5年くらい遅らせることができるだろう。すでに内々には、アメリカから日本に協力要請が来ている」[*32]

実際、2023年1月13日にワシントンで行われた岸田首相とバイデン大統領の首脳会談は、中国問題が最大のテーマとなった。[*33]

日本は前月16日に「防衛3文書」を改定していた。外交・防衛の基本方針となる「国家安全保障戦略」、今後10年間の防衛方針「国家防衛戦略」（旧・防衛大綱）、実際の装備取得計画と自衛隊の体制を盛り込んだ「防衛力整備計画」（旧・中期防衛力整備計画）である。これらは前述のように日本国憲法の枠内で、中国の脅威に対抗できるギリギリの指針や行動を抜本的に強化したものだった。日本は反撃能力を宣言し、向こう5年で43兆円という膨大な防衛予算を見込んでいた。

こうした日本側の努力もあって、日米共同声明には日本が望んだ次の文言も入れられた。

〈バイデン大統領は、核を含むあらゆる能力を用いた、日米安全保障条約第5条の下での、日本の防衛に対する米国の揺るぎないコミットメントを改めて表明した[*34]〉

前出の日本政府関係者が語る。

「この時の日米首脳会談は、ランチも入れて計2時間が割かれたが、少人数会合、テタテ会談（首脳同士と通訳のみの会談）、拡大会合というスタイルを取った。バイデン大統領が岸田総理に強調したのが、『自分たちは本気で中国の半導体産業を潰すつもりだから、日本も協力してほしい』ということだった。岸田総理は同意した。また7月のNATO総会の後、アジア初のNATO事務所を東京に設立するという方針でも一致した。これは日本が切望していたことだった[*35]」

NATO問題については後述する。半導体に関しては、日本は同年7月23日から、日本が得意とする半導体製造装置分野の計23品目について、事実上の対中輸出規制を施行した。[*36]

同様に9月1日からは、バイデン政権の要請を受けたオランダ政府も、露光装置の対中輸出規制を施行した。[*37] 最先端の半導体を作るには、オランダのＡＳＭＬ社のＥＵＶ（極端紫外線）露光装置が必須で、この技術を持っているのは世界で同社だけだった。

すでに台湾には、トランプ前政権の時代に、中国企業からの先端半導体の生産を受託しないようＴＳＭＣ（台湾積体電路製造）などに圧力をかけて従わせていた。ＴＳＭＣは先端半導体生産で、世界シェア９割を握っている。[*38]

習政権との結びつきを強めるファーウェイ

だが、こうしたバイデン政権による半導体の「中国包囲網」をあざ笑うかのようなことが、２０２３年８月末に起こった。中国のファーウェイ（華為技術）が発売した最新スマートフォン「Mate 60 Pro」に、７ナノメートルの半導体が搭載されていたのだ。米ブルームバーグは報じた。〈Mate 60 Pro を分解したところ、同端末にはＳＭＩＣ（中芯国際集成電路製造）が製造した新たな「麒麟 9000s」チップが搭載されていた。このプロセッサーはＳＭＩＣの最先端７ナノテクノロジーを初めて使用しており、中国政府にとっては国内半導体エコシステム（生態系）の構築に向けた取り組みで一定の前進を見せたことを示唆している。今回の発見によって、軍事能力の向上に使われる恐れがあるとの懸念から、最先端技術への中国のアクセスを阻《はば》む米国主導の世界的な取り組みの有効性に疑念が生じている[*39]〉

当のファーウェイは、沈黙を保った。ファーウェイは、中国広東省深圳《しんせん》に本社を構える世界最大の通信システム会社である。１９８７年に、元人民解放軍の技師だった任正非氏が立ち上げた民営企業で、いまでは世界約170ヵ国以上に約20・7万人の社員を抱え、2023年の売上高は7042億元（約14・1兆円）に上っている。[*40]

ファーウェイについては、私は2019年5月下旬から6月初旬にかけて、深圳の本社と東莞の研究本部を視察。『ファーウェイと米中5G戦争』（講談社＋α文庫、2019年）にまとめたので参照してほしい。これまで100社以上の中国企業を見てきたが、ファーウェイのような会社は唯一無二である。中国のみならず世界中から天才技術者たちをかき集め、莫大な研究開発費を投じて「未来の技術」を創っている。

トランプ前政権が、2018年以来、国家を挙げてファーウェイを潰しにかかったが、へこたれていない。ただ、それまでは中国で「共産党政権から最も遠いIT企業」と言われてきたが、アメリカの圧力によって、習近平政権との結びつきを急速に強めた。いまでは中国国内の5Gシステム整備の他、スマートカーやスマートシティの分野でも中心的役割を果たしている。

習近平政権は、2015年5月に「中国製造2025」を発表して以降、先端技術の国産化を急ピッチで進めている。日本政府関係者が語る。

「中国の産業戦略は3つのステップを踏んでいる。第一に、海外企業の強硬な買収・誘致を通じた技術獲得。第二に、過剰生産による他国製品の排除と世界市場の席巻。第三に、獲得した有為な技術の堅持だ。有用な外資系企業は優遇して中国市場に誘い込み、技術を獲得したらポイ捨てする。その連続だ。

バイデン政権の対中半導体規制は、まだまだ手緩い。それにアメリカ企業も日本企業も脇が甘い。中国は、抜け穴だらけだとほくそ笑んでいるに違いない」[*41]

そんな声もあってか、米商務省産業安全保障局（ＢＩＳ）は２０２３年10月17日、新たな対中輸出規制を発表した。[*42] これは主に、ＡＩ半導体で世界シェアの約８割を持つエヌビディアを規制するものと受けとめられた。[*43]

だが、バイデン政権が中国への半導体規制を強めれば強めるほど、アメリカ国内の産業競争力は低下し、かつ中国企業の育成を後押しさせてしまうという矛盾も抱えている。これは、主にアメリカ産業界からの声だ。

例えば、エヌビディアは、対中輸出規制の対象となるＡＩ半導体が、データセンター事業の売上高の約25％を占めていた。[*44] これを規制すると、当然ながらエヌビディアの売り上げはダウンする。その空いた中国市場の分を、いずれは中国企業が埋めることになる。だがもし対中規制をかけなければ、中国側はそのままエヌビディアの製品を買い続けたに違いないのだ。

大統領選を控えたバイデン大統領としては、そうした声も取り込んでいこうとする。その結果、前述のように中途半端な「木刀外交」にならざるを得ない。

「ＮＡＴＯがアジアにやって来る」

バイデン政権の「木刀外交」を示すもう一つの例として、幻に終わった「ＮＡＴＯ東京事務所」の一件を振り返っておきたい。

２０２２年２月24日、プーチン大統領の「鶴の一声」によって、ロシアがウクライナに侵攻を開始した。この一大事は、東アジア（インド太平洋）地域の地政学をも一変させた。

第二次世界大戦後、アメリカはソ連の脅威からヨーロッパを守るため、１９４９年に12ヵ国でＮＡＴＯ（北大西洋条約機構・本部ブリュッセル）を設立した。その要諦は、第5条の「集団防衛」にあった。締約国がソ連から攻撃を受けたら、アメリカを含む全締約国が武力行使すると定めることで、ソ連の脅威から西ヨーロッパを守ろうとしたのだ。[*45]

ＮＡＴＯ締約国は、２０２４年5月時点で32ヵ国に拡大している。バイデン政権は、ウクライナがＮＡＴＯに加盟していないからロシアに攻撃されたと判断。ＮＡＴＯの影響力をさらにインド太平洋地域にまで拡大させていくことで、中国からの抑止にしようと考えた。

２０２２年6月29日と30日にスペインのマドリードで開かれたＮＡＴＯ首脳会議の最大の議題は、当然ながらウクライナ支援だった。だがもう一つのトピックが、ＮＡＴＯの主要パートナー国として、日本、韓国、オーストラリア、ニュージーランド、スウェーデン、フィンランド、ジョージア、ＥＵの首脳を招待したことだった。

岸田文雄首相は、日本の首相として初めてＮＡＴＯ首脳会議に出席した。その成果について、こう総括している。

「ＮＡＴＯは日本の重要なパートナーであり、協力の一層の強化に取り組んでいく。サイバー、新興技術、海洋安全保障といった分野での協力を進展させる。防衛当局間の連携も重要。ＮＡＴＯ本部への自衛官派遣等を通じて協力を深化するとともに、日ＮＡＴＯ相互の演習へのオブザーバー参加を拡充していく。また、ＮＡＴＯのアジア太平洋パートナー（ＡＰ４）である日本、豪州、ニュージーランド及び韓国のＮＡＴＯ理事会会合への定期的な参加を進めていく」[46]

この時採択された「ＮＡＴＯ２０２２戦略概念」の13項目目と14項目目に、初めて中国を非難する文言が盛り込まれた。

〈中国が表明している野心と強制的な政策は、私たちの利益、安全保障及び価値観に挑戦している。中国は幅広い人材を雇用し、世界的な拠点とプロジェクトを拡大するための政治的、経済的、軍事的ツールを増強させている。だがその戦略、意図、軍備増強の状態については不透明なままだ。中国はルールに基づいた国際秩序を破壊しようと努めており、それには宇宙、サイバー、海洋の領域も含まれる[47]〉

標的にされた中国は、「ＮＡＴＯがアジアにやって来る」と危機感を募らせた。以後、ロシアと歩調を合わせて、強烈なＮＡＴＯ批判を展開していく。

２０２３年1月13日、前述のように日米首脳会談で、東京にＮＡＴＯ初のアジア事務所を設立することを、バイデン大統領が岸田首相に求めた。前出の日本政府関係者が語る。

「日本としても、ＮＡＴＯ東京事務所設立を望んでいた。アメリカが内向きになり、国連安保理が機能不全に陥る中で、ＮＡＴＯが日本の味方についてくれたら、中国の軍事的脅威に対する強力な盾となるからだ[48]」

日米首脳会談を受けて、同年1月30日から2月1日まで、ＮＡＴＯのイェンス・ストルテンベルグ事務総長が来日。1月31日に岸田首相と会談し、この時初めて、ＮＡＴＯ東京事務所設立の意向を、岸田首相が公表した。

「NATOがインド太平洋地域への関心と関与を深めていることを歓迎し、こうした関係の緊密化を踏まえて、独立したNATO代表部を設置する意向を伝えました[*49]」

加えて、わざわざ共同声明まで出して中国を牽制した。

〈我々は、東シナ海における力又は威圧によるいかなる一方的な現状変更の試みにも強く反対する。我々は、南シナ海における軍事化、威圧及び威嚇の報告に関して深刻な懸念を表明する。中国の急速な軍事力の強化及び軍事活動の拡大に関して、我々は、中国に対し、透明性を向上させるとともに、軍備管理、軍縮及び不拡散の国際的な取組に建設的に協力するよう強く促す。

我々の台湾に関する基本的な立場に変更はなく、我々は、国際社会の安全と繁栄に不可欠な要素である台湾海峡の平和と安定の重要性を強調する。我々は、両岸問題の平和的解決を促す[*50]〉

日本政府関係者が続ける。

「ストルテンベルグ事務総長は、ノルウェー首相時代の2010年、中国民主化運動の闘士だった劉暁波《りゅうぎょうは》氏にノーベル平和賞を与えた推進役だった。だがそれによって、中国にノルウェー産サーモンを輸入禁止にされたりして、その強権体制に強烈な反感がある。来日時には、ともに中国に対抗していこうと盛り上がった[*51]」

軍事偵察気球をアメリカに飛ばしたワケ

一方、中国は、外交部の定例会見や官製メディアなどを通じて、反日キャンペーンを張った。例えば、1月16日に汪文斌《おうぶんひん》報道官は会見で、次のように吠えた。

「日本の防衛予算は連続11年大幅に増加し、不断に安保政策を調整し、軍事力による突破を強く推し進めている。そして地域の情勢を緊張に染めていくという本末転倒なことをやっている。ひいては自身の軍事力改変を口実に、NATOをアジア太平洋地域に引き入れようと企んでいる。日本に告げたいのは、アジア太平洋の安全安定の破壊者、攪乱者《かくらんしゃ》は、必ずや地域の国々の普遍的な反対と強烈な反抗に遭遇するだろうということだ[*52]」

中国の論理は明快だった。すなわち、現在のアジア太平洋地域は、戦争も起こっていないし、平和で安定した状態を保っている。ところがNATOがアジアにやって来ることによって、逆に緊張はヒートアップし、戦争のリスクが高まっていくというものだ。

実は日本も、この中国と同じ論理を、尖閣諸島に適用している。尖閣諸島は日本が実効支配しているのだから、島に自衛官か海上保安庁職員を常駐させて守るべきだという意見に対して、第1章で見てきたようにこう反論しているのだ。「もしもそんなことをすれば、中国側に開戦の口実を与えることになる。いまは日本が何もしていないから、中国も『襲来』してこないのだ[*53]」

ちなみに、NATOに対する中国とロシアの一致した主張は、次のようなものだ。

「NATOは第二次世界大戦後の冷戦期に、旧ソ連に対抗するため西側諸国が結成した。その主敵であるソ連は1991年に崩壊し、ワルシャワ条約機構（東側陣営のNATOにあたる機構）も消滅したのだから、その時点でNATOも解消すべきだった。それを新生ロシアに対して『拡大しない』と偽って、実際には32ヵ国にまで膨張した。NATOは前世紀の『冷戦の遺物』であり、直ちに解消すべきだ」

NATO東京事務所の設置問題に話を戻すと、中国はこの計画を阻止するため、硬軟織り交ぜた手段に出た。

まず「硬」の方は、アメリカに向けて軍事偵察用の気球を飛ばしたことだ。これはもしかしたら、人民解放軍が独断で行ったものかもしれない。

ともかく、人民解放軍が軍事偵察用気球をアメリカに向けて飛ばしたのは、NATOのアジア進出問題と関わりがあった可能性がある。前述の「二元論」に従えば、NATOをアジアに持って来ようとしている「敵国（アメリカ）の外相」が、「それはそれ」とばかりに、のこのこ北京へやって来るとは何事かという人民解放軍の意思表示だ。

結局、2月1日にアメリカ上空で「怪しい気球」が飛んでいることが発見され、4日にアメリカ軍がミサイルで撃墜した。[*54] その間、5日から6日まで北京を訪問予定だったブリンケン国務長官は、3日になって訪問延期を発表した。[*55]

バイデン大統領は、撃ち落としたパイロットを称賛し、7日の一般教書演説でもこの話をして喝采を浴びた。[*56] だが、中国軍に舐められているように見えなくもない。

フランスを味方にNATOのアジア進出阻止

一方、中国がNATOのアジア進出を阻止するために取った「軟」の戦略は、NATOの全会一致の原則を巧《たく》みに利用することだった。アメリカを除く当時の締約国29ヵ国のうち、「断固反対」を声高に叫んでくれるヨーロッパの国を探したのだ。

中国が白羽の矢を立てたのは、フランスのエマニュエル・マクロン政権だった。年金改革法の改正を巡って、連日大規模デモに見舞われていたマクロン大統領を、習近平政権が4月5日から7日まで招待したのである。

この時の中国外交で驚いたことが2点あった。一つは、あれほど記者会見の嫌いな習近平主席が、6日の中仏首脳会談後に、マクロン大統領との共同記者会見に応じたことである。これは、両国の「一体感」と「NATOのアジア進出反対」を、バイデン政権に見せつけるためと思われた。実際、会見で習主席は、「中国とフランスは冷戦時代のイデオロギーと陣営の対抗に反対する」と強調した。[*57]

もう一つは、北京での首脳会談だけでなく、わざわざ約1900キロも離れた南部の広州まで、マクロン大統領にお供したことだ。[*58] 習主席が外国首脳の地方視察にお供するのは、2015年5月にインドのナレンドラ・モディ首相を古都・西安でもてなして以来のことだった。

この時、両国が発表した共同声明では、中国からのエアバス160機の「爆買い」を始め、化粧品、農産品、金融、エネルギーなど、計51項目にわたって「中仏友好」を謳った。[*59] 今世紀に入ってから、フランスの歴代政権で定着している「困った時の中国詣《もう》で」が再現された形だった。

その代わり、マクロン大統領は習近平主席との「約束」をきっちり果たした。早くもフランスへの帰路の政府専用機内で、仏経済紙『レゼコー』などとのインタビューでこう述べた。

「最悪なのは、欧州が米国に追随しなければならないと考えることだ。台湾の問題に加勢して、欧州に利益はあるのか。ノーだ。欧州にとっての罠《わな》は、我々のものではない危機に巻き込まれることだ。『戦略的自立』とは、中国との関係などで欧州として戦略を持つことだ」[*60]

マクロン大統領は、7月11日から12日までリトアニアの首都ビリュニスで開かれたNATO首脳会議でも、東京のNATO連絡事務所設置案に強硬に反対し、これを葬《ほうむ》り去った。首脳会議後の会見でも、「インド太平洋は北大西洋ではない。NATOは地域外で影響力を高める印象を与えてはならない」と強調したのだった。[*61]

この一件を総括すれば、フランスに好き勝手に振舞われた米バイデン政権の不甲斐なさが目立った。日本はと言えば、バイデン政権の「木刀外交」に踊らされ、あげくにハシゴを外されてしまったのだ。残ったのは、中国の日本に対する深い恨みと不信ばかりである。

APECでの「大一番」

2023年秋になって、バイデン政権の「木刀外交」を強く感じたのが、11月15日から17日にサンフランシスコで開かれたAPEC（アジア太平洋経済協力会議）だった。岸田首相や習近平主席ら21ヵ国・地域の首脳が米西海岸に集結し、議長役をバイデン大統領が務めた。

その「前座」として、11月13日と14日にIPEF（Indo-Pacific Economic Framework for Prosperity インド太平洋経済枠組み）の閣僚級会合が、16日に首脳会合が開かれた。

IPEFは、アジア太平洋地域の自由貿易の枠組みであるTPP（環太平洋パートナーシップ）に加盟したくないバイデン政権が、2022年5月に東京で、半ば強引に立ち上げた新たな経済枠組みだ。「関税引き下げを強要しない」というのが特徴で、旗振り役のアメリカを始め、日本など計14ヵ国が参加している。[62]

IPEFでは、「貿易」「サプライチェーン」「クリーン経済」「公正な経済」を4本柱として交渉を開始。2023年5月に、まず「サプライチェーン」について合意がなされた。そして11月のサンフランシスコAPECで、「クリーン経済」と「公正な経済」でも実質的に妥結した。[63]

だが、最重要の「貿易」に関しては、バイデン政権自身がごねて妥結が図られないという状況に陥ったのだった。自由なデータ流通など高度なデジタル貿易のルールづくりに関して、GAFAM（グーグル、アップル、メタ、アマゾン、マイクロソフト）など巨大IT企業の利益と影響力拡大につながるとのアメリカ国内での懸念の声を、バイデン政権が重視したためだ。[64]

バイデン政権がIPEFを立ち上げた根本的な目的は、明らかに「中国包囲網」の構築である。だがその「網」に自らが縛られると見るや、特に大統領選で不利になると見るや、構築に待ったをかけてしまったのだ。まさに「木刀外交」の所産である。[65]

こうして「本番」のAPECを迎えたが、世界の耳目は、バイデン大統領と習近平主席の「大一番」（米中首脳会談）だった。

それは現地時間の11月15日、ランチを挟んで約4時間にわたって、サンフランシスコ南郊の庄園「フィロリ邸」で行われた。この両雄が対面するのは、2022年11月14日のインドネシア・バリ島会談（3時間12分）以来、一年ぶり2回目のことだった。

そもそもなぜ、このような旧態依然とした郊外の結婚式場で米中首脳会談が行われたかと言えば、それは中国側が「特別感」を出すよう要求したからだった。「皇帝然」とした習近平主席は、国際会議などで首脳会談を行う際、相手側のホテルを訪問することを嫌う。バイデン政権は、そんな中国側の求めに応じて、１９１５年に建てられた「フィロリ邸」を探してきたのだ。

ホスト役のバイデン大統領が、先に来て玄関で待っていると、習主席の専用車「紅旗」が到着した。互いに握手を交わし、邸内に入る時、バイデン大統領は準備してきたスマホの写真を見せた。「この38年前の写真の人物が誰だか分かるか?」「もちろんだとも」（２０９ページ写真）

それは河北省正定県書記時代の若かりし習近平氏が、初めてサンフランシスコを訪問して金門橋をバックに撮った写真だった。もうこのあたりからバイデン大統領は習主席におもねっている。

長テーブルを挟んで、バイデン大統領は右手にブリンケン国務長官以下５人、左手にジャネット・イエレン財務長官以下５人を従えていた。一方の習近平主席は右手に蔡奇《さいき》党常務委員兼中央弁公庁主任以下４人、左手に王毅党中央外事工作委員会弁公室主任兼外相以下５人を従えていた。

映像で見ると、ブリンケン国務長官のバイデン大統領を見つめる真剣なまなざしと、王毅外相の疲れ切った表情が印象的だ。中央に座った両雄は徐々に、厳しい口調となった。

バイデン大統領「米中は競争関係にあるが、言いたいのは、アメリカは国内の力の源泉への投資を継続し、世界中の同盟国やパートナーと連携していくということだ。アメリカは常に、自国の利益、価値観、同盟国やパートナーを守る。世界が期待しているのは、米中が競争を責任持って管理し紛争や対立、もしくは新冷戦に陥るのを防いでいくことだ[*66]」

習主席「昨今、世界は１００年来未曽有の大きな変化の中にあるが、中米には二つの選択肢がある。一つは団結、協力を強化し、手を携えて全世界のチャレンジに対応し、世界の安全と繁栄を促進することだ。もう一つはゼロサム(勝つか負けるか)のイデオロギーを抱いて、陣営の対立を策動し、世界を動乱と分裂に向かわせることだ。二つの選択は二つの方向を代表し、人類の前途と地球の未来を決定するのだ。世界で最も重要な二国間関係である中米関係は、こうした大きな背景のもとで思考し、策定していくべきだ[*67]」

成果は可もなく不可もなく

以下、具体的なテーマに移っていったが、中国の報道で強調していたのは、習主席の台湾問題に関する発言だった。

「アメリカは『台湾独立』を支持しないということを、具体的な行動で示さなければならない。台湾への武器輸出を停止し、中国の平和的な統一を支持するのだ。中国はいずれ統一される。必ずや統一されるのだ[*68]」

この発言に、バイデン大統領が何と答えたかは不明だ。だが両国の発表によれば、首脳会談で少なくとも以下の16項目について話し合ったと見られる。○×△は、それらが合意に至ったかについての、両国の公開資料などを読んでの私の憶測である。

①フェンタニルなどの薬物汚染防止○　②軍同士の対話促進○　③先端AIシステムの規制○
④南シナ海・東シナ海などでの自由で開かれたインド太平洋の保障×　⑤朝鮮半島の完全非核化

△　⑥ウクライナへの援助継続×　⑦イスラエル・ハマス紛争の早期解決△　⑧新疆ウイグル・チベット・香港を含む普遍的人権の保障×　⑨台湾の平和と安定×　⑩不公正な貿易慣行の解消×　⑪先端技術と経済安全保障×　⑫中国でのアメリカ人拘束や出国禁止の早期解決×　⑬相互航空便乗り入れの増便○　⑭教育・文化・スポーツ・ビジネス交流の増加○　⑮気候変動危機への対応○　⑯ハイレベルの外交交流の促進○

このように、特に画期的な合意と言えるものがあったわけではないが、そうかと言って成果がなかったとも言えない。いかにもバイデン流の「木刀外交」を象徴しているようだ。

長丁場の会談を終えると、バイデン大統領は、これまた中国側の要望に応えて、両首脳が並んで庭園を散歩している映像を撮らせた。手持無沙汰のバイデン大統領が習主席に何か話しかけるが、英語がチンプンカンプンの習主席は口をもごもごさせるだけ。何とも珍妙な映像だった。

最後はバイデン大統領が習主席を、玄関先まで見送った。その際、横づけされた習主席の専用車を見て、「素晴らしい車だ」と誉めあげた。すると習主席は笑顔になって、「紅旗といって中国製の車なんだ」と答えた。バイデン大統領は最後まで習主席を気遣った。

バイデンの習近平「独裁者」発言

その後、バイデン大統領だけが居残って、単独で21分間、記者会見を行った。厳しい質問が飛び出して、疲労困憊《こんぱい》の様子を見せ、会見を切り上げて踵《きびす》を返した。すると女性記者が、おもむろに声を上げた。
「それで大統領、今日の（米中首脳会談の）後でも、いまだに習を『独裁者《ディクテイター》』と呼びますか？　この言葉はあなたが今年初めに使ったものですが」
するとバイデン大統領は、振り向いて答えた。
「そうだね、彼を見たまえ。彼は国家を運営しているんだ。私たちとは全体的に異なった政府の形態に基づいた共産国家をね。その意味で、彼は独裁者さ」[*69]
この「独裁者発言」が飛び出した時、会見の最前列に座っていたブリンケン国務長官は、飛び上がらんばかりの硬直した表情に変わった。案の定、瞬く間に、日本を含む世界中にバイデン大統領の「独裁者発言」が流布し、怒り心頭の中国はアメリカに強烈な抗議を行った。[*70]
すると翌日、APEC首脳会議に合わせて全員が着席した際、議長席のバイデン大統領が突然立ち上がり、習主席のもとに駆け寄って行って肩を叩いた。驚いた習主席が立ち上がり、中国側の通訳がすっ飛んできた。バイデン大統領の表情からして、習主席に詫《わ》びているようだった。[*71]
見ていて、肩を落としたくなる映像だった。世界最強国の大統領として、言ったら詫びるな、詫びるなら言うなである。
重ねて言うが、習近平政権の側が、アメリカの軍隊は畏《おそ》れていても、バイデン政権を畏れていない。アメリカ側も、インド太平洋軍やエマニュエル大使など「前線の現場」は「臨戦態勢」だが、ワシントンは基本的に「事なかれ主義」「大統領選優先」である。そんな中で人民解放軍は、習近平政権の「強軍・強国」のスローガンを後ろ盾にして暴走していく――。

もしも第2期トランプ政権が発足したら、前述のグレイ元大統領副補佐官の言によれば、「中国叩き政権」となる。そうなると、2020年からの3年にわたる「ゼロコロナ政策」を経て悪化した中国経済が、さらにダウンするのは必至だ。

中国が経済危機に陥ったら、「安全」を最重要視する習近平政権は、ますます「強軍・強国」を唱えて、国民への締めつけを強めるだろう。そしてやはり、行き着くところは人民解放軍の暴走ということにならないだろうか。特に「尖閣奪取」は政権の求心力を大いに高めるはずだ。

とりわけ、フィリピンなどの事例から、アメリカ軍が完全に日本をバックアップするわけではないと中国側が判断したら、「尖閣有事」のリスクは大きく跳ね上がる。その意味で「尖閣有事」は日中問題であると同時に、日米問題でもある。

もちろん、日本自身で守り抜く「覚悟」が最も大切であることは言うまでもない――。

あとがき

釈明するようだが、私は決して「嫌中《けんちゅう》」の輩《やから》ではない。むしろ中国と中国人が好きだから、これまで35年間も中国ウォッチャーを続けてきた。毎朝目を覚ますと、中国茶を啜《すす》りながら、CCTVの『朝聞天下』（朝のニュース）を見ることから一日を始める。その間、中国共産党中央委員会機関紙『人民日報』や、その傘下の国際紙『環球時報』などに目を通す。そうやって関連図書を35冊（本書を除く）も書いてきた。北京にも4年間住んだことがある。

２０１２年11月に習近平氏が共産党総書記に選出され、翌年３月に国家主席に選出された時には、割と寛大に眺めていた。新総書記が汚職撲滅を唱え、１億人近い世界最大の政党・中国共産党で権力闘争を勝ち抜いていく様は豪快だった。

２０１７年10月に習主席が共産党総書記に再選され、翌年３月に国家主席に再選された時には、いままさに中国で「人類最大の実験」が行われているのだと思った。習主席が崇拝する毛沢東元主席の「理想的な社会主義」を、21世紀の最先端ＩＴを駆使しながら14億人を相手に実現できるのかという気宇壮大な実験だ。

ところが、２０２２年10月に習主席が共産党総書記に「異例の三選」を果たし、翌年３月に国家主席にも三選された時には、それまでの10年間のように「高みの見物」とはいかなくなった。私の好きな将棋にたとえれば、長手数の詰将棋を読み切った時の心境とでも言おうか。「あれっ、このまま行けば日本は詰んでしまうのでは？」と直感したのだ。ささやかな愛国心が反応した。

習近平政権が日々説き続けている「中国の夢」（中華民族の偉大なる復興という中国の夢の実現）というスローガンは、中国及び東アジアの状態を、日清戦争（１８９４年）の前の状態に戻すことを意味している。そのための最大のイベントは台湾統一だが、中国では尖閣諸島を「台湾の一部」とみなしているため、当然「尖閣奪取」も含まれるのだ。そして台湾統一がなされた暁《あかつき》には無論、逆に「台湾統一は当面困難」と結論づけた場合にも、尖閣諸島は「代替地」として格好の標的となるだろう。そんな「近未来の姿」が目に浮かんだのだ。

思えば、１９２３年に起こった関東大震災は、今村明恒《あきつね》東京帝国大学教授が予見していた。１９２９年に起こった米ウォール街の崩壊（世界恐慌）は、『ＮＹＴ《ニューヨークタイムズ》』のアレクサンダー・ノイズ経済部長が予見していた。その他、古今東西の大事件・大事故には必ず警告者がいるものだ。

未来永劫引っ越しできない日本と中国は、平和友好の関係を築いていくのが、もちろんベストである。だが過去２０００年の歴史を振り返ると、白村江《はくそんこう》の戦い（６６３年）に始まり、争乱の時期もままあった。特に現在は「自由と民主」を標榜《ひょうぼう》する日本の国力を、「安全と強軍の社会主義」を追求する中国が大きく凌駕しようとしている。両国の政治体制や理念の乖離《かいり》もあいまって、誤解や衝突が生じやすい時期と言える。

そんな中で私が提唱するのは、「シン専守防衛論」である。中国を非難したり、内政干渉したり、ましてや攻撃したりするのでなく、万一の「激震」に備えて、日本が実効支配している貴重な領土である尖閣諸島を、真摯に「専守防衛」していくということだ。

もしかしたら一部の日本人は、「万が一、尖閣諸島を中国に取られたって、たかが台湾の近くにある無人島でしょう」と思っているかもしれない。

だが、実効支配が中国に移った場合の日本の地政学的損失は計り知れない。日本は一気に小国化し、1億2000万日本人は、貝のようにフタを閉じてひっそりと生きていかねばならなくなる。まさに江戸時代への逆戻りだ。おまけにエネルギーの命脈を中国に握られながらだ。

折しも2025年1月には、2期目のトランプ政権が、アメリカに誕生するかもしれない。日本の軍事同盟国が「アメリカ・ファースト」を徹底すれば、日本の国土は自力で守っていくしかない。そのためにも来たる「激震」に備え、「尖閣Jアラート」の「空振り」はあっても「見逃し」はしない精神で、「シン専守防衛」を貫いていくべきである。

今回、多様な見解で筆者を啓発してくれた各界の方々に感謝申し上げたい。それらを汲み上げ、私の責任で執筆したのが本書である。担当してくれた中央公論新社の金澤智之氏は、私が北京駐在員時代に『「中国模式」の衝撃』（平凡社新書、2012年）を担当していただいて以来、世話になっており、再度感謝申し上げたい。

本書が日本の領土を保全し、かつ日中紛争を回避する一助になれば幸いである。

近藤大介

註

序章

＊1　このスローガンを習近平総書記が初めて表明したのは、２０１４年４月15日に開いた中央国家安全委員会第１回会議の席で、翌年にこの日を国家安全教育日に指定。２０２４年の同日には10周年を喧伝した。
光明網　https://baijiahao.baidu.com/s?id=1796278714910499474&wfr=spider&for=pc 他

＊2　このスローガンを習近平総書記が初めて表明したのは、総書記に就いて２週間後、共産党常務委員（トップ7）を引き連れて国家博物館を視察した２０１２年11月29日だった。
新華社　２０１２年11月29日　http://www.xinhuanet.com/politics/2012-11/29/c_113852724.htm

＊3　米インド太平洋軍のアキリーノ司令官は２０２４年３月20日の議会証言で、「中国は２０２７年までに台湾侵攻の準備を整える」と述べた。
ブルームバーグ　２０２４年３月21日　https://www.bloomberg.co.jp/news/articles/2024-03-20/SANV4MDWLU6800

＊4　台湾国防部ＨＰ　２０２３年12月31日　https://www.mnd.gov.tw/Publish.aspx?p=82410&title=%e5%9c%8b%e9%98%b2%e6%b6%88%e6%81%af&SelectStyle=%e6%96%b0%e8%81%9e%e7%a8%bf

＊5　環球時報　２０２１年３月15日　https://baijiahao.baidu.com/s?id=1694273823878417601&wfr=spider&for=pc

＊6　防衛省統合幕僚監部ＨＰ　２０１２年３月８日　https://www.mod.go.jp/js/pdf/2012/p20120307.pdf

＊7　米国務省の発表文にはスカボロー礁についての合意は明記されていない。米国務省ＨＰ　２０１２年４月30日
https://2009-2017.state.gov/r/pa/prs/ps/2012/04/188977.htm

＊8　Yahoo News　２０１２年６月25日「スカボロー礁の孤立からの教訓」　https://sg.news.yahoo.com/lessonsscarborough-shoal-standoff-013649748.html?guccounter=1&guce_referrer=aHR0cHM6Ly93d3cuZ29vZ2xlLmNvbS8&guce_referrer_sig=AQAAANFtOGsVL3jWWr0gJrv5DHG7kksREpqfORhZWJXOk9ZFDHSp9DHCPTqWloxazJnwFdiNovg-sVeDeETKcmAevbfjW9Nm8wQ0QK90Qt8eAXaC0PeqC0JeU_b_XyQXFvbpJGb4sFwRQ5IWNOtg4OeE5kXBjH4XBxzl3y8sJUrudbab 他

＊9 中国家庭金融調査報告・２０１２ https://max.book118.com/html/2019/0323/8113067004002014.shtm

＊10 中国国家統計局ＨＰ ２０２３年６月15日 http://www.stats.gov.cn/sj/zxfb/202306/t20230615_1940628.html

＊11 中国教育部ＨＰ ２０２３年12月５日 http://www.moe.gov.cn/jyb_xwfb/gzdt_gzdt/moe_1485/202312/t20231205_1093287.html

第１章

＊1 海上保安庁ＨＰ https://www.kaiho.mlit.go.jp/mission/senkaku/senkaku.html

＊2 中国海警局ＨＰ https://www.ccg.gov.cn 拙著『パックスチャイナ』（講談社、２０１６年）91ページ

＊3 中国海警局は国内では「海警総隊」と称している。かつ中国海警法を読むと「準軍隊」的組織であることが分かる。その全文は人民網ＨＰ https://baijiahao.baidu.com/s?id=1690534035723546599&wfr=spider&for=pc

＊4 『海上保安レポート２０２４』66ページ

＊5 同 １０１ページ

＊6 ２０２４年２月６日、約２時間にわたりインタビューした。なお奥島前長官は、『知られざる海上保安庁 安全保障最前線』（ワニブックス、２０２４年）を上梓し、尖閣諸島防衛の大切さを啓蒙している。

＊7 自衛隊関係者に確認したところ、「接近戦の場合は確かに40ミリ機関砲の方が76ミリ機関砲よりも小回りが利く」とのことだった。

＊8 令和５年版『防衛白書』２８２ページ

＊9 同 58ページ

＊10 首相官邸ＨＰ ２０２２年12月16日 https://www.kantei.go.jp/jp/101_kishida/statement/2022/1216kaiken.html

＊11 日本防衛省ＨＰ ２０２４年１月18日 https://www.mod.go.jp/j/press/news/2024/01/18b.html

＊12 内閣官房HP　2024年3月26日　https://www.cas.go.jp/jp/gaiyou/jimu/bouei.html

＊13 日本外務省HP　2024年4月10日　https://www.mofa.go.jp/mofaj/files/100652109.pdf

＊14 『日中関係2001-2022』（東京大学出版会、2023年）211ページ

＊15 民主党HP　http://archive.dpj.or.jp/china/contents/20091210.html　小沢一郎幹事長が主導したことから、「小沢訪中団」と呼ばれた。

＊16 人民網　2010年5月31日　http://www.peoplechina.com.cn/zhuanti/2010-06/01/content_275746.htm

＊17 朝日新聞　2012年7月7日　http://www.asahi.com/special/senkaku/TKY201207070149.html

＊18 私は首相官邸幹部に、「7月7日は1937年のこの日に日中戦争開戦の盧溝橋事件（七七事変）が起こっており、中国で最も『反日ムード』が高まる日なのに、なぜこの日を選んだのか」と問うた。すると官邸幹部は、「そんなこと知らなかった、単なる偶然だ」と答えた。民主党政権の「鈍感力外交」を物語るエピソードだ。

＊19 拙著『対中戦略』（講談社、2013年）58〜61ページ

＊20 香港人の親日ぶりを示す例としては、2023年の香港からの訪日客は延べ211万人に上り、香港の全人口の実に28％にあたる。

＊21 2006年7月に東京で行った聞き取りによる。

＊22 拙著『対中戦略』23〜44ページ

＊23 薛剣外交官はその後、2021年6月29日に駐大阪総領事に就任し、ツイッター（現「X」）を駆使して「戦狼外交官」として名を馳せた。

＊24 防衛省『「航行の自由」作戦に関する年次報告書（2015年版）』　https://www.mod.go.jp/asdf/meguro/center/img/121ap2.pdf

＊25 中国中央人民政府網　2016年1月1日　https://www.gov.cn/xinwen/2016-01/01/content_5030144.htm

＊26 人民網　2023年8月6日　http://military.people.com.cn/n1/2023/0806/c1011-40051285.html

＊27 501ページにわたる判決の全文は以下。https://docs.pca-cpa.org/2016/07/PH-CN-20160712-Award.pdf

＊28 瞭望智庫　https://zhuanlan.zhihu.com/p/127264750

＊29 白書の全文は次のアドレスで見られるが、ひたすら自己主張を貫いている。https://news.ifeng.com/a/20160713

/49345885_0.shtml
＊30　日本外務省ＨＰ　２０１６年７月16日　https://www.mofa.go.jp/mofaj/erp/aec/page12_000018.html
「各国首脳からは……忌憚ない発言が行われました」と表記されているが、主に安倍首相による中国批判だったという。安倍首相はこの時の李克強首相との日中首脳会談でも、南シナ海問題で中国を強く牽制した。
＊31　読売新聞　２０２３年９月18日　https://www.yomiuri.co.jp/national/20230917-OYT1T50099/
＊32　首相官邸ＨＰ　２０２３年９月19日午後の松野博一官房長官会見　https://www.kantei.go.jp/jp/tyoukanpress/202309/19_p.html
＊33　産経新聞　２０２３年11月22日　https://www.sankei.com/article/20231122-XZNGNKN2KJOXJJEA4PKYBXA4RY/
＊34　産経新聞　２０２４年３月13日　https://www.sankei.com/article/20240313-N2BMV62JLNE6PHQX3FRJXEQXZE/
＊35　２０２４年３月に行った聞き取りによる。
＊36　保阪正康著『近代日本の地下水脈Ⅰ』（文春新書、２０２４年）55ページ
＊37　央視網　２０２３年12月２日　https://china.cnr.cn/news/sz/20231202/t20231202_526505870.shtml 他
＊38　共同通信　47NEWS　２０２３年12月30日　https://www.47news.jp/10333234.html
＊39　Stars and Stripes　２０２４年１月４日　https://www.stripes.com/theaters/asia_pacific/2024-01-04/senkaku-islands-japan-china-ships-12551787.html
＊40　環球時報　２０２４年１月５日　https://opinion.huanqiu.com/article/4G2Zk3uYsot
＊41　央視網　２０１３年５月８日　https://news.cntv.cn/2013/05/08/ARTI1367991873740650.shtml 他
ＣＣＴＶのＨＰには、「沖縄独立組織模索琉球建国」なるページもある。https://news.cntv.cn/special/liuqiu/
＊42　環球時報　２０２３年７月３日　https://mp.weixin.qq.com/s?__biz=MjM5MDk1NzQzMQ==&mid=2653797480&idx=2&sn=31fe07631f7ba292f5e691a0171d3f8c&chksm=bd65f6708a127f6623207f4fc5495eb1af0a2ddb4879fa5be4ea6733144612c1fcfb07fbfdbc#rd
＊43　環球網　２０２３年７月４日　https://baijiahao.baidu.com/s?id=1770479975928860288&wfr=spider&for=pc

＊44　新京報　２０２３年７月４日　https://baijiahao.baidu.com/s?id=1770727923401865994&wfr=spider&for=pc

＊45　テレ東ＢＩＺ　２０２３年７月６日　玉城デニー知事会見　https://www.youtube.com/watch?v=7U7G7aH7F5U

＊46　洪武25年（１３９２年）に、洪武帝の命令で、閩（福建省）のインテリや技術者たちが大挙して琉球に移住したことを指す。

＊47　人民網　２０２３年６月４日　http://paper.people.com.cn/rmrb/html/2023-06/04/nw.D110000renmrb_20230604_1-01.htm

＊48　福建日報　２０２３年７月６日　https://baijiahao.baidu.com/s?id=1770714584762721115&wfr=spider&for=pc

＊49　２０２４年２月に那覇市内で話を聞いた。

＊50　「福州園」は繁華街の国際通りからも遠くないが、閑静で見事な福州式庭園である。中国風だが那覇市にあっては、それほど違和感がない。ＨＰは下記。https://www.fksn-okinawa.jp/

＊51　中国中央人民政府ＨＰ　２０２３年７月６日　https://www.gov.cn/yaowen/liebiao/202307/content_6890298.htm?device=app&wd=&eqid=ae6c59de00052ccd000000066566f446

＊52　人民網　２０２３年７月８日　http://paper.people.com.cn/rmrbhwb/html/2023-07/08/content_26003741.htm

＊53　中国人大網ＨＰ　２０２３年10月24日　http://www.npc.gov.cn/c2/c30834/202310/t20231024_432535.html

＊54　中国甲午戦争博物館ＨＰ　http://www.jiawuzhanzheng.org/

＊55　新華網　２０１８年６月15日　http://www.xinhuanet.com/politics/xxjxs/2018-06/15/c_1122993058.htm

＊56　中国軍網　２０２２年10月10日　http://www.81.cn/2022zt/2022-10/10/content_10190805.htm?from=singlemesage

＊57　戸高一成著『日本海軍戦史』（角川新書、２０２１年）２４３ページ

＊58　保阪正康著『近代日本の地下水脈Ｉ』（文春新書、２０２４年）53ページ

＊59　小林道彦著『山県有朋』（中公新書、２０２３年）１０１～１１０ページ

＊60　＊58　72～74ページ、＊59　３１２ページ、伊藤之雄著『伊藤博文』（講談社学術文庫、２０１５年）３７２ページ

＊61　＊59　268～277ページ、陸奥宗光著『蹇蹇録』（岩波文庫、1983年）77～101ページ
＊62　ユン・チアン著『西太后秘録』（講談社、2015年）上巻226～227ページ
＊63　＊62　222ページ
＊64　2023年末に東京で行った聞き取りによる。
＊65　NHK　2023年11月26日　https://www3.nhk.or.jp/news/html/20231126/k10014269621000.html
＊66　2024年2月に行った聞き取りによる。
＊67　李承晩ラインの説明とその違法性についての日本外務省の見解は以下。https://www.mofa.go.jp/mofaj/area/takeshima/g_senkyo.html
＊68　2024年3月に行った聞き取りによる。

第2章

＊1　王毅外相の会見全文は下記、外交部HP　2024年3月7日　https://www.mfa.gov.cn/web/wjbz_673089/xghd_673097/202403/t20240307_11255225.shtml
＊2　例えばロイター通信は2024年3月4日、「中国は30年の伝統だった首相の年に1度の記者会見を終わらせる」との見出しで速報した。https://www.reuters.com/world/china/china-cancels-premiers-press-conference-first-time-since-1993-2024-03-04/
＊3　翌日に外交部定例会見でテレビ朝日の記者が質問したら、毛寧報道官は「時間の関係ですべての質問に答えることはできなかった」と釈明した。
中国外交部HP　2024年3月8日　https://www.mfa.gov.cn/web/fyrbt_673021/202403/t20240308_11256472.shtml
＊4　中共中央宣伝部挙行新時代外交工作新聞発布会　2022年9月29日　https://www.sohu.com/a/589242177_121106902
＊5　外務省HP　2018年6月26日　https://www.mofa.go.jp/mofaj/press/pr/wakaru/topics/vol168/index.html#:~:text=1972%E5%B9%B49%E6%9C%8829,%E4%B8%AD%E5%9B%BD%E4%BA%A4%E6%AD%A3%E5%B

8%B8%E5%8C%96%E3%80%8D%E3%81%A7%E3%81%99%E3%80%82
＊6　ＮＨＫアーカイブス　https://www2.nhk.or.jp/archives/movies/?id=D0009030116_00000
＊7　外務省ＨＰ　https://www.mofa.go.jp/mofaj/gaiko/bluebook/1983/s58-shiryou-212.htm
＊8　内閣府ＨＰ　https://survey.gov-online.go.jp/s57/S57-06-57-03.html
＊9　１９８０年代の中国での日本映画ブームについては、劉文兵著『中国10億人の日本映画熱愛史』（集英社新書、２００６年）に詳しい。
＊10　宮内庁ＨＰ　https://www.kunaicho.go.jp/okotoba/01/speech/speech-h04e-china.html
＊11　外務省ＨＰ　https://www.mofa.go.jp/mofaj/gaiko/bluebook/2003/gaikou/html/honpen/chap02_01_02. html
＊12　トヨタ自動車ＨＰ　https://www.toyota.co.jp/jpn/company/history/75years/text/leaping_forward_as_a_global_corporation/chapter4/section4/item1_b.html
＊13　朝日新聞　２０１２年９月23日　http://www.asahi.com/special/senkaku/TKY201209230122.html
＊14　中国中央人民政府網　２０２２年９月14日　https://www.gov.cn/xinwen/2022-09/14/content_5709772.htm
＊15　在中国日本国大使館ＨＰ　２０２２年９月29日　https://www.cn.emb-japan.go.jp/itpr_ja/00_000930.html
＊16　＊15に同じ
＊17　中国外交部ＨＰ　２０２２年９月29日　http://newyork.fmprc.gov.cn/web/sp_683685/wjbfyrlxjzh_683691/202209/t20220929_10774489.shtml
＊18　人民網　２０２１年８月29日　http://world.people.com.cn/n1/2021/0829/c1002-32211458.html
＊19　例えば、２０２３年10月23日に李強首相から岸田首相に送られた日中平和友好条約締結45周年の祝電にも、「新時代の要求にふさわしい中日関係を構築していく」との一文が入っていた。
＊20　２０２２年後半に行った聞き取りによる。
＊21　外務省ＨＰ　https://www.mofa.go.jp/mofaj/area/china/genkinanihon/event-report201202_pk.html　東日本大震災の翌年ということで中国側も友好的だった。
＊22　外務省ＨＰ　２０２２年11月17日　https://www.mofa.go.jp/mofaj/a_o/c_m1/cn/page1_001413.html
＊23　２０２２年後半に行った聞き取りによる。

＊24　北京日報　２０２２年11月18日　https://baijiahao.baidu.com/s?id=1749789543017004127&wfr=spider&for=pc
＊25　首相官邸ＨＰ　２０２２年11月17日　https://www.kantei.go.jp/jp/101_kishida/statement/2022/1117kaiken.html
＊26　首相官邸ＨＰ　２０２２年12月16日　https://www.kantei.go.jp/jp/101_kishida/statement/2022/1216kaiken.html
＊27　２０２３年１月に安倍政権時代の首相官邸幹部に行った聞き取りによる。
＊28　中国外交部ＨＰ　２０２２年12月16日　https://www.fmprc.gov.cn/fyrbt_673021/jzhsl_673025/202212/t20221216_10991336.shtml
＊29　中国外交部ＨＰ　２０２３年１月10日　https://www.fmprc.gov.cn/fyrbt_673021/jzhsl_673025/202301/t20230110_11005296.shtml 他
＊30　日本外務省ＨＰ　２０２３年１月５日　https://www.anzen.mofa.go.jp/od/ryojiMailDetail.html?keyCd=139360
＊31　中国外交部ＨＰ　２０２３年１月30日　https://www.fmprc.gov.cn/fyrbt_673021/jzhsl_673025/202301/t20230130_11016413.shtml
＊32　２０２３年前半に行った聞き取りによる。
＊33　上観新聞ＨＰ　２０２２年12月30日　https://www.jfdaily.com/news/detail.do?id=567193　秦剛外相就任は就任時に中国メディアが一斉に報じたが、２０２３年７月25日に解任されたことで、その後、多くの中国メディアのＨＰで秦氏に関連するニュースが閲覧禁止となった。
＊34　中国外交部ＨＰ　２０２３年１月９日　https://www.mfa.gov.cn/web/wjbz_673089/xghd_673097/202301/t20230109_11004647.shtml
＊35　在韓中国大使館のＨＰで発表されたが、後に削除された。
＊36　ジャイシャンカル外相の著書『インド外交の流儀』（白水社、２０２２年）のような外交哲学書は、王毅外相には望むべくもない。もっとも、このようなある意味「外交暴露本」を現役の中国外相が出版することは不可能だが。
＊37　王岐山副主席、李克強首相、汪洋政協主席、劉鶴副首相、胡春華副首相、郭樹清中国人民銀行党委書記らで、

胡錦濤前主席に連なる幹部が多いが、習近平主席に連なる幹部もいた。

*38 この人事は明らかに習近平主席の意向であろう。王毅氏の権力が強まりすぎることを警戒して、若い秦剛外相を「格上げ」したのかもしれない。外相から国務委員になるまで、王毅氏は丸5年かかったが、秦剛氏はわずか3ヵ月足らずで駆け上がった。

*39 共同通信 47NEWS ２０２３年３月25日 https://www.47news.jp/9107519.html

*40 朝日新聞 ２０２３年３月26日 https://www.asahi.com/articles/ASR3V6GKPR3VUHBI00T.html 他

*41 中国外交部ＨＰ ２０２３年３月27日 https://www.fmprc.gov.cn/fyrbt_673021/jzhsl_673025/202303/t20230327_11049724.shtml

*42 改正された「反スパイ法」の全文は下記。https://baijiahao.baidu.com/s?id=1764278551703918584&wfr=spider&for=pc

*43 外務省ＨＰ https://www.mofa.go.jp/mofaj/a_o/c_m1/cn/page1_001558.html

*44 ２０２３年前半に日本政府関係者に行った聞き取りによる。

*45 中国外交部ＨＰ ２０２３年10月19日 https://www.mfa.gov.cn/web/fyrbt_673021/202310/t20231019_11164033.shtml

*46 ＮＨＫ ２０２３年11月28日 https://www3.nhk.or.jp/news/html/20231128/k10014271121000.html

*47 ２０２４年２月に垂秀夫前大使から聞いた話に基づく。

*48 ＮＨＫ ２０２４年３月26日 https://www3.nhk.or.jp/news/html/20240326/k10014403091000.html

*49 防衛省ＨＰ ２０２３年４月２日 https://www.mod.go.jp/j/press/kisha/2023/0402a_r.html

*50 経済産業省ＨＰ ２０２３年３月31日 https://www.meti.go.jp/speeches/kaiken/2022/20230331001.html

*51 岸田首相の著書『岸田ビジョン』（講談社、２０２０年）には、ジョン・ケリー元国務長官との家族づきあいなどが紹介され、民主党系のアメリカの政治家とウマが合うことが窺える。

*52 クリス・ミラー著『半導体戦争』（ダイヤモンド社、２０２３年）２２２ページ

*53 『くまもと半導体産業推進ビジョン』 https://www.pref.kumamoto.jp/uploaded/life/168486_394477_misc.pdf 他

*54 湯之上隆著『半導体有事』（文春新書、２０２３年）２０６ページ

＊55　中国外交部ＨＰ　２０２３年３月31日　https://www.fmprc.gov.cn/fyrbt_673021/jzhsl_673025/202303/t20230331_11052523.shtml

＊56　２０２３年後半に日本政府関係者に行った聞き取りによる。同年10月には『中国版「経済安全保障」と日本としての対応案』と題したペーパーを作成し、政府内部の関係者で危機感を共有した。

＊57　中国半導体産業協会ＨＰ　２０２３年４月28日 https://web.csia.net.cn/newsinfo/5854351.html

＊58　経済産業省ＨＰ　２０２３年７月23日　https://www.meti.go.jp/policy/anpo/law09-2.html#230523

＊59　中国商務部ＨＰ　２０２３年７月３日　http://www.mofcom.gov.cn/article/zcfb/zcblgg/202307/20230703419666.shtml

＊60　ＮＨＫのＨＰの解説記事　２０２３年８月１日　https://www3.nhk.or.jp/news/html/20230801/k10014149091000.html

＊61　首相官邸ＨＰ　２０２１年４月13日　https://www.kantei.go.jp/jp/99_suga/actions/202104/13kaigi1.html

＊62　光明網　２０２３年４月13日　https://m.gmw.cn/baijia/2021-04/13/1302228953.html

＊63　日本外務省ＨＰ　２０２３年７月４日　https://www.mofa.go.jp/mofaj/dns/n_s_ne/page6_000881.html

＊64　新華網　２０２３年７月18日　http://www.news.cn/photo/2023-07/18/c_1129756393.htm

＊65　２０２３年夏以降、少なからぬ中国の知人が観光で来日し、会食したが、彼らはほぼ例外なく、日本の海産物に舌鼓を打っていた。「そんなに危険なら世界一神経質な日本人が食べるはずがない」というのが彼らの共通認識だった。もっとも、そのように考える中国人だけが来日していたのかもしれない。

＊66　中国のすべてのテレビ番組は、国家広播電視総局の検閲を経ないと放映できないため、基本的に「生放送」はない。それが異例の生放送だったことは、事前に上部の指示があったことを示唆している。

＊67　中国外交部ＨＰ　２０２３年８月24日　https://www.fmprc.gov.cn/fyrbt_673021/dhdw_673027/202308/t20230824_11131280.shtml

＊68　中国海関総署ＨＰ　２０２３年８月24日　http://www.customs.gov.cn/customs/302249/302266/302267/5277845/index.html

＊69　国家市場監督管理総局ＨＰ　２０２３年８月25日　https://www.samr.gov.cn/xw/zj/art/2023/art_c18d252d0f2

540dab2354e9073903ac3.html

＊70　首相官邸ＨＰ　２０２３年９月６日　https://m.youtube.com/watch?v=rvdp4KGy3Ls

＊71　日中韓サミットは２００８年12月に麻生太郎首相が温家宝首相と李明博大統領に声をかけて福岡で始めたが、２０１９年12月に安倍晋三首相、李克強首相、文在寅大統領が成都で行った第８回サミットで途絶えていた。https://www.mofa.go.jp/mofaj/a_o/rp/page4_005530.html

＊72　中国生態環境部ＨＰ　２０２３年10月25日　https://www.mee.gov.cn/ywgz/fgbz/fl/202310/t20231025_1043942.shtml

＊73　言論ＮＰＯのＨＰ　２０２３年10月10日　https://www.genron-npo.net/world/archives/16585.html

＊74　中国日本商会ＨＰ　２０２３年10月12日　https://www.cjcci.org/userfiles/%E4%BC%9A%E5%93%A1%E4%BC%81%E6%A5%AD%E6%99%AF%E6%B0%97%E3%83%BB%E4%BA%8B%E6%A5%AD%E7%92%B0%E5%A2%83%E8%AA%8D%E8%AD%98%E3%82%A2%E3%83%B3%E3%82%B1%E3%83%BC%E3%83%88%E7%B5%90%E6%9E%9C_20231012_10111700(2).pdf

＊75　中国日本商会ＨＰ　２０２４年１月15日　file:///C:/Users/User/Desktop/%E4%BC%9A%E5%93%A1%E4%BC%81%E6%A5%AD%E6%99%AF%E6%B0%97%E3%83%BB%E4%BA%8B%E6%A5%AD%E7%92%B0%E5%A2%83%E8%AA%8D%E8%AD%98%E3%82%A2%E3%83%B3%E3%82%B1%E3%83%BC%E3%83%88%E7%B5%90%E6%9E%9C%20%E7%AC%AC2%E5%9B%9E_20230115_v24_compressed.pdf

＊76　三菱自動車ＨＰ　２０２３年10月24日　https://www.mitsubishi-motors.com/content/dam/com/ir_jp/pdf/irnews/2023/20231024-01.pdf

＊77　２０２３年12月に東京で行った聞き取りによる。

＊78　日本外務省ＨＰ　２０２３年11月16日　https://www.mofa.go.jp/mofaj/a_o/c_m1/cn/page1_001916.html

＊79　人民日報ＨＰ　２０２３年11月18日　http://paper.people.com.cn/rmrb/html/2023-11/18/nbs.D110000renmrb_02.htm

＊80　在中国日本国大使館ＨＰ　２０２３年11月23日　https://www.cn.emb-japan.go.jp/itpr_ja/00_001140.html

＊81　日本外務省ＨＰ　２０２４年４月11日　https://www.mofa.go.jp/mofaj/files/100652739.pdf

＊82　日本外務省ＨＰ　２０２４年４月10日　https://www.mofa.go.jp/mofaj/files/100652148.pdf
＊83　中国外交部ＨＰ　２０２４年４月12日　https://www.fmprc.gov.cn/wjdt_674879/sjxw_674887/202404/t20240412_11280716.shtml
＊84　中国外交部ＨＰ　２０２４年４月12日　https://www.fmprc.gov.cn/fyrbt_673021/202404/t20240412_11280916.shtml
＊85　環球網　２０２４年４月21日　https://baijiahao.baidu.com/s?id=1796915700435914112&wfr=spider&for=pc

第３章

＊１　中国共産党員網　https://www.12371.cn/special/20da/?eqid=98c558d00000ff57000000066497a3ea
＊２　全文は中国中央人民政府網　２０２２年10月25日　https://www.gov.cn/xinwen/2022-10/25/content_5721685.htm
＊３　ロイター　２０２２年11月28日　https://jp.reuters.com/article/idUSKBN2SH028/ 他
「白紙運動」の直接のきっかけは、11月24日にウルムチで起きた火災で、理不尽な「ゼロコロナ政策」によって10人が死亡した事故だった。だが３年近くに及んだ「ゼロコロナ政策」に、若者たちの堪忍袋の緒が切れた結果と見るべきだろう。
＊４　中国公安部ＨＰ　２０２２年12月３日　https://baijiahao.baidu.com/s?id=1751157639660561244&wfr=spider&for=pc
＊５　中国中央人民政府網　２０２２年12月８日　https://www.gov.cn/zhengce/2022-12/08/content_5730631.htm
＊６　当時の感染状況については、新京報　２０２３年３月11日の記事に詳しい。https://baijiahao.baidu.com/s?id=1760078848463812828&wfr=spider&for=pc
＊７　中国中央人民政府網　２０２３年３月13日　https://www.gov.cn/gongbao/content/2023/content_5747259.htm
＊８　習近平主席と李克強首相の最後の握手写真は下記で見られる。人民網　２０２３年３月12日　http://lianghui.people.com.cn/2023/BIG5/n1/2023/0312/c452482-32642202.html
＊９　中国中央人民政府網　２０２３年10月27日　https://www.gov.cn/yaowen/liebiao/202310/content_6912193.htm?

selected=2

＊10　２０２３年後半に李克強前首相を知る人物に行った聞き取りによる。

＊11　中工網（新華社の引用）　２０１７年10月25日　https://www.workercn.cn/357/201710/25/171025201633053.shtml 他

＊12　２０１０年に杭州で行った聞き取りによる。

＊13　２０１８年に行った聞き取りによる。

＊14　ANNnewsCN　２０２２年４月12日　https://www.youtube.com/watch?v=hb5FBRxZ0hE 他で映像が見られる。

＊15　澎湃新聞　２０２２年６月25日　https://baijiahao.baidu.com/s?id=1736576107385158513&wfr=spider&for=pc

＊16　会見の全文は、新京網　https://baijiahao.baidu.com/s?id=1760227987044534900&wfr=spider&for=pc

＊17　中国経済網　２０２２年12月30日　http://district.ce.cn/newarea/sddy/202212/30/t20221230_38319341.shtml
なお秦剛氏に関しては、公式の外交部ＨＰなどから消されている情報が多い。

＊18　秦剛礼賓司長は、本番さながらに、深夜の２時まで首脳会談の「練習」を行い、万全を期したため、「２時の秦剛」という異名を頂戴していたという。

＊19　新京報　２０２２年12月30日　https://news.sohu.com/a/622979100_114988

＊20　最高人民検察院ＨＰ　２０２３年３月13日　https://baijiahao.baidu.com/s?id=1760180195520549894&wfr=spider&for=pc

＊21　秦剛氏の前任の王毅氏は、２０１３年３月に外交部長に就任し、２０１８年３月に国務委員を兼任するまで、丸５年かかった。それを秦剛氏は、わずか２ヵ月半で駆け抜けた。いかに習近平主席の覚えがめでたかったかを示す証左だ。

＊22　記者との一問一答の全文は、新華網　２０２３年３月７日　https://baijiahao.baidu.com/s?id=1759721912992038084&wfr=spider&for=pc

＊23　中国外交部ＨＰ　部長活動　https://www.mfa.gov.cn/web/wjbz_673089/xghd_673097/index_5.shtml

＊24　中国外交部ＨＰの「定例会見議事録」からは、そうした秦剛氏に関するやりとりはすべて削除されている。

＊25　中国中央人民政府網　２０２３年７月25日　https://www.gov.cn/govweb/yaowen/liebiao/202307/content_6894261.htm
王毅氏はそもそも、秦剛駐米大使の外相就任を快く思っていなかったという。だがよもや、２期10年務めた外相を再び自分が務めるとは想定外だったろう。
＊26　鳳凰衛視ＨＰ　２０１７年11月６日　https://phtv.ifeng.com/a/20171106/44667368_0.shtml
＊27　ＰＯＬＩＴＩＣＯ　２０２３年12月６日　https://www.politico.eu/article/chinas-paranoid-purge-xi-jinping-li-keqiang-qin-gang-li-shangfu/
＊28　駐日ロシア連邦大使館　X　２０２３年６月25日　https://twitter.com/RusEmbassyJ
＊29　人民網　２０２４年２月28日　https://baijiahao.baidu.com/s?id=1792092676404969288&wfr=spider&for=pc
＊30　央視網　２０２３年８月１日　https://china.cnr.cn/news/sz/20230801/t20230801_526357133.shtml
＊31　環球網　２０２３年８月29日　https://baijiahao.baidu.com/s?id=1775562939277143893&wfr=spider&for=pc
＊32　Baidu 百科　李尚福　https://baike.baidu.com/item/%E6%9D%8E%E5%B0%9A%E7%A6%8F/6625740
＊33　解放軍報　２０２３年９月17日　http://www.81.cn/szb_223187/szblb/index.html?paperName=jfjb&paperDate=2023-09-17&paperNumber=02
＊34　全国人民代表大会網　２０２３年12月29日　http://www.npc.gov.cn/npc/c2/kgfb/202312/t20231229_433992.html
＊35　中国国防部ＨＰ　２０２４年４月19日　http://www.mod.gov.cn/gfbw/qwfb/16302037.html
＊36　経済形勢報告網　財信研究院　２０２２年１月13日『２０２２年度マクロ政策展望』　http://www.china-cer.com.cn/hongguanjingji/2022011316470.html
＊37　学説官方　２０２１年12月14日　https://baijiahao.baidu.com/s?id=1719114430228847832&wfr=spider&for=pc
＊38　予算法の第35条に「国務院の確定した限度額内で地方政府は債券を発行できる」と定めた。予算法の全文は下記。https://baike.baidu.com/item/%E4%B8%AD%E5%8D%8E%E4%BA%BA%E6%B0%91%E5%85%B1%E5%92%8C%E5%9B%BD%E9%A2%84%E7%AE%97%E6%B3%95/1300417?fr=ge_ala
＊39　中国財政部ＨＰ　２０２４年３月14日　http://www.mof.gov.cn/zhengwuxinxi/caizhengxinwen/202403/t2024

0314_3930581.htm
*40 新浪　２０２３年９月15日　https://finance.sina.cn/zl/2023-09-15/zl-imzmtyfq2456969.d.html 他
*41 新華社　２０２４年３月９日　https://baijiahao.baidu.com/s?id=1792981614843596500&wfr=spider&for=pc
*42 百科が保存している中国中央人民政府網　２０１２年12月４日　https://baike.baidu.com/reference/261727/533aYdO6cr3_z3kATKLfyP7yZCbDZdmp773RB7NzzqIP0XOpX5nyFI899pk88LhrEAPP_8oyMYRYx7rlCk9avahONbhrBtogn379VzPC1-aiog
*43 中国国務院国有資産監督管理委員会ＨＰ　２０２０年11月20日　http://www.sasac.gov.cn/n2588025/n4423279/n4517386/n16018252/c16018600/content.html
*44 中国中央人民政府網　２０１６年１月４日　https://www.gov.cn/xinwen/2016-01/04/content_5030414.htm
*45 人民網　２０１６年12月17日　https://mp.weixin.qq.com/s?__biz=MjM5NzI3NDg4MA==&mid=2658479321&idx=1&sn=05b2c3930e27d82b008f8fe2b8eb8b71&chksm=bd5df8b68a2a71a041788ecfcb79f50a43127c62b427be662e6d427c1f277835ab349c4a2bb3&scene=27
*46 中国中央人民政府網　２０２１年３月１日　https://www.gov.cn/xinwen/2021-03/01/content_5589400.htm
*47 ２０２０年後半に行った聞き取りによる。
*48 毎日経済新聞　２０２３年７月27日　https://baijiahao.baidu.com/s?id=1772529234196891425&wfr=spider&for=pc
*49 中国証券網　２０２４年１月６日　https://www.cnstock.com/v_company/scp_gsxw/202401/5173057.htm
*50 ２０２４年前半に中国ＩＴ企業幹部に行った聞き取りによる。
*51 当時の張勇ＣＥＯが２０２３年３月28日に全社員に向けて発した「６分割」を伝えるメッセージの全文は、以下のアドレスで見られる。https://bulling.cn/sys-nd/809.html
*52 百度股市通　https://gushitong.baidu.com/stock/hk-00700
*53 毎日経済新聞　２０２３年12月29日　https://baijiahao.baidu.com/s?id=1786605857013628524&wfr=spider&for=pc
*54 毎日経済新聞　２０２３年10月24日　https://baijiahao.baidu.com/s?id=1780606041840829182&wfr=spider&f

or=pc
＊55　上海を代表する澎湃新聞（２０２３年11月29日）は「バイトダンスの冬の時代」を報じた。https://www.thepaper.cn/newsDetail_forward_25456348
＊56　国家統計局ＨＰ　２０２３年８月15日　https://www.stats.gov.cn/sj/zxfb/202308/t20230815_1941957.html
＊57　国家統計局ＨＰ　２０２３年７月17日　https://www.stats.gov.cn/sj/zxfb/202307/t20230715_1941271.html
＊58　教育部ＨＰ　２０２２年11月15日　http://www.moe.gov.cn/jyb_xwfb/xw_zt/moe_357/jjyzt_2022/2022_zt18/mtbd/202211/t20221116_992995.html?eqid=86b8426b000526070000000066470d689
＊59　北大国発院張丹丹　２０２３年７月19日「おそらく青年失業率は低く見積もられている」（可能被低估的青年失业率）https://baijiahao.baidu.com/s?id=1771849055804428389&wfr=spider&for=pc
＊60　国家統計局　２０２４年１月17日　https://www.stats.gov.cn/sj/zxfb/202401/t20240117_1946624.html
＊61　国家統計局　２０２４年１月17日　https://www.stats.gov.cn/sj/zxfb/202401/t20240117_1946641.html
＊62　教育部ＨＰ　２０２３年12月５日　http://www.moe.gov.cn/jyb_xwfb/gzdt_gzdt/moe_1485/202312/t20231205_1093287.html
＊63　北青政知新媒体　２０２３年12月12日　https://baijiahao.baidu.com/s?id=1785080007237132947&wfr=spider&for=pc
＊64　中国人民銀行ＨＰ　２０２４年１月24日　http://www.pbc.gov.cn/goutongjiaoliu/113456/113469/5217425/index.html
＊65　中国海関総署ＨＰ　２０２４年１月12日　http://www.customs.gov.cn/customs/302249/zfxxgk/2799825/302274/302275/5624373/index.html
＊66　中国証券監督管理委員会ＨＰ　２０２４年３月15日　http://www.csrc.gov.cn/csrc/c100028/c7468002/content.shtml
＊67　恒生指数ＨＰ　２０２４年３月５日　https://www.hsi.com.hk/eng/indexes/all-indexes/hscae50
＊68　ユーラシアグループ「２０２４年10大リスク」（日本語版）22ページ　https://www.eurasiagroup.net/siteFiles/Media/files/Top%20Risks%202024%20JPN.pdf

第4章

＊1　中華民国総統府ＨＰ　https://www.president.gov.tw/Page/581 他

＊2　台湾中央通信ＨＰ　２０１７年９月26日　https://www.cna.com.tw/news/firstnews/201709265011.aspx

＊3　台湾中央通信　２０１９年６月13日　https://www.excite.co.jp/news/article/Jpcna_CNA_20190613_201906130002/

＊4　台湾中央選挙委員会ＨＰ　２０２０年１月17日　https://web.cec.gov.tw/central/cms/109news/32486

＊5　民進党ＨＰ　２０２３年１月15日　https://www.dpp.org.tw/media/contents/9936

＊6　台湾中央選挙管理委員会ＨＰ　https://vote2024.cec.gov.tw/zh-TW/indexP.html

＊7　前述のように２０１９年１月には、自分を行政院長に抜擢してくれた蔡英文総統に砂をかけるように辞職し、自ら総統選に出馬したことで、民進党内の一部から強く非難された。他にも直情的な性格から、党内でまんべんなく支持を得ていたとは必ずしも言えなかった。

＊8　台海網　２０２４年１月７日　https://baijiahao.baidu.com/s?id=1787393670786162510&wfr=spider&for=pc

＊9　Foreign Affairs ＨＰ　２０２３年９月18日　https://www.foreignaffairs.com/taiwan/taiwans-path-between-extremes

＊10　ユーラシアグループ　２０２４年10大リスク（日本語版）20〜22ページ　https://www.eurasiagroup.net/siteFiles/Media/files/Top%20Risks%202024%20JPN.pdf

＊11　DW interview with Ma Ying-jeou　２０２４年１月10日　https://twitter.com/rbsw/status/1745030687957385444 問題発言の原文は、「well, as far as cross-strait relations, you have to」。

＊12　例えば、自由時報ＨＰ　２０２４年１月10日「馬英九稱兩岸關係須相信習近平 民進黨：支持侯友宜就是支持馬、習」（馬英九は両岸関係は習近平を信じなければならないと述べた　民進党：侯友宜を支持することはすなわち馬英九と習近平を支持すること）　https://news.ltn.com.tw/news/politics/breakingnews/4548052

＊13　台湾中央通信ＨＰ　２０２４年２月23日 https://japan.focustaiwan.tw/politics/202402230007

＊14　蕭美琴氏の「Ｘ」（旧ツイッター）　２０２１年１月20日　https://twitter.com/bikhim/status/1351908913592080

2433?lang=zh-Hant

＊15　台湾中央通信ＨＰ　２０２０年７月12日　https://www.cna.com.tw/news/firstnews/202007120089.aspx

＊16　中国国務院台湾事務弁公室ＨＰ　http://www.gwytb.gov.cn/xwdt/xwfb/wyly/

＊17　同ＨＰ　２０２４年１月13日　http://www.gwytb.gov.cn/xwdt/xwfb/wyly/202401/t20240113_12593548.htm

＊18　日本外務省ＨＰ　https://www.mofa.go.jp/mofaj/area/nauru/index.html

＊19　頼清徳氏の Facebook　２０２３年７月５日　https://www.facebook.com/chingte/

＊20　百度百科　習近平略歴　https://baike.baidu.com/item/%E4%B9%A0%E8%BF%91%E5%B9%B3/515617?fr=po_ala

＊21　21世紀環球報道　２００２年12月17日　https://news.sohu.com/96/83/news205028396.shtml

＊22　日本外務省ＨＰ　台湾　https://www.mofa.go.jp/mofaj/area/taiwan/data.html 他

＊23　２０１２年に中国で行った聞き取りによる。

＊24　序章＊２に同じ。

＊25　台湾海洋委員会海巡署金馬澎分署ＨＰ　２０２４年２月14日　https://www.cga.gov.tw/GipOpen/wSite/ct?xItem=159714&ctNode=8195&mp=9996

＊26　金門県政府ＨＰ　https://www.kinmen.gov.tw/cp.aspx?n=B602E31F7317F1AA 他

＊27　金門島の実効支配の歴史的経緯については、拙著『台湾vs中国　１００年の謀略』（ビジネス社、２０２１年）を参照していただきたい。

＊28　自由時報　２０２４年２月20日　https://news.ltn.com.tw/news/politics/paper/1631568

＊29　自由時報　２０２４年２月21日　https://news.ltn.com.tw/news/politics/breakingnews/4585290

＊30　人民日報　２０２４年２月24日一面　http://paper.people.com.cn/rmrb/html/2024-02/24/nw.D110000renmrb_20240224_4-01.htm

＊31　国民党ＨＰ　２０２４年２月29日　http://www.kmt.org.tw/2024/02/blog-post_76.html

＊32　例えば、２００５年４月29日に、胡錦濤中国共産党総書記と連戦中国国民党主席が「世紀の会談」を行い、関税緩和による貿易の促進などを実現した。

＊33　「回家」（帰郷）と題された詩の全文は、「小さい手が大きい手を掴み、手を携えて火中から抜け出る。灯りを点けて悪魔を追い払い、帰郷してこそ勝利できるのだ」（小手抓大手、携手出火坑、点燈驅悪魔、回家才会贏）

＊34　米ホワイトハウスＨＰ　２０２４年１月13日　https://www.whitehouse.gov/briefing-room/speeches-remarks/2024/01/13/remarks-by-president-biden-before-marine-one-departure-41/

＊35　日本経済新聞　２０２４年１月15日　https://www.nikkei.com/article/DGXZQOGM152IT0V10C24A1000000/

＊36　２０２４年１月に台湾で行った聞き取りによる。

＊37　台湾財政部ＨＰ　２０２４年１月９日　https://service.mof.gov.tw/public/Data/statistic/trade/news/11212/11212_%E4%B8%AD%E6%96%87%E6%96%B0%E8%81%9E%E7%A8%BF(%E4%B8%8A%E7%B6%B2).pdf

＊38　台湾国防部ＨＰ　２０２３年９月18日　https://www.mnd.gov.tw/Publish.aspx?p=81993&title=%e5%9c%8b%e9%98%b2%e6%b6%88%e6%81%af&SelectStyle=%e6%96%b0%e8%81%9e%e7%a8%bf

＊39　陳明祺執行長へのインタビューは２０２３年９月11日に台北で行った。

＊40　ロイター　２０２３年２月３日　https://www.reuters.com/world/cia-chief-says-chinas-xi-little-sobered-by-ukraine-war-2023-02-02/

＊41　聯合新聞網　２０２３年11月８日　https://udn.com/news/story/10930/7558499 https://udn.com/news/story/10930/7559695 他

＊42　２０２３年８月17日に東京でインタビューした。

＊43　２０２４年１月に台湾で行った聞き取りによる。

＊44　歴史求知所　https://m.163.com/dy/article/I5BSIH9P0543UXIM.html　王海運少将はかつて駐ロ中国大使館駐在武官を務めた中ロ関係研究の第一人者で、『新世紀の中ロ関係』（『新世紀的中俄関係』上海大学出版社、２０１５年）の名著がある。

＊45　ユーラシアグループＨＰ　「２０２４年10大リスク」（日本語版）32ページ　https://www.eurasiagroup.net/siteFiles/Media/files/Top%20Risks%202024%20JPN.pdf

＊46　２０２４年１月に台湾で行った聞き取りによる。

＊47　中国共産党新聞網　２０２４年４月11日　http://cpc.people.com.cn/n1/2024/0411/c64094-40213629.html

＊48　中国新聞網　２０２４年４月27日　https://baijiahao.baidu.com/s?id=1797490985709812123&wfr=spider&for=pc
＊49　国共合作については拙著『台湾vs中国　謀略の１００年史』（ビジネス社、２０２１年）を参照いただきたい。
＊50　人民網　２０１３年３月６日　http://lianghui.people.com.cn/2013npc/n/2013/0306/c357183-20701109.html
＊51　第１章＊21に同じ。

第5章

＊1　日本外務省ＨＰ　２０２４年４月11日　https://www.mofa.go.jp/mofaj/files/100652839.pdf
＊2　日本防衛省ＨＰ　２０２４年４月６日　https://www.mod.go.jp/j/approach/anpo/2024/20240406a_joint_statement.html
＊3　GLOBAL NOTE　２０２４年４月19日　https://www.globalnote.jp/post-1409.html
＊4　GLOBAL NOTE　２０２３年９月22日　https://www.globalnote.jp/post-3871.html
＊5　外務省ＨＰ　フィリピン共和国基礎データ　https://www.mofa.go.jp/mofaj/area/philippines/data.html
＊6　日刊まにら新聞　２０２２年７月１日　https://www.manila-shimbun.com/category/politics/news265084.html
＊7　ドゥテルテ大統領が就任後、ＡＳＥＡＮ以外で最初の訪問国に選んだのは中国で、退任の翌月にも「お礼参り」の訪中をした。だが６年間の任期中、一度も訪米しなかった。
＊8　日本外務省ＨＰ「最近のフィリピン情勢と日・フィリピン関係」　https://www.mofa.go.jp/mofaj/area/philippines/kankei.html
＊9　＊6に同じ。
＊10　日刊まにら新聞　２０２２年７月３日　https://www.manila-shimbun.com/category/politics/news265124.html
＊11　中国共産党新聞網　２０２３年１月４日　http://cpc.people.com.cn/n1/2023/0104/c64094-32599909.html
＊12　環球網　２０２２年７月１日　https://baijiahao.baidu.com/s?id=1737105627946664349&wfr=spider&for=pc
＊13　中国中央人民政府網　２０２３年１月５日　中比共同声明全文　https://www.gov.cn/xinwen/2023-01/05/content_5735098.htm

＊14　フィリピン政府ＨＰ　２０２３年１月５日　https://pco.gov.ph/news_releases/pbbm-secures-22b-in-investment-pledges-from-chinese-investors/

＊15　２０２３年前半に中国人貿易商に行った聞き取りによる。

＊16　米国防総省ＨＰ　２０２３年４月３日　https://www.defense.gov/News/News-Stories/Article/Article/3350297/new-edca-sites-named-in-the-philippines/

＊17　フィリピン憲法全文は以下　https://www.officialgazette.gov.ph/constitutions/1987-constitution/

＊18　日・フィリピン共同声明の全文は下記。https://www.mofa.go.jp/mofaj/files/100457146.pdf

＊19　ＰＣＧのＨＰ　２０２３年２月13日　https://coastguard.gov.ph/index.php/11-news/5001-pcg-statement-on-chinese-vessel-using-laser-at-pcg-ship-in-ayungin

＊20　ロイター　２０２３年２月14日　https://jp.reuters.com/article/southchinasea-philippines-idJPKBN2UO0DW/

＊21　首相官邸ＨＰ　２０２３年２月15日午前の松野官房長官会見　https://www.kantei.go.jp/jp/tyoukanpress/202302/15_a.html

＊22　中国外交部ＨＰ　２０２３年２月13日定例会見　https://www.fmprc.gov.cn/fyrbt_673021/jzhsl_673025/202302/t20230213_11024501.shtml

＊23　ＰＣＧのＨＰ　２０２３年３月４日　https://coastguard.gov.ph/index.php/11-news/5037-pla-navy-vessel-china-coast-guard-vessel-and-more-than-40-suspected-chinese-maritime-militia-spotted-loitering-around-pag-asa-island

＊24　首相官邸ＨＰ　２０２３年４月５日　https://www.kantei.go.jp/jp/singi/anzenhosyoukaigi/kaisai.html 他

＊25　米国防総省ＨＰ　２０２３年４月11日　https://media.defense.gov/2023/Apr/12/2003198602/-1/-1/0/20230411-PHIL2+2-FACT-SHEET-FINAL.PDF

＊26　米国防総省ＨＰ　２０２３年４月11日　https://www.defense.gov/News/Transcripts/Transcript/Article/3360823/secretary-antony-j-blinken-secretary-of-defense-lloyd-j-austin-iii-philippine-s/

＊27　防衛省・自衛隊は、オブザーバー参加について公表していないが、日本を含む各国の報道から明らかと思われる。筆者も防衛省・自衛隊幹部に確認したが、オブザーバー参加を認めた。

＊28　駐フィリピン中国大使館ＨＰ　２０２３年４月16日　http://ph.china-embassy.gov.cn/sgxx/dsjh/202304/t20230416_11060058.htm

＊29　中国外務省ＨＰ　２０２３年４月22日　https://www.mfa.gov.cn/web/wjbz_673089/xghd_673097/202304/t20230423_11063771.shtml

＊30　中国とフィリピンの「密約」については、マニラタイムズ（２０２４年３月11日）が「ドゥテルテ政権当時、シエラマドレを補強するための大規模な建設資材をアユンギン礁に運び入れないという約束が両政府の間で交わされた」という匿名の中国高官の話を報じた。https://www.manilatimes.net/2024/03/11/news/ph-ignored-chinas-proposals-on-sea-row/193627。以後も様々な報道がフィリピンでなされ、５月６日に中国外交部も「紳士協定」を認めた。

＊31　ＰＣＧのＨＰ　２０２３年４月28日　https://coastguard.gov.ph/index.php/news/11-news/5138-pcg-conducts-maritime-patrol-in-the-west-philippine-sea

＊32　米ホワイトハウスＨＰ　２０２３年５月１日　https://www.whitehouse.gov/briefing-room/speeches-remarks/2023/05/01/remarks-by-president-biden-and-president-ferdinand-marcos-jr-of-the-philippines-before/

＊33　米ホワイトハウスＨＰ　２０２３年５月１日　https://www.whitehouse.gov/briefing-room/statements-releases/2023/05/01/joint-statement-of-the-leaders-of-the-united-states-and-the-philippines/

＊34　ＰＣＧのＨＰ　２０２３年５月18日　https://coastguard.gov.ph/index.php/11-news/4639-pcg-installs-5-buoys-carrying-flag-in-the-wps

＊35　Radio Free Asia　２０２３年５月30日　https://www.rfa.org/english/news/southchinasea/philippine-buoys-05302023040049.html

＊36　ＩＩＳＳ　Shangri-La Dialogue 2023　https://www.iiss.org/ja-JP/events/shangri-la-dialogue/shangri-la-dialogue-2023/

＊37　防衛省ＨＰ　２０２３年６月３日　https://www.mod.go.jp/j/approach/anpo/2023/0603a_usa_aus_phl-j.html

＊38　＊37に同じ。

＊39　海上保安庁ＨＰ　２０２３年６月７日　https://www.kaiho.mlit.go.jp/info/kouhou/r5/k230607/k230607.pdf

＊40　内閣官房ＨＰ　２０２３年６月16日　https://www.cas.go.jp/jp/siryou/pdf/20230616_press_release_ja.pdf
＊41　日刊まにら新聞　２０２３年６月19日　https://www.manila-shimbun.com/category/politics/news271331.html
＊42　日本外務省ＨＰ　２０２３年７月14日　https://www.mofa.go.jp/mofaj/s_sa/sea2/page5_000424.html
＊43　ＰＣＧのＨＰ　２０２３年８月６日　https://coastguard.gov.ph/index.php/11-news/5296-pcg-condemns-ccg-s-dangerous-maneuvers-illegal-use-of-water-cannons-during-recent-resupply-mission
＊44　日刊まにら新聞　２０２３年８月７日　https://www.manila-shimbun.com/category/politics/news272170.html
＊45　中国海警局ＨＰ　２０２３年８月６日　https://www.ccg.gov.cn//2023/hjyw_0806/2304.html
＊46　中国外交部ＨＰ　２０２３年８月７日　https://www.mfa.gov.cn/fyrbt_673021/dhdw_673027/202308/t20230807_11123224.shtml
＊47　ロイター　２０２３年８月９日　https://jp.reuters.com/article/idUSKBN2ZK15B/　中比間の「紳士協定」（密約）については、＊30参照
＊48　日刊まにら新聞　２０２３年８月12日　https://www.manila-shimbun.com/category/society/news272266.html
＊49　日刊まにら新聞　２０２３年８月12日　https://www.manila-shimbun.com/category/politics/news272271.html
＊50　読売新聞　２０２３年８月12日　https://www.yomiuri.co.jp/world/20230812-OYT1T50023/
＊51　中国外交部ＨＰ　２０２３年８月12日　https://www.mfa.gov.cn/web/wjbz_673089/xghd_673097/202308/t20230812_11126090.shtml　王毅外相は全国人民代表大会での会見（２０２４年３月７日）をはじめ、各所で同様の発言をしている。
＊52　中国自然資源部ＨＰ　２０２３年８月29日　https://www.mnr.gov.cn/dt/ywbb/202308/t20230829_2798404.html
＊53　海上自衛隊ＨＰ　２０２３年８月25日　https://www.mod.go.jp/msdf/release/202308/20230825_02.pdf
＊54　自衛艦隊ＨＰ　２０２３年８月30日　https://www.mod.go.jp/msdf/sf/news/2023/08/0830-2.html
＊55　日本外務省ＨＰ　２０２３年９月６日　https://www.mofa.go.jp/mofaj/s_sa/sea2/page1_001804.html
＊56　日刊まにら新聞　２０２３年９月８日　https://www.manila-shimbun.com/category/society/news272728.html
＊57　ＰＣＧのＨＰ　２０２３年９月26日　https://coastguard.gov.ph/index.php/11-news/5345-pcg-removes-hazardous-floating-barrier-in-compliance-with-presidential-instruction-2

＊58　日刊まにら新聞　２０２３年10月１日　https://www.manila-shimbun.com/category/politics/news273104.html

＊59　中国海警局ＨＰ　２０２３年９月27日　https://www.ccg.gov.cn//2023/hjyw_0927/2336.html

＊60　日刊まにら新聞　２０２３年９月23日　https://www.manila-shimbun.com/category/society/news272978.html

＊61　海上自衛隊ＨＰ　２０２３年10月２日　https://www.mod.go.jp/msdf/release/202310/20231002_2.pdf

＊62　ＰＣＧのＨＰ　２０２３年10月17日　https://coastguard.gov.ph/index.php/news/11-news/5361-pcg-celebrates-122nd-years-of-sailing-in-unity-and-harmony

＊63　日刊まにら新聞　２０２３年10月19日　https://www.manila-shimbun.com/category/society/news273412.html

＊64　国営フィリピン通信　２０２３年10月22日　https://www.pna.gov.ph/articles/1212273

＊65　国営フィリピン通信　２０２３年10月22日　https://www.pna.gov.ph/articles/1212282

＊66　日本外務省ＨＰ　２０２３年10月23日　https://www.mofa.go.jp/mofaj/press/release/press4_009817.html

＊67　中国海警局ＨＰ　２０２３年10月22日　https://www.ccg.gov.cn//2023/hjyw_1022/2351.html

＊68　中国海警局ＨＰ　２０２３年10月22日　https://www.ccg.gov.cn//2023/hjyw_1022/2354.html

＊69　米ホワイトハウスＨＰ　２０２３年10月25日　https://www.whitehouse.gov/briefing-room/speeches-remarks/2023/10/25/remarks-by-president-biden-and-prime-minister-anthony-albanese-of-australia-in-joint-press-conference/

＊70　米国防総省ＨＰ　２０２３年10月27日　https://www.defense.gov/News/Releases/Release/Article/3571219/joint-press-statement-for-secretary-of-defense-lloyd-j-austin-iiis-call-with-ph/

＊71　フィリピン経済金融情報　２０２３年10月27日　https://pheconomist.com/topics_detail8/id=83393

＊72　防衛省統合幕僚監部ＨＰ　２０２３年10月28日　https://www.mod.go.jp/js/pdf/2023/p20231028_01.pdf

＊73　日本外務省ＨＰ　２０２３年11月５日　https://www.mofa.go.jp/mofaj/s_sa/sea2/page1_001883.html

＊74　日本防衛省ＨＰ　２０２３年11月２日　https://www.mod.go.jp/j/press/news/2023/11/02d.html

＊75　２０２３年11月に日本政府関係者に行った聞き取りによる。

＊76　日本外務省ＨＰ　２０２３年11月３日　https://www.mofa.go.jp/mofaj/s_sa/sea2/ph/page4_006040.html

＊77　日本外務省ＨＰ　２０２３年11月４日　https://www.mofa.go.jp/mofaj/files/100580292.pdf

＊78　＊75に同じ。

＊79　日刊まにら新聞　２０２３年11月11日　https://www.manila-shimbun.com/category/economy/news273803.html

＊80　日本防衛省ＨＰ　２０２３年11月２日　https://www.mod.go.jp/gsdf/news/press/2023/pdf/20231102_001.pdf

＊81　フィリピン国営通信　２０２３年11月10日　https://www.pna.gov.ph/articles/1213410

＊82　中国海警局ＨＰ　２０２３年11月10日　https://www.ccg.gov.cn//2023/hjyw_1110/2364.html

＊83　中国海警局ＨＰ　２０２３年11月10日　https://www.ccg.gov.cn//2023/hjyw_1110/2366.html

＊84　中国国防部ＨＰ　２０２３年11月16日　http://www.mod.gov.cn/gfbw/xwfyr/yzxwfb/16278234.html

＊85　国営フィリピン通信　２０２３年11月18日　https://www.pna.gov.ph/articles/1213917

＊86　国営フィリピン通信　２０２３年11月17日　https://www.pna.gov.ph/articles/1213836　ハリス副大統領のこの時までのフィリピン側との公表された５回の会談録を読んでも、南シナ海問題に対する熱意は感じられない。

＊87　ＰＣＧのＨＰ　２０２３年12月４日　https://coastguard.gov.ph/index.php/news/11-news/5426-2023-12-05-03-15-37

＊88　国営フィリピン通信　２０２３年12月10日　https://www.pna.gov.ph/articles/1215169

＊89　フィリピン外務省ＨＰ　２０２３年12月11日　https://dfa.gov.ph/dfa-news/statements-and-advisoriesupdate/33797-statement-of-the-dfa-spokesperson-on-the-09-december-2023-bajo-de-masinloc-incident-and-10-december-2023-ayungin-shoal-incident

＊90　中国海警局ＨＰ　２０２３年12月10日　https://www.ccg.gov.cn//2023/hjyw_1210/2385.html

＊91　中国海警局ＨＰ　２０２３年12月10日　https://www.ccg.gov.cn//2023/hjyw_1210/2387.html

＊92　中国海警局ＨＰ　２０２３年12月10日　https://www.ccg.gov.cn//2023/hjyw_1210/2383.html

＊93　米ホワイトハウスＨＰ　２０２３年12月13日　https://www.whitehouse.gov/briefing-room/statements-releases/2023/12/13/readout-of-national-security-advisor-jake-sullivans-call-with-the-national-security-advisors-of-japan-and-the-philippines/

＊94　日本外務省ＨＰ　２０２３年12月17日　https://www.mofa.go.jp/mofaj/files/100601210.pdf

＊95　日本外務省ＨＰ　２０２３年12月17日　https://www.mofa.go.jp/mofaj/s_sa/sea2/ph/pageit_000001_00115.html

https://www.mofa.go.jp/mofaj/s_sa/sea2/ph/pageit_000001_00115.html

＊96　中国外交部ＨＰ　２０２３年12月20日　https://www.mfa.gov.cn/web/wjbz_673089/xghd_673097/202312/t20231220_11208285.shtml

＊97　共同通信　47NEWS　２０２４年３月23日　https://www.47news.jp/10689837.html 他

第６章

＊１　米国防総省ＨＰ　２０２３年10月19日『中国に関する軍事安全保障の発展２０２３』16ページ　https://media.defense.gov/2023/Oct/19/2003323409/-1/-1/1/2023-MILITARY-AND-SECURITY-DEVELOPMENTS-INVOLVING-THE-PEOPLES-REPUBLIC-OF-CHINA.PDF

＊２　米国防総省ＨＰ　２０２３年10月17日　https://www.defense.gov/News/Releases/Release/Article/3559903/department-of-defense-releases-declassified-images-videos-of-coercive-and-risky/

＊３　米国防総省ＨＰ　２０２３年10月17日　https://www.defense.gov/News/News-Stories/Article/Article/3560463/us-accuses-china-of-conducting-centralized-concerted-campaign-of-harassment-of/

＊４　米インド太平洋軍ＨＰ　２０２３年10月26日　https://www.pacom.mil/Media/News/News-Article-View/Article/3569987/unprofessional-intercept-of-us-b-52-over-south-china-sea/

＊５　環球網　２０２３年６月４日　https://world.huanqiu.com/article/4DAnJFyPdoB

＊６　環球網　２０２３年６月３日　https://baijiahao.baidu.com/s?id=1767668325308340714&wfr=spider&for=pc

＊７　２０２３年９月に台湾で行った聞き取りによる。

＊８　米インド太平洋軍ＨＰ　２０２３年６月３日　https://www.pacom.mil/Media/News/News-Article-View/Article/3415952/usindopacom-statement-on-unsafe-maritime-interaction/

＊９　中国国防部ＨＰ　２０２３年６月３日　http://www.mod.gov.cn/gfbw/qwfb/16228490.html
新華社　２０１２年11月29日　http://www.xinhuanet.com/politics/2012-11/29/c_113852724.htm

＊10　習近平主席は２０２３年だけで見ても、軍事関係の行事参加などに23回も関わり、そのたびにこうしたスローガンを説いている。

学習軍団　２０２３年12月29日　https://baijiahao.baidu.com/s?id=1786617807676631907&wfr=spider&for=pc

＊11　グレアム・アリソン著『米中戦争前夜』（ダイヤモンド社、２０１７年）「はじめに」

＊12　＊11に同じ。

＊13　テレ朝ニュース　２０２３年３月５日　https://news.tv-asahi.co.jp/news_international/articles/000290212.html

＊14　ジョン・ボルトン著『ジョン・ボルトン回顧録』（朝日新聞出版、２０２０年）３４６ページ

＊15　同書３３５ページ

＊16　２０２４年２月28日、グレイ元大統領副補佐官の来日時に短時間話を聞いた。

＊17　２０２３年後半に行った聞き取りによる。

＊18　廣瀬陽子、近藤大介著『日本人が知らない！　中国・ロシアの秘めた野望』（ビジネス社、２０２３年）１７２ページ

＊19　日本経済新聞　２０１１年６月９日　https://www.nikkei.com/article/DGXNASGM0803S_Y1A600C1FF1000/

＊20　２０１１年後半に北京で行った聞き取りによる。胡錦濤政権までは、中国の外交官は比較的自由に非公式な場で発言していた。

＊21　２０１１年後半に北京で行った聞き取りによる。

＊22　２０１２年前半にワシントンの日本大使館勤務の外交官に行った聞き取りによる。

＊23　この時、日本外務省は、さも安倍・バイデン会談が成功したかのように発表した。https://www.mofa.go.jp/mofaj/kaidan/page3_000575.html　だが同月26日の安倍首相の靖国神社参拝で、アメリカ政府が珍しく日本に不快感を示したことからも、順風満帆でなかったことは明らかだ。

＊24　新華網　２０１３年12月４日　http://www.xinhuanet.com/politics/2013-12/04/c_118422300.htm　同日には、「バイデンが安倍の３つの『抗中要求』を拒否したと日本メディアが報じた」と題した記事も中国で出た。新浪軍事　http://mil.news.sina.com.cn/2013-12-04/0746752758.html?from=hao123_news_index_paihang_news&from=wap

＊25　ブルームバーグ　２０２１年３月３日　https://www.bloomberg.com/news/articles/2021-03-03/blinken-calls-china-competition-a-key-challenge-for-the-u-s#xj4y7vzkg

The National Interest　２０２１年11月26日　https://nationalinterest.org/feature/why-%E2%80%98confrontation%E2%80%99-china-cannot-be-avoided-196926 他
＊26　新華社通信　２０２３年８月24日　https://baijiahao.baidu.com/s?id=1775123890385700339&wfr=spider&for=pc
＊27　ＢＢＣ　２０２３年12月７日　https://www.bbc.com/news/world-europe-67634959　イタリアのコンテ政権は２０１９年３月、Ｇ７で唯一、「一帯一路」の覚書を中国と交わしたが、コロナ禍や２０２２年10月のメローニ政権誕生を経て「反中」に転じた。
＊28　２０２３年３月30日にＥＵのフォンデアライエン委員長が行った対中政策に関する演説で、「デカップリングでなくデリスキングで対中関係を進めていく」と述べたことから、西側諸国に浸透した。ＮＨＫ　２０２３年３月31日　https://www3.nhk.or.jp/news/html/20230331/k10014024991000.html
＊29　米ホワイトハウスＨＰ　２０２１年２月24日　https://www.whitehouse.gov/briefing-room/presidential-actions/2021/02/24/executive-order-on-americas-supply-chains/
＊30　米ホワイトハウスＨＰ　２０２２年８月９日　https://www.whitehouse.gov/briefing-room/statements-releases/2022/08/09/fact-sheet-chips-and-science-act-will-lower-costs-create-jobs-strengthen-supply-chains-and-counter-china/
＊31　米商務省ＨＰ　２０２２年10月７日　https://www.bis.doc.gov/index.php/documents/about-bis/newsroom/press-releases/3158-2022-10-07-bis-press-release-advanced-computing-and-semiconductor-manufacturing-controls-final/file
＊32　２０２２年10月に行った聞き取りによる。
＊33　日本外務省ＨＰ　２０２３年１月13日　https://www.mofa.go.jp/mofaj/na/na1/us/page1_001475.html
＊34　日本外務省ＨＰ　日米共同声明　２０２３年１月13日　https://www.mofa.go.jp/mofaj/files/100446133.pdf
＊35　２０２３年１月に行った聞き取りによる。
＊36　第２章＊58参照。
＊37　オランダ政府ＨＰ　２０２３年６月30日　https://www.government.nl/latest/news/2023/06/30/government-

publishes-additional-export-measures-for-advanced-semiconductor-manufacturing-equipment
＊38　日本経済新聞　２０２３年８月８日　https://www.nikkei.com/article/DGXZQOGM082F70Y3A800C2000000/
＊39　ブルームバーグ　２０２３年９月４日　https://www.bloomberg.co.jp/news/articles/2023-09-04/S0G7Z2T0AFB401
＊40　華為ＨＰ　https://www.huawei.com/cn/news/2024/3/huawei-annual-report-2023
＊41　２０２３年10月に日本政府関係者に行った聞き取りによる。
＊42　米商務省ＨＰ　２０２３年10月17日　https://www.bis.doc.gov/index.php/documents/about-bis/newsroom/press-releases/3355-2023-10-17-bis-press-release-acs-and-sme-rules-final-js/file
＊43　ＪＥＴＲＯのＨＰ　２０２３年10月18日　https://www.jetro.go.jp/biznews/2023/10/d336d7ca591e1ce0.html
＊44　ロイター　２０２３年11月22日　https://jp.reuters.com/markets/world-indices/WHB3NDKOVVLZ7P3ENUINTZ7OJQ-2023-11-21/
＊45　日本外務省ＨＰ　北大西洋条約機構（ＮＡＴＯ）第５条は以下の通り。「締約国は、武力攻撃が行われたときは、国連憲章の認める個別的又は集団的自衛権を行使して、北大西洋地域の安全を回復し及び維持するために必要と認める行動（兵力の使用を含む）を個別的に及び共同して直ちにとることにより、攻撃を受けた締約国を援助する」　https://www.mofa.go.jp/mofaj/files/100156880.pdf
＊46　首相官邸ＨＰ　２０２２年６月29日　https://www.kantei.go.jp/jp/pages/20220629nato.html
＊47　ＮＡＴＯのＨＰ　『NATO 2022　STRATEGIC CONCEPT』　https://www.nato.int/nato_static_fl2014/assets/pdf/2022/6/pdf/290622-strategic-concept.pdf
＊48　＊35に同じ。
＊49　日本外務省ＨＰ　２０２３年１月30日　https://www.mofa.go.jp/mofaj/erp/ep/page6_000806.html
＊50　日本外務省ＨＰ　２０２３年１月31日　https://www.mofa.go.jp/mofaj/files/100453089.pdf
＊51　＊35に同じ。
＊52　中国外交部ＨＰ　２０２３年１月16日　http://new.fmprc.gov.cn/web/wjdt_674879/fyrbt_674889/202301/t20230116_11008984.shtml

＊53　第1章で示したように、垂秀夫前駐中国日本大使はこの方針を「戦略的臥薪嘗胆」と呼んでいる。

＊54　米国防総省HP　2023年2月4日　https://www.defense.gov/News/News-Stories/Article/Article/3288543/f-22-safely-shoots-down-chinese-spy-balloon-off-south-carolina-coast/

＊55　米国務省HP　2023年2月3日　https://www.state.gov/senior-state-department-officials-on-the-peoples-republic-of-china/

＊56　米ホワイトハウスHP　2023年2月4日　https://www.whitehouse.gov/briefing-room/speeches-remarks/2023/02/04/remarks-by-president-biden-in-press-gaggle-11/

＊57　中国中央人民政府HP　2023年4月6日　https://www.gov.cn/govweb/yaowen/2023-04/06/content_5750241.htm

＊58　中国中央人民政府HP　2023年4月7日　https://www.gov.cn/yaowen/2023-04/07/content_5750451.htm?jump=true

＊59　中国外交部HP　2023年4月7日　https://www.mfa.gov.cn/zyxw/202304/t20230407_11056239.shtml

＊60　読売新聞　2023年4月11日　https://www.yomiuri.co.jp/world/20230411-OYT1T50209/

＊61　読売新聞　2023年7月13日　https://www.yomiuri.co.jp/world/20230713-OYT1T50321/

＊62　日本外務省HP　2024年3月6日　参加国は国名のアルファベット順に、オーストラリア、ブルネイ、フィジー、インド、インドネシア、日本、マレーシア、ニュージーランド、フィリピン、韓国、シンガポール、タイ、アメリカ、ベトナムの計14ヵ国。https://www.mofa.go.jp/mofaj/gaiko/ipef.html

＊63　＊62に同じ。

＊64　日本経済新聞　2023年11月14日　https://www.nikkei.com/article/DGXZQOUA09DPM0Z01C23A1000000/

＊65　IPEFの4本柱のうち1本目の「サプライチェーン協定」は、2024年2月24日に発効した。だがもしも2期目のトランプ政権が発足したら、吹っ飛ぶ可能性もある。

＊66　米ホワイトハウスHP　2023年11月15日　https://www.whitehouse.gov/briefing-room/statements-releases/2023/11/15/readout-of-president-joe-bidens-meeting-with-president-xi-jinping-of-the-peoples-republic-of-china-2/

＊67　中国外交部HP　2023年11月16日　https://www.fmprc.gov.cn/zyxw/202311/t20231116_11181125.shtml

＊68　＊67に同じ。
＊69　米ホワイトハウスＨＰ　２０２３年11月16日　https://www.whitehouse.gov/briefing-room/speeches-remarks/2023/11/16/remarks-by-president-biden-in-a-press-conference-woodside-ca/
＊70　中国は猛抗議をしたにもかかわらず、中国外交部は「独裁者発言」に対する定例会見の応答をＨＰから削除した。おそらく「独裁者」という言葉自体が中国国民を刺激しかねないという警戒感からだろう。
＊71　この映像は、ＡＰＥＣに同行した記者から送ってもらった。

近藤大介（こんどう・だいすけ）

1965年生まれ。埼玉県出身。東京大学卒業。国際情報学修士。講談社入社後、中国、朝鮮半島を中心とする東アジア取材をライフワークとする。北京大学留学、講談社（北京）文化有限公司副社長などを経て、現在、『現代ビジネス』編集次長兼中国問題コラムニスト。連載中の「北京のランダムウォーカー」は730回を超え、日本で最も読まれる中国コラムとなっている。2008年より明治大学講師（東アジア国際関係論）も兼任。2019年『ファーウェイと米中5G戦争』で岡倉天心記念賞最優秀賞を受賞。他に『ふしぎな中国』『ファクトで読む米中新冷戦とアフター・コロナ』『「中国模式」の衝撃』など著書は計36冊に上る。

尖閣有事《せんかくゆうじ》　中国《ちゅうごく》「戦狼外交《せんろうがいこう》」の行方《ゆくえ》

2024年6月10日　初版発行

著　者　近《こん》藤《どう》大《だい》介《すけ》

発行者　安部順一

発行所　中央公論新社

〒100-8152　東京都千代田区大手町1-7-1
電話　販売 03-5299-1730　編集 03-5299-1740
URL https://www.chuko.co.jp/

DTP　今井明子
印　刷　図書印刷
製　本　大口製本印刷

Published by CHUOKORON-SHINSHA, INC.
Printed in Japan　ISBN978-4-12-005795-3 C0031